Aktualisieren Ihrer Zertifizierung
für MCSA: Windows Server 2016

Charles Pluta ist technischer Consultant sowie Microsoft Certified Trainer (MCT) und hat zahlreiche Zertifizierungsprüfungen, Kurse und Prüfungshandbücher für verschiedene Technologieanbieter geschrieben. Als technischer Consultant hat Charles Pluta vielen Organisationen ganz unterschiedlicher Größe dabei geholfen, ihre IT-Infrastruktur bereitzustellen und zu warten. Er hält jedes Jahr mehrmals Vorträge und Kurse auf großen Branchenkonferenzen. Charles Pluta hat ein Diplom in Computer Networking und mehr als 25 Zertifizierungen. Er lässt es sich nicht nehmen, wenigstens einmal pro Jahr die USA zu verlassen und jedes Mal in ein anderes Land zu reisen. Wenn er nicht arbeitet oder reist, spielt er Billard in Augusta, Georgia.

Papier plus+ PDF.

Zu diesem Buch – sowie zu vielen weiteren dpunkt.büchern – können Sie auch das entsprechende E-Book im PDF-Format herunterladen. Werden Sie dazu einfach Mitglied bei dpunkt.plus+:

www.dpunkt.plus

Aktualisieren Ihrer Zertifizierung für MCSA: Windows Server 2016

Original Microsoft Prüfungstraining 70-743

Charles Pluta

Charles Pluta

Übersetzung: Detlef Johannis
Lektorat: Sandra Bollenbacher
Copy-Editing: Isolde Kommer, Großerlach
Satz: Gerhard Alfes, mediaService, Siegen, www.mediaservice.tv
Herstellung: Susanne Bröckelmann
Umschlaggestaltung: Helmut Kraus, www.exclam.de
Druck und Bindung: M.P. Media-Print Informationstechnologie GmbH, 33100 Paderborn

Bibliografische Information der Deutschen Nationalbibliothek
Die Deutsche Nationalbibliothek verzeichnet diese Publikation in der Deutschen Nationalbibliografie;
detaillierte bibliografische Daten sind im Internet über http://dnb.d-nb.de abrufbar.

ISBN:
Print   978-3-86490-455-4
PDF   978-3-96088-226-8
ePub   978-3-96088-227-5
mobi   978-3-96088-228-2

Translation Copyright für die deutschsprachige Ausgabe © 2017 dpunkt.verlag GmbH
Wieblinger Weg 17
69123 Heidelberg

Authorized translation from the English language edition, entitled EXAM REF 70-743 UPGRADING YOUR SKILLS TO MCSA: WINDOWS SERVER 2016, 1st Edition by Charles Pluta, published by Pearson Education, Inc, publishing as Microsoft Press, Copyright © 2017 by Pearson Education, Inc.
All rights reserved. No part of this book may be reproduced or transmitted in any form or by any means, electronic or mechanical, including photocopying, recording or by any information storage retrieval system, without permission from Pearson Education, Inc.
German language edition published by dpunkt.verlag GmbH, Copyright © 2017
ISBN of the English language edition: 978-0-7356-9743-0

Die vorliegende Publikation ist urheberrechtlich geschützt. Alle Rechte vorbehalten. Die Verwendung der Texte und Abbildungen, auch auszugsweise, ist ohne die schriftliche Zustimmung des Verlags urheberrechtswidrig und daher strafbar. Dies gilt insbesondere für die Vervielfältigung, Übersetzung oder die Verwendung in elektronischen Systemen.

Es wird darauf hingewiesen, dass die im Buch verwendeten Soft- und Hardware-Bezeichnungen sowie Markennamen und Produktbezeichnungen der jeweiligen Firmen im Allgemeinen warenzeichen-, marken- oder patentrechtlichem Schutz unterliegen.

Alle Angaben und Programme in diesem Buch wurden mit größter Sorgfalt kontrolliert. Weder Autor noch Verlag können jedoch für Schäden haftbar gemacht werden, die in Zusammenhang mit der Verwendung dieses Buchs stehen.

5 4 3 2 1 0

Inhaltsverzeichnis

Einführung   xvii

    Aufbau dieses Buchs xviii

    Microsoft-Zertifizierungen xviii

    Danksagungen xviii

    Kostenlose E-Books von Microsoft Press xviii

    Microsoft Virtual Academy xix

    Schneller Zugriff auf Onlineinformationsquellen xix

    Errata und Support xix

Kapitel 1

Windows-Server in Host- und Hardwareumgebungen installieren   **1**

    Prüfungsziel 1.1: Server und Arbeitsauslastungen installieren, aktualisieren
und migrieren 2

        Installationsvoraussetzungen für Windows Server 2016 prüfen 3

        Geeignete Windows Server 2016-Editionen für verschiedene
Arbeitsauslastungen auswählen 4

        Windows Server 2016 installieren 5

        Windows Server 2016-Features und -Rollen installieren 6

        Windows Server Core installieren und konfigurieren 7

        Windows Server Core-Installationen mit Windows PowerShell, Befehlszeile
und Remoteverwaltung verwalten 8

        Windows PowerShell Desired State Configuration für die Installation
und Wartung von Umgebungen implementieren 9

        Upgrades und Migrationen für Server und Kernarbeitsauslastungen von
Windows Server 2008 und Windows Server 2012 auf
Windows Server 2016 durchführen 10

        Geeignete Aktivierungsmodelle für die Serverinstallation auswählen,
zum Beispiel automatische Aktivierung für virtuelle Computer,
Schlüsselverwaltungsdienst oder Active Directory-Aktivierung 11

    Prüfungsziel 1.2: Nano Server installieren und konfigurieren 15

        Nutzungsszenarien und Voraussetzungen für Nano Server beschreiben 16

        Nano Server installieren 16

Rollen und Features auf Nano Server implementieren 18

Nano Server verwalten und konfigurieren 20

Prüfungsziel 1.3: Images für die Bereitstellung erstellen, verwalten und pflegen 21

Eine Windows Server-Virtualisierung planen 22

Linux- und FreeBSD-Bereitstellungen planen 23

Virtualisierte Arbeitsauslastungen mit dem Microsoft Assessment and Planning Toolkit bewerten und Faktoren zum Bereitstellen von Arbeitsauslastungen in virtualisierten Umgebungen analysieren . . . 25

Windows Server Core, Nano Server-Images und VHDs mit Windows PowerShell verwalten und pflegen, Images mit Patches, Hotfixes und Treibern aktualisieren und Rollen und Features in Offline-Images installieren 26

Zusammenfassung des Kapitels 27

Gedankenexperiment 28

Antwort zum Gedankenexperiment 28

Kapitel 2

Speicherlösungen implementieren   29

Prüfungsziel 2.1: Serverspeicher implementieren 29

Speicherpools konfigurieren 30

Die Speicheranordnungsoptionen Simple, Mirror und Parity für Datenträger oder Speicherserver konfigurieren 32

Speicherpools erweitern 35

Speicherebenen konfigurieren 36

iSCSI-Ziel und -Initiator konfigurieren 36

iSNS konfigurieren 40

Data Center Bridging konfigurieren 41

Multipfad-E/A konfigurieren 42

Nutzungsszenarien für Speicherreplikation beschreiben 43

Speicherreplikation für Server-zu-Server-, Cluster-zu-Cluster- und Stretched-Cluster-Szenarien implementieren 45

Prüfungsziel 2.2: Datendeduplizierung implementieren 45

Deduplizierung implementieren und konfigurieren 46

Geeignete Einsatzszenarien für Deduplizierung erkennen 47

Deduplizierung überwachen 48

Eine Datensicherungs- und -wiederherstellungslösung mit Deduplizierung implementieren 49

Zusammenfassung des Kapitels 49

Gedankenexperiment 50

Antworten zum Gedankenexperiment 50

Kapitel 3
Hyper-V implementieren   51

Prüfungsziel 3.1: Hyper-V installieren und konfigurieren 51

    Hardware- und Kompatibilitätsanforderungen für die Installation von Hyper-V beschreiben 52

    Hyper-V installieren 52

    Verwaltungstools installieren 52

    Ein Upgrade von älteren Hyper-V-Versionen durchführen 54

    Verwaltung der virtuellen Computer delegieren 55

    Hyper-V-Hosts im Remotezugriff verwalten 58

    Virtuelle Computer mit Windows PowerShell Direct konfigurieren 60

    Geschachtelte Virtualisierung implementieren 61

Prüfungsziel 3.2: Einstellungen für virtuelle Computer konfigurieren 62

    Arbeitsspeicher in einer laufenden VM hinzufügen oder entfernen 63

    Dynamischen Arbeitsspeicher konfigurieren 63

    NUMA-Unterstützung konfigurieren 63

    Smart Paging konfigurieren 64

    Ressourcenmessung konfigurieren 65

    Integrationsdienste verwalten 66

    VMs der Generation 1 und 2 erstellen und konfigurieren und geeignete Nutzungsszenarien erkennen 68

    Erweiterten Sitzungsmodus implementieren 68

    Linux- und FreeBSD-VMs erstellen, Linux-Integrationsdienste installieren und konfigurieren und FreeBSD-Integrationsdienste installieren und konfigurieren 69

    Secure Boot für Windows- und Linux-Umgebungen implementieren 70

    VMs aus Hyper-V-Vorgängerversionen auf Windows Server 2016-Hyper-V migrieren und konvertieren 70

    VMs exportieren und importieren 71

    DDA (Discrete Device Assignment) implementieren 72

Prüfungsziel 3.3: Hyper-V-Speicher konfigurieren 73
    VHD- und VHDX-Dateien im Hyper-V-Manager erstellen 73
    Freigegebene VHDX-Dateien erstellen 75
    Differenzierende Datenträger konfigurieren 76
    Pass-Through-Festplatten konfigurieren 77
    Größe einer virtuellen Festplatte ändern 78
    Prüfpunkte verwalten 79
    Produktionsprüfpunkte implementieren 80
    Einen virtuellen Fibre-Channel-Adapter implementieren 81
    Quality of Service für Speicher konfigurieren 82
Prüfungsziel 3.4: Hyper-V-Netzwerke konfigurieren 83
    Virtuelle Netzwerkadapter hinzuzufügen oder entfernen,
        Netzwerkadapter konfigurieren, Warteschlangen für virtuelle Computer
        konfigurieren und Bandbreitenverwaltung konfigurieren 83
    Virtuelle Hyper-V-Switches und Netzwerkisolierung konfigurieren 85
    Netzwerkleistung optimieren 86
    MAC-Adressen konfigurieren 87
    NIC-Teamvorgang in VMs konfigurieren 89
    Remote Direct Memory Access (RDMA) auf Netzwerkadaptern aktivieren,
        die mit Switch Embedded Teaming (SET) an einen virtuellen
        Hyper-V-Switch gebunden sind 90
Zusammenfassung des Kapitels 90
Gedankenexperiment 91
Antworten zum Gedankenexperiment 91

Kapitel 4
Windows-Container implementieren   93

Prüfungsziel 4.1: Windows-Container bereitstellen 93
    Installationsanforderungen und geeignete Szenarien für Windows-
        Container beschreiben 94
    Container installieren und konfigurieren 94
    Docker auf Windows Server und Nano Server installieren 95
    Startoptionen für den Docker-Daemon konfigurieren 97
    Ein Basisbetriebssystem installieren 97
    Ein Image markieren 98
    Ein Betriebssystem-Image deinstallieren 99

                Windows Server-Container erstellen 99
                Hyper-V-Container erstellen 100
        Prüfungsziel 4.2: Windows-Container verwalten 101
                Windows- oder Linux-Container mit dem Docker-Daemon verwalten 101
                Windows- oder Linux-Container mit Windows PowerShell verwalten 102
                Netzwerke für Container verwalten 103
                Datenvolumes für Container verwalten 106
                Ressourcensteuerung verwalten 107
                Neue Container-Images mit Dockerfile erstellen 107
                Öffentliche und private Container-Images im Docker Hub-Repository
                        verwalten 107
                Container-Images mit Microsoft Azure verwalten 109
        Zusammenfassung des Kapitels 109
        Gedankenexperiment 110
        Antworten zum Gedankenexperiment 110

Kapitel 5

Hochverfügbarkeit implementieren   111

        Prüfungsziel 5.1: Hochverfügbarkeits- und Notfallwiederherstellungsoptionen
        in Hyper-V implementieren 111
                Hyper-V-Replikat implementieren 112
                Livemigration implementieren 114
                Livemigration zwischen völlig unterschiedlichen Hosts implementieren 117
                CredSSP- oder Kerberos-Authentifizierungsprotokoll für die
                        Livemigration konfigurieren 118
                Speichermigration implementieren 120
        Prüfungsziel 5.2: Failovercluster implementieren 123
                Arbeitsgruppen-, Einzeldomänen- und Mehrdomänencluster
                        implementieren 124
                Quorum konfigurieren und Cloudzeuge implementieren 127
                Clusternetzwerke konfigurieren 131
                Konfiguration einzelner Knoten oder des Clusters wiederherstellen 132
                Clusterspeicher konfigurieren und eine Clusterspeicherplatzlösung
                        mit Shared-SAS-Speichergehäusen implementieren 132
                Clusterfähiges Aktualisieren implementieren 134
                Paralleles Cluster-Betriebssystemupgrade implementieren 136

Freigegebene Clustervolumes konfigurieren und optimieren 137
Cluster ohne Netzwerknamen konfigurieren 138
Dateiserver mit horizontaler Skalierung implementieren 138
Szenarien für den Einsatz von SoFS und Clusterdateiservern erkennen 138
Nutzungsszenarien für die Implementierung von Gastclustern
beschreiben 139
Speicherreplikation implementieren 139
VM-Resilienz implementieren 141
Eine freigegebene VHDX als Speicherlösung für Gastcluster
implementieren 141

Prüfungsziel 5.3: Direkte Speicherplätze implementieren 143
Anforderungen für die Implementierung von direkten Speicherplätzen
in verschiedenen Szenarien beschreiben 144
Direkte Speicherplätze mit der Windows PowerShell aktivieren 144
Ein verteiltes Szenario mit direkten Speicherplätzen in einem Cluster
implementieren 145
Ein hyperkonvergentes Szenario mit direkten Speicherplätzen in
einem Cluster implementieren 146

Prüfungsziel 5.4: Failovercluster verwalten 147
Rollenspezifische Einstellungen konfigurieren, zum Beispiel ständig
verfügbare Freigaben 147
Überwachung von VMs konfigurieren 148
Failover- und Vorrangeinstellungen konfigurieren 149
Stretched- und standortabhängige Failovercluster implementieren 151
Knotenfairness aktivieren und konfigurieren 151

Prüfungsziel 5.5: VM-Verschiebung in Clusterknoten verwalten 152
Livemigration durchführen 152
Schnellmigration durchführen 152
Speichermigration durchführen 153
VMs importieren, exportieren und kopieren 153
Schutz der VM-Netzwerkintegrität konfigurieren 153
Ausgleich beim Herunterfahren konfigurieren 154

Zusammenfassung des Kapitels 154
Gedankenexperiment 155
Antworten zum Gedankenexperiment 155

Kapitel 6
DNS implementieren   **157**

   Prüfungsziel 6: DNS-Server implementieren und konfigurieren 157
        Voraussetzungen für die DNS-Installation beschreiben 158
        Auf Nano Server unterstützte DNS-Bereitstellungsszenarien beschreiben . . 159
        DNS installieren 159
        Weiterleitungen konfigurieren 160
        Stammhinweise konfigurieren 162
        Delegierung konfigurieren 163
        DNS-Richtlinien implementieren 165
        DNS-Sicherheitserweiterungen konfigurieren 166
        DNS-Socketpool konfigurieren 167
        Cachesperrung konfigurieren 168
        Response Rate Limiting (RRL) aktivieren 168
        DNS-basierte Authentifizierung benannter Entitäten konfigurieren 169
        DNS-Protokollierung konfigurieren 169
        Delegierte Administration konfigurieren 170
        Rekursionseinstellungen konfigurieren 172
        DNS-Leistungsoptimierung implementieren 173
        Globale DNS-Einstellungen mit Windows PowerShell konfigurieren 173
   Zusammenfassung des Kapitels 174
   Gedankenexperiment 175
   Antworten zum Gedankenexperiment 175

Kapitel 7
IP-Adressverwaltung implementieren   **177**

   Prüfungsziel 7.1: IPAM installieren und konfigurieren 177
        IPAM von Hand oder mithilfe von Gruppenrichtlinien bereitstellen 178
        Serverermittlung konfigurieren 185
        IP-Adressblöcke und -bereiche erstellen und verwalten 186
        Verwendung des IP-Adressraums überwachen 188
        Vorhandene Arbeitsauslastungen auf IPAM migrieren 190
        IPAM-Datenbank in SQL Server speichern 190

Szenarien für den Einsatz von IPAM mit System Center Virtual Machine
Manager für die Verwaltung von physischen und virtuellen
IP-Adressräumen beschreiben 191

Prüfungsziel 7.2: DNS und DHCP mithilfe von IPAM verwalten 191

DHCP-Servereigenschaften mit IPAM verwalten 192

DHCP-Bereiche und -Optionen konfigurieren 193

DHCP-Richtlinien und -Failover konfigurieren 194

DNS-Servereigenschaften mit IPAM verwalten 195

DNS-Zonen und -Einträge verwalten 195

DNS- und DHCP-Server in mehreren Active Directory-Gesamtstrukturen
verwalten 196

Administration von DNS und DHCP mit rollenbasierter Zugriffssteuerung
delegieren 197

Zusammenfassung des Kapitels 198
Gedankenexperiment 199
Antworten zum Gedankenexperiment 199

Kapitel 8
Netzwerkverbindungen und Remotezugriffslösungen implementieren 201

Prüfungsziel 8: VPN- und DirectAccess-Lösungen implementieren 201

Remotezugriff- und Standort-zu-Standort-VPN-Lösungen mit einem
Remotezugriff-Gateway implementieren 202

Verschiedene VPN-Protokolloptionen konfigurieren 206

Authentifizierungsoptionen konfigurieren 207

VPN-Reconnect konfigurieren 208

Verbindungsprofile erstellen und konfigurieren 208

Geeignete Einsatzszenarien für Remotezugriff-VPN und Standort-zu-
Standort-VPN beschreiben und passende Protokolle konfigurieren . . . 209

DirectAccess installieren und konfigurieren 210

Servervoraussetzungen implementieren 213

Clientkonfiguration implementieren 214

Problembehandlung für DirectAccess durchführen 214

Zusammenfassung des Kapitels 215
Gedankenexperiment 216
Antworten zum Gedankenexperiment 216

Kapitel 9

Eine erweiterte Netzwerkinfrastruktur implementieren   217

Prüfungsziel 9.1: Hochleistungsfähige Netzwerklösungen implementieren 218

NIC-Teamvorgang oder Switch Embedded Teaming-Lösung
implementieren und Einsatzszenarien dafür beschreiben 218

Receive Side Scaling sowie virtuelles Receive Side Scaling in einem
VCQ-fähigen Netzwerkadapter aktivieren und konfigurieren 219

Netzwerk-Quality of Service mit Data Center Bridging aktivieren
und konfigurieren 220

SMB Direct auf Remote Direct Memory Access-fähigen
Netzwerkadaptern aktivieren und konfigurieren 221

SMB Multichannel aktivieren und konfigurieren 222

Virtual Machine Multi-Queue aktivieren und konfigurieren 222

E/A-Virtualisierung mit Einzelstamm auf einem unterstützten
Netzwerkadapter aktivieren und konfigurieren 223

Prüfungsziel 9.2: Szenarien und Anforderungen für die Implementierung
von SDN (Software Defined Networking) beschreiben 224

Bereitstellungsszenarien und Netzwerkanforderungen für die SDN-
Bereitstellung beschreiben 225

Anforderungen und Szenarien für die Implementierung der Hyper-V-
Netzwerkvirtualisierung mit Network Virtualization Generic-Kapselung
oder Virtual Extensible LAN-Kapselung beschreiben 226

Szenarien für die Implementierung von Softwarelastenausgleich für
Nord-Süd- und Ost-West-Lastenausgleich beschreiben 227

Implementierungsszenarien für verschiedene Typen von Windows
Server-Gateways wie L3, GRE oder S2S und ihre Verwendung
beschreiben 229

Anforderungen und Szenarien für Richtlinien der verteilten Firewall und
Netzwerksicherheitsgruppen beschreiben 229

Zusammenfassung des Kapitels 231
Gedankenexperiment 231
Antworten zum Gedankenexperiment 231

Kapitel 10

Active Directory-Domänendienste installieren und konfigurieren 233

Prüfungsziel 10: Domänencontroller installieren und konfigurieren 233

Eine neue Gesamtstruktur installieren 234

Domänencontroller in einer Domäne hinzufügen oder entfernen 238

Ein Upgrade bei einem Domänencontroller durchführen 241

AD DS auf einer Server Core-Installation bereitstellen 242

Einen Domänencontroller über IFM installieren 244

Probleme mit der Registrierung von DNS-SRV-Einträgen beseitigen 248

Einen globalen Katalogserver konfigurieren 249

Betriebsmasterrollen übertragen und übernehmen 251

Einen schreibgeschützten Domänencontroller installieren und
konfigurieren 254

Klonung eines Domänencontrollers konfigurieren 259

Zusammenfassung des Kapitels 261

Gedankenexperiment: Hochstufen der Gesamtstruktur 262

Antworten zum Gedankenexperiment 263

Kapitel 11

Identitätsverbunds- und Zugriffslösungen implementieren 265

Prüfungsziel 11.1: Active Directory-Verbunddienste installieren und
konfigurieren 266

Vorhandene AD FS-Arbeitsauslastungen auf Windows Server 2016
aktualisieren und migrieren 267

Anspruchsbasierte Authentifizierung implementieren, zum Beispiel
Vertrauensstellungen der vertrauenden Seite 267

Authentifizierungsrichtlinien konfigurieren 270

Mehrstufige Authentifizierung konfigurieren 272

Geräteregistrierung implementieren und konfigurieren 273

AD FS mit Windows Hello for Business integrieren 274

AD FS für den Einsatz mit Microsoft Azure und Office 365 konfigurieren . . 275

Authentifizierung von Benutzern aktivieren, die in LDAP-Verzeichnissen
gespeichert sind 275

Prüfungsziel 11.2: Den Webanwendungsproxy implementieren 276

WAP installieren und konfigurieren 277

WAP im Pass-Through-Modus implementieren 278
WAP als AD FS-Proxy implementieren und integrieren 279
AD FS-Anforderungen konfigurieren 280
Webanwendungen über WAP veröffentlichen 281
Remotedesktopgateway-Anwendungen veröffentlichen 282
HTTP-zu-HTTPS-Umleitungen konfigurieren 282
Interne und externe FQDNs konfigurieren 283
Zusammenfassung des Kapitels 283
Gedankenexperiment 284
Antworten zum Gedankenexperiment 284

Index **285**

Einführung

In jeder neuen Version von Windows Server kommen mehr Features hinzu und viele vorhandene werden verändert. Das macht es immer schwieriger, das Produkt wirklich zu beherrschen. Die Prüfung 70-743, »Aktualisieren Ihrer Zertifizierung für MCSA: Windows Server 2016«, wurde für Administratoren entwickelt, die bereits die MCSA-Zertifizierung für Windows Server 2008 oder Windows Server 2012 besitzen und die neueste Zertifizierung erwerben wollen.

Weil die Prüfung für Administratoren entwickelt wurde, die über solide Vorkenntnisse verfügen, geht dieses Prüfungstraining davon aus, dass Sie alle Fähigkeiten beherrschen, die Sie in der Vorgängerversion der Prüfung nachweisen mussten. Folglich konzentrieren wir uns ganz auf die Prüfungsziele, die in der Prüfung 70-743 abgefragt werden, und überspringen manchmal die Grundlagen eines Themas. Viele dieser Fähigkeiten bauen auf Kenntnissen auf, die Sie aus Ihrer Arbeit mit Windows Server 2008 oder Windows Server 2012 noch besitzen. Manche Prüfungsziele behandeln Features, die in Windows Server 2016 neu hinzugekommen sind, und Sie dürfen damit rechnen, dass gerade diese Themen eine wichtige Rolle in der Prüfung spielen werden.

Das Ziel dieses Buchs besteht darin, Sie als Referenz mit den Werkzeugen und Kenntnissen auszustatten, die Sie brauchen, um die Prüfung zu bestehen. Auch wenn wir jedes Prüfungsziel behandeln und uns auf Praxisbeispiele zur Nutzung der entsprechenden Technologien konzentrieren, gibt es keine Garantie, dass Sie die Prüfung bestehen, wenn Sie sich in Ihrer Vorbereitung auf dieses eine Buch beschränken. Wie Sie als Besitzer einer MCSA-Zertifizierung wissen, gibt es nichts Besseres als Praxiserfahrung, die Sie bei der Arbeit mit allen Rollen und Features von Windows Server 2016 sammeln, bevor Sie die Prüfung ablegen. Wir empfehlen, dass Sie die Informationen aus diesem Buch mit praktischen Übungen kombinieren, in denen Sie mit allen behandelten Rollen und Features sowohl in der grafischen Benutzeroberfläche als auch mit Windows PowerShell-Cmdlets (oder Befehlszeilentools) experimentieren. Nur auf diese Weise bereiten Sie sich optimal auf die Prüfung vor und können dem Termin gelassen entgegensehen.

Dieses Buch deckt alle Hauptthemen der Prüfung ab, kann dies aber nicht für jede einzelne Prüfungsfrage leisten. Nur das Microsoft-Prüfungsteam hat Zugriff auf die Prüfungsfragen, und Microsoft arbeitet ständig neue Fragen in die Prüfung ein. Daher ist es unmöglich, konkrete Fragen zu behandeln. Sie sollten dieses Buch als Ergänzung zu Ihren Praxiserfahrungen und anderen Lernmaterialien betrachten. Sofern Sie in diesem Buch auf ein Thema stoßen, das Sie nicht vollständig verstehen, sollten Sie die Links in den »Weitere Informationen«-Textkästen des jeweiligen Abschnitts aufrufen. Dort finden Sie vertiefende Informationen, die Sie in Ruhe durcharbeiten sollten, um Ihre Kenntnisse zum jeweiligen Thema auszubauen. Wertvolle Informationen finden Sie in MSDN, TechNet, MVA sowie in Blogs und Foren.

Aufbau dieses Buchs

Der Aufbau dieses Buchs folgt der Liste der »bewerteten Fähigkeiten«, die für die Prüfung veröffentlicht wurde. Diese Liste finden Sie zu jeder Prüfung auf der Microsoft Learning-Website unter *https://www.microsoft.com/de-de/learning/exam-list.aspx*. Jedes Kapitel in diesem Buch entspricht einem Hauptthema der Liste, und die einzelnen Aufgaben innerhalb jedes Themenbereichs bilden die Unterkapitel. Da die Prüfung elf Hauptthemen umfasst, hat das Buch elf Kapitel.

Microsoft-Zertifizierungen

Die Microsoft-Zertifizierungen bieten Ihnen eine optimale Möglichkeit, Ihre umfassenden Kenntnisse und Ihre Erfahrung mit aktuellen Microsoft-Produkten und -Technologien unter Beweis zu stellen. Die Prüfungen und entsprechenden Zertifikate dienen als Nachweis Ihrer Kompetenz in Bezug auf Entwurf, Entwicklung, Implementierung und Support von Lösungen mit Microsoft-Produkten und -Technologien, sowohl direkt vor Ort als auch in der Cloud. Die Zertifizierung bringt zahlreiche Vorteile für Bewerber, Arbeitgeber und Organisationen mit sich.

> **WEITERE INFORMATIONEN** **Alle Microsoft-Zertifizierungen**
>
> Informationen über Microsoft-Zertifizierungen mit einer vollständigen Liste der verfügbaren Zertifizierungen finden Sie unter:
>
> *https://www.microsoft.com/de-de/learning/default.aspx*

Danksagungen

Ich möchte meiner Frau Jen für ihre Liebe und Unterstützung während all meiner Projekte danken. Außerdem möchte ich Greg Baker dafür danken, dass er mir am Beginn meiner Karriere die Chance zum Erfolg gab. Ich möchte Brian Svidergol, Elias Mereb und Mike Corkery für ihre unerschütterliche Freundschaft über viele Jahre hinweg danken, ganz zu schweigen davon, dass ich von ihren technischen Kenntnissen profitieren durfte. Und schließlich möchte ich Trina, Troy und allen Lektoren und Mitarbeitern danken, die hinter den Kulissen ihre Zeit dafür geopfert haben, dass dieses Buch erscheinen konnte.

Kostenlose E-Books von Microsoft Press

Von technischen Einführungen bis zu detaillierten Informationen über Spezialthemen decken die nur auf Englisch verfügbaren kostenlosen E-Books von Microsoft Press eine große Themenbandbreite ab. Diese E-Books stehen in den Formaten PDF, ePub und mobi (für Kindle) zur Verfügung. Sie können sie herunterladen unter:

http://aka.ms/mspressfree

Schauen Sie ab und zu vorbei, um sich zu informieren, was es Neues gibt!

Zu diesem Buch – sowie zu vielen weiteren dpunkt-Büchern – können Sie auch das entsprechende deutsche E-Book im PDF-Format herunterladen. Werden Sie dazu einfach Mitglied bei dpunkt.plus+:

www.dpunkt.plus

Microsoft Virtual Academy

Bauen Sie Ihr Wissen über Microsoft-Technologien durch kostenlose Onlinekurse anerkannter Experten in der Microsoft Virtual Academy (MVA) aus. Die MVA bietet eine umfassende Bibliothek mit Videos, Liveveranstaltungen und anderen Kursen, die Ihnen helfen, die neuesten Technologien zu erlernen und sich auf Zertifizierungsprüfungen vorzubereiten. Alles, was Sie brauchen, finden Sie hier:

https://www.microsoftvirtualacademy.com

Schneller Zugriff auf Onlineinformationsquellen

An vielen Stellen in diesem Buch finden Sie Adressen von Webseiten, die der Autor Ihnen empfiehlt, um weitere Informationen zu bekommen. Bei einigen dieser Adressen (oder kurz URLs) kann es recht mühsam sein, sie in einen Webbrowser einzutippen. Daher haben wir sie in einer einzigen Liste zusammengefasst, die Leser der Papierausgabe beim Durcharbeiten des Buchs verwenden können.

Sie können diese Liste herunterladen unter:

www.dpunkt.de/70-743

Die URLs sind nach Kapiteln und Überschriften untergliedert. Wenn Sie im Buch auf eine URL stoßen, brauchen Sie lediglich den Link in der Liste anzuklicken, um direkt zur entsprechenden Webseite zu gelangen.

Errata und Support

Wir haben uns sehr um die Richtigkeit der in diesem Buch enthaltenen Informationen bemüht. Fehler, die seit der Veröffentlichung bekannt geworden sind, werden auf der Microsoft Press-Website (in englischer Sprache) aufgelistet:

https://aka.ms/examref743/errata

Sollten Sie einen Fehler finden, der noch nicht aufgeführt ist, würden wir uns freuen, wenn Sie uns auf dieser Seite darüber informieren (in englischer Sprache).

Mit Anmerkungen, Fragen oder Verbesserungsvorschlägen zu diesem Buch können Sie sich auch in Deutsch an den dpunkt.verlag wenden:

hallo@dpunkt.de

Bitte beachten Sie, dass über unsere E-Mailadresse kein Software-Support angeboten wird.

Für Supportinformationen bezüglich der hier verwendeten Microsoft-Produkte besuchen Sie die Microsoft-Website:

http://support.microsoft.com

Wichtig: Wie Sie dieses Buch im Rahmen der Prüfungsvorbereitung einsetzen sollten

In Zertifizierungsprüfungen stellen Sie Ihre Kenntnisse zu einem Produkt unter Beweis. Um herauszufinden, ob Sie in der Lage sind, eine Prüfung zu bestehen, sollten Sie anhand dieses Prüfungstrainings ermitteln, ob Sie alle in der Prüfung geforderten Fähigkeiten beherrschen. Finden Sie heraus, welche Themen Sie gut beherrschen und an welchen Sie noch arbeiten müssen. Wenn Sie Ihre Kenntnisse in bestimmten Bereichen auffrischen müssen, finden Sie in den »Weitere Informationen«-Textkästen Links, die Sie direkt zu wertvollen Informationsquellen führen.

Dieses Prüfungstraining kann Praxiserfahrung nicht ersetzen. Es wurde nicht mit dem Ziel entwickelt, Ihnen neue Fähigkeiten beizubringen.

Wir empfehlen, dass Sie Ihre Prüfungsvorbereitung mit einer Kombination der verfügbaren Lernmaterialien und Kurse ergänzen. Informationen über verfügbare Kurse finden Sie unter *https://www.microsoft.com/learning*. Offizielle Microsoft-Übungstests für viele Prüfungen werden unter *https://aka.ms/practicetests* angeboten. Kostenlose Onlinekurse und Liveveranstaltungen stellt die Microsoft Virtual Academy unter *https://www.microsoftvirtualacademy.com* zur Verfügung.

Der Aufbau dieses Buchs folgt der Liste der »bewerteten Fähigkeiten«, die für die Prüfung veröffentlicht wurde. Sie finden diese Liste zu jeder Prüfung auf der Microsoft-Learning-Website unter:

https://aka.ms/examlist

Beachten Sie, dass dieses Prüfungstraining allein auf den öffentlich verfügbaren Informationen und der Erfahrung des Autors basiert. Um jeglichen Missbrauch auszuschließen, erhalten Autoren keinen Zugriff auf die Prüfungsfragen.

KAPITEL 1

Windows-Server in Host- und Hardwareumgebungen installieren

In diesem Kapitel beschäftigen wir uns mit den Voraussetzungen für die Installation, das Upgrade und die Migration von Servern auf Windows Server 2016. Außerdem betrachten wir den Nano Server, die neue Windows Server-Version. Und schließlich erfahren Sie, wie Sie Image-Dateien erstellen, verwalten und pflegen, die Sie für Windows Server-Bereitstellungen einsetzen können.

> **WICHTIG** Haben Sie Seite xx gelesen?
> Dort ist ausführlich beschrieben, über welche Fähigkeiten Sie verfügen müssen, um die Prüfung zu bestehen.

Windows Server 2016 führt gegenüber Windows Server 2012 mehrere neue Features ein. Die wichtigsten sind:

- **Nano Server** Stellt einen neuen Installationstyp zur Verfügung, der ohne grafische Oberfläche und Benutzeroberfläche mit Eingabeaufforderung auskommt und stattdessen im Remotezugriff verwaltet werden muss.

- **Container** Isolieren Anwendungen vom Betriebssystem. Jeder Container ist isoliert, läuft aber unter dem Basisbetriebssystem. Sie können einen Container noch stärker isolieren, indem Sie ihn mit Hyper-V als virtuellen Computer ausführen.

- **Docker** Stellt eine Methode zum Verwalten von Containern bereit. Wird für Windows Server 2016 und Hyper-V unterstützt.

- **Paralleles Cluster-Betriebssystemupgrade** Ermöglicht Ihnen, Windows Server 2016-Knoten zu einem vorhandenen Windows Server 2012 R2-Failovercluster hinzuzufügen und den Cluster so lange weiter zu betreiben, bis alle Knoten aktualisiert wurden.

- **Verbesserte Hyper-V-Arbeitsspeicherverwaltung** Gibt Ihnen die Möglichkeit, in laufenden virtuellen Computern virtuellen Arbeitsspeicher und Netzwerkadapter dynamisch hinzuzufügen oder zu entfernen.

- **Geschachtelte Virtualisierung** Bietet eine Methode, eine geschachtelte Hyper-V-Installation innerhalb eines virtuellen Computers auszuführen.

- **Abgeschirmte virtuelle Computer** Abschirmung für virtuelle Computer, die alle Daten schützt, die in einem virtuellen Computer gespeichert sind.

- **PowerShell Direct** Ermöglicht Ihnen, PowerShell ohne zusätzliche Sicherheitsrichtlinien, Netzwerk- oder Firewalleinstellungen in einer VM auszuführen.

- **Windows Defender** Hält in der Standardeinstellung automatisch die Windows Server 2016-Installationen und ihre Antischadsoftwaredefinitionen auf dem neuesten Stand.

- **Direkte Speicherplätze (Storage Spaces Direct)** Ermöglicht Ihnen, einen hochverfügbaren Speichersatz mit Direct Attached Storage über SMB 3.0 (Server Message Block Version 3.0) aufzubauen.

- **Speicherreplikation** Bietet die Möglichkeit, Volumes auf Blockebene zu replizieren und so die Redundanz zu erhöhen.

- **Microsoft Passport** Ermöglicht Ihnen, Zwei-Komponenten-Authentifizierung auf einem registrierten Gerät mit Windows Hello oder einer PIN zu nutzen.

- **Remotedesktopdienste** Bietet die Möglichkeit, eine Azure-SQL-Datenbank (Structured Query Language) einzusetzen und eine hochverfügbare Umgebung mit dem Remotedesktop-Verbindungsbroker aufzubauen.

- **Active Directory-Domänendienste** Die Active Directory-Domänendienste (Active Directory Domain Services, AD DS) unterstützen jetzt Privileged Access Management, Azure AD Join und Microsoft Passport.

In diesem Kapitel abgedeckte Prüfungsziele:

- Server und Arbeitsauslastungen installieren, aktualisieren und migrieren
- Nano Server installieren und konfigurieren
- Images für die Bereitstellung erstellen, verwalten und pflegen

Prüfungsziel 1.1: Server und Arbeitsauslastungen installieren, aktualisieren und migrieren

Windows Server 2016 bietet ähnliche Editionen und Installationsoptionen wie Windows Server 2008 und 2012. In diesem Abschnitt sehen wir uns an, welche Voraussetzungen für die Basisinstallation von Windows Server 2016 erfüllt sein müssen und wodurch sich Windows Server 2016 von seinen Vorgängerversionen unterscheidet. Sie erfahren, welche Unterschiede beim Installationsvorgang, den Serverrollen und den Features bestehen.

> **Dieser Abschnitt deckt folgende Prüfungsziele ab:**
>
> - Installationsvoraussetzungen für Windows Server 2016 prüfen
> - Geeignete Windows Server 2016-Editionen für verschiedene Arbeitsauslastungen auswählen
> - Windows Server 2016 installieren
> - Windows Server 2016-Features und -Rollen installieren
> - Windows Server Core installieren und konfigurieren
> - Windows Server Core-Installationen mit Windows PowerShell, Befehlszeile und Remoteverwaltung verwalten
> - Windows PowerShell Desired State Configuration für die Installation und Wartung von Umgebungen implementieren
> - Upgrades und Migrationen für Server und Kernarbeitsauslastungen von Windows Server 2008 und Windows Server 2012 auf Windows Server 2016 durchführen
> - Geeignete Aktivierungsmodelle für die Serverinstallation auswählen, zum Beispiel automatische Aktivierung für virtuelle Computer, Schlüsselverwaltungsdienst oder Active Directory-Aktivierung

Installationsvoraussetzungen für Windows Server 2016 prüfen

Microsoft nennt einige Mindestvoraussetzungen, die festlegen, welche Grundbedingungen erfüllt sein müssen, um Windows Server 2016 zu installieren. Dies sind echte Untergrenzen, daher kann während oder nach der Installation ein Fehler auftreten, falls Ihr Computer die Anforderungen nicht erfüllt. Die minimalen Anforderungen sind:

- 64-Bit-Prozessor mit 1,4 GHz
- 512 MB RAM mit ECC (Error Correcting Code)
- 32 GB Festplattenplatz

Wenn Sie Windows Server 2016 als virtuellen Computer installieren, kann es zu einem Fehler kommen, falls Sie ihm nur 512 MB RAM zuweisen. Sie können das Problem umgehen, indem Sie anfangs 800 MB zuweisen und den Arbeitsspeicher dann auf 512 MB verkleinern, sobald die Installation abgeschlossen ist. 32 GB Festplattenplatz ist ebenfalls die absolute Untergrenze, die Sie nur bei Server Core-Installationen ausreizen sollten. Bei einer Installation mit grafischer Benutzeroberfläche (Graphic User Interface, GUI) benötigt ein Server etwa 4 GB mehr Platz. Berücksichtigen Sie außerdem, dass Netzwerkinstallationen und Server mit mehr als 16 GB RAM zusätzlichen Festplattenplatz brauchen.

PRÜFUNGSTIPP

Wenn Sie die Server Core-Variante installieren, müssen Sie sich darüber im Klaren sein, dass keine GUI-Komponenten zur Verfügung stehen. Sie haben keine Möglichkeit, im Server-Manager eine GUI zu aktivieren. Falls Sie eine vollständige GUI auf dem Server benötigen, müssen Sie die Option mit Desktopdarstellung wählen.

Sofern Sie die BitLocker-Laufwerkverschlüsselung einsetzen wollen, muss die Serverhardware über einen TPM-Chip (Trusted Platform Module) in der Version 2.0 oder höher verfügen. Dieser TPM-Chip muss ein Endorsement Key-Zertifikat haben, das entweder bereits aufgespielt ist oder während des Startprozesses vom Gerät abgerufen werden kann.

WEITERE INFORMATIONEN   TPM-Chips

Weitere Informationen über TPM-Chips und TPM-Schlüsselbeglaubigung finden Sie unter:

https://technet.microsoft.com/windows-server-docs/identity/ad-ds/manage/component-updates/tpm-key-attestation

Während es für manche älteren Windows Server-Versionen Empfehlungen zu den Systemvoraussetzungen gibt, suchen Sie eine solche Liste bei Windows Server 2016 vergeblich. Die empfohlene Hardware unterscheidet sich zwischen den verschiedenen Editionen deutlich, ebenso wie zwischen den Serverrollen oder Anwendungen, die installiert werden können. Statt Werte aus einer Liste mit Anforderungen durchzugehen, sollten Sie Testbereitstellungen in dem Szenario durchführen, das Ihnen eine brauchbare Basislinie für Ihre Umgebung liefert.

Geeignete Windows Server 2016-Editionen für verschiedene Arbeitsauslastungen auswählen

Microsoft bietet mehrere Versionen von Windows Server 2016 an. Welche Version die richtige für Ihre Umgebung ist, hängt davon ab, welche Größe und welchen Funktionsumfang Sie für Ihren Server planen. Tabelle 1–1 listet die verfügbaren Windows Server 2016-Editionen auf.

Edition	Beschreibung	Lizenzmodell	Clientzugriffslizenz
Windows Server 2016 Datacenter	Stark virtualisierte Umgebungen	Pro Kern	Windows Server
Windows Server 2016 Standard	Hardware- oder gering virtualisierte Umgebungen	Pro Kern	Windows Server
Windows Server 2016 Essentials	Kleinbetriebe	Pro Prozessor	-
Windows Server 2016 Multi-Point Premium Server	Volumenlizenz für Bildungseinrichtungen	Pro Prozessor	Windows Server und Remotedesktopdienste
Windows Storage Server 2016	OEM-Kanal	Pro Prozessor	-
Microsoft Hyper-V Server 2016	Kostenloser Hypervisor	-	-

Tab. 1–1   Vergleich der Windows Server 2016-Editionen

Eine weitere Installationsoption für Windows Server ist Nano Server. Wir kommen weiter unten in diesem Kapitel im Abschnitt »Prüfungsziel 1.2: Nano Server installieren und konfigurieren« darauf zurück.

Windows Server 2016 installieren

Obwohl es eine ganze Reihe unterschiedlicher Editionen von Windows Server 2016 gibt, verläuft der Installationsvorgang bei allen recht ähnlich. Bei einer manuellen Installation von Windows Server brauchen Sie lediglich dem GUI-Assistenten zu folgen und die gewünschten Optionen auszuwählen. Die wichtigste Entscheidung beim Installationsvorgang betrifft den Installationstyp:

- Server Core (Standardeinstellung)
- Server mit Desktopdarstellung

In älteren Windows Server-Versionen können Sie mit dem Server-Manager oder der Windows PowerShell steuern, ob der Server eine GUI hat. Dagegen können Sie den Installationstyp in Windows Server 2016 nachträglich nicht mehr verändern. Abbildung 1–1 zeigt, welche Optionen angeboten werden, wenn Sie Windows Server 2016 von Hand installieren.

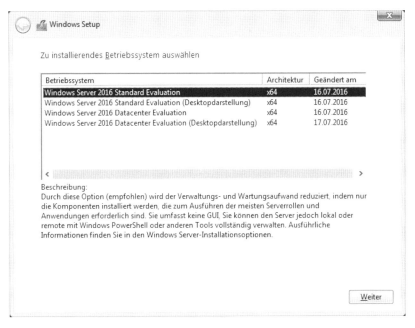

Abb. 1–1   Auswahlmöglichkeiten für den Installationstyp beim Windows Setup

Windows Server 2016-Features und -Rollen installieren

Windows Server 2016 führt zwei neue Serverrollen ein, die Sie installieren können:

- **Device Health Attestation (DHA)**   Arbeitet mit TPM-Chips und MDM (Mobile Device Management) zusammen, um die Integrität von mobilen Geräten zu überprüfen. Mithilfe von DHA können Organisationen die Sicherheit ihrer mobilen Geräte erhöhen und die Integrität der mobilen Geräte überwachen.
- **MultiPoint Services**   Diese Dienste wurden ursprünglich für Schulklassen und Übungsumgebungen entwickelt. MultiPoint (früher Windows MultiPoint Server 2012) ermöglicht es mehreren Benutzern, sich einen Computer zu teilen, während sie dennoch individuelle Desktops zur Verfügung gestellt bekommen. Im Unterschied zu den Remotedesktopdiensten erstellt MultiPoint keinen separaten Remotedesktopbroker oder ein entsprechendes Gateway.

> **WEITERE INFORMATIONEN**
>
> Weitere Informationen über DHA in Kombination mit Windows 10 finden Sie unter:
> *https://technet.microsoft.com/en-us/library/mt750346.aspx*

Die folgenden Features wurden aus Windows Server 2016 entfernt:

- Freihand- und Handschriftdienste
- Benutzeroberflächen und Infrastruktur

Drei Features sind in Windows Server 2016 neu hinzugekommen:

- **Sammlung von Setup- und Startereignissen**   Ermöglicht Ihnen, die Setup- und Systemstartereignisse von anderen Computern im Netzwerk abzurufen und aufzuzeichnen.
- **VM-Abschirmungstools für die Fabricverwaltung**   Stellt Abschirmungstools für den Fabric Management Server in einem Netzwerk bereit. Im Rahmen der Upgradeprüfung wird die Fabricverwaltung nicht direkt als Thema behandelt.
- **Windows Defender-Features**   Wird automatisch installiert und schützt den Server vor Schadsoftware.

Denken Sie daran, dass Sie nicht unbedingt den Server-Manager benutzen müssen, um Serverrollen und -features zu installieren, sondern auch das Cmdlet `Install-WindowsFeature` aufrufen können. Eine Liste aller Features, die Sie installieren können, erhalten Sie mit dem Cmdlet `Get-WindowsFeature`. Zum Beispiel listet der folgende Befehl die verfügbaren Serverrollen und -features aus dem Bereich von Active Directory auf:

```
Get-WindowsFeature -Name AD* | FT Name
```

Windows zeigt daraufhin eine Liste mit Serverrollen und -features, die etwa folgendermaßen aussieht:

```
Name
----
AD-CertificateADCS-Cert-Authority
ADCS-Enroll-Web-Pol
ADCS-Enroll-Web-Svc
ADCS-Web-Enrollment
ADCS-Device-Enrollment
ADCS-Online-Cert
AD-Domain-Services
ADFS-Federation
ADLDS
ADRMS
ADRMS-Server
ADRMS-Identity
```

Windows Server Core installieren und konfigurieren

Wenn Sie über die GUI eine Standardinstallation von Windows Server durchführen, erhalten Sie eine Server Core-Installation. In der Standardeinstellung sind bei einer Windows Server-Installation nämlich keine Features für die Desktopdarstellung enthalten. Abbildung 1–2 zeigt den anfänglichen Anmeldebildschirm, nachdem Sie eine Server Core-Installation durchgeführt haben.

Abb. 1–2   Anmeldebildschirm einer Server Core-Installation

Wie Sie in Abbildung 1–2 sehen, steht bei diesem Installationstyp keine grafische Oberfläche zur Verfügung. Im Unterschied zu manchen Vorgängerversionen können Sie nicht von einer Server Core-Installation auf eine Installation mit GUI wechseln. Sie müssen die Installationsoption mit Desktopdarstellung bereits während der Installation auswählen, um diese Features zu erhalten.

Sobald Sie das Kennwort geändert oder sich zum ersten Mal angemeldet haben, bekommen Sie eine leere Eingabeaufforderung angezeigt. Wenn Sie Konfigurationsänderungen lokal auf dem Server vornehmen wollen, können Sie in dieser Eingabeaufforderung den Befehl *sconfig.cmd* ausführen. Abbildung 1–3 zeigt, welche Konfigurationsoptionen Sconfig zur Verfügung stellt.

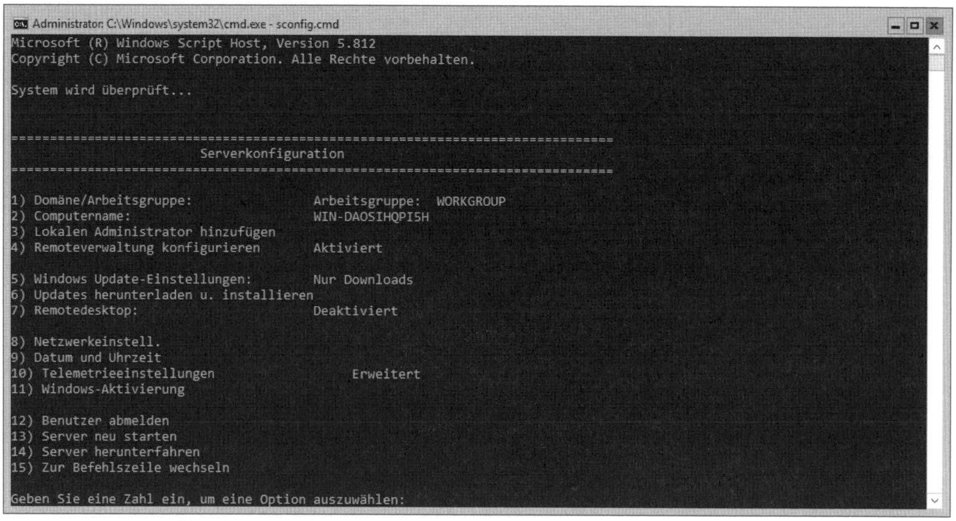

Abb. 1–3 Konfigurationsoptionen von sconfig.cmd

Sconfig beherrscht fast alle Aufgaben, die Sie im Server-Manager erledigen können. Beachten Sie, dass Sconfig nicht auf eine Server Core-Installation beschränkt ist, Sie können es auch auf einer vollständigen Serverinstallation mit Desktopdarstellung für Ihre Konfigurationsaufgaben einsetzen.

> **HINWEIS** **Optionen im Sconfig-Menü**
>
> Sobald Sie die Punkte 10 (Telemetrieeinstellungen) und 11 (Windows-Aktivierung) einmal konfiguriert haben, verschwinden sie aus dem Sconfig-Menü.

Windows Server Core-Installationen mit Windows PowerShell, Befehlszeile und Remoteverwaltung verwalten

Die Remoteverwaltung ist in einer Server Core-Installation standardmäßig aktiviert. Es stehen einige weitere Möglichkeiten zur Verfügung, um eine Server Core-Installation im Remotezugriff zu verwalten:

- Server-Manager
- Windows PowerShell
- Remoteserver-Verwaltungstools (Remote Server Administration Tools, RSAT)
- Remotedesktop
- Gruppenrichtlinien (im Nano Server nicht unterstützt)

Den Server-Manager können Sie von einem Windows Server aus nutzen, auf dem die Desktopdarstellungsfeatures installiert sind. Fügen Sie dazu einfach die gewünschte Server Core-Installation zum Server-Manager hinzu, dann können Sie diesen Server im Remotezugriff verwalten.

Wenn Sie mit Windows PowerShell arbeiten, brauchen Sie lediglich den gewünschten Server im Befehl anzugeben, genauso wie bei einem Server mit Desktop. Zum Zeitpunkt, als dieses Buch geschrieben wurde, stand noch keine spezielle RSAT-Version für Windows Server 2016 zur Verfügung. Allerdings sind die Remoteserver-Verwaltungstools für Windows 10 in der Lage, eine Windows Server 2016-Installation im Remotezugriff zu verwalten. Stellen Sie sicher, dass Sie die erforderlichen Firewallausnahmen definieren, sonst funktioniert die Remoteverwaltung möglicherweise nicht. Sie müssen die folgenden vordefinierten Ausnahmen aktivieren:

- COM+-Netzwerkzugriff (DCOM-In)
- Remote-Ereignisprotokollverwaltung (NP eingehend)
- Remote-Ereignisprotokollverwaltung (RPC)
- Remote-Ereignisprotokollverwaltung (RPC-EPMAP)

Windows PowerShell Desired State Configuration für die Installation und Wartung von Umgebungen implementieren

Desired State Configuration (DSC) erweitert die Windows PowerShell und ermöglicht Ihnen, einen Server anhand einer Vorlage oder Basislinie bereitzustellen und zu konfigurieren. DSC schafft die Möglichkeit, die Konfiguration der folgenden Einstellungen zu automatisieren:

- Serverrollen und -features
- Registrierungseinstellungen
- Dateien und Verzeichnisse
- Prozesse und Dienste
- Gruppen und Benutzerkonten
- Umgebungsvariablen
- PowerShell-Skripts

Neben dem Festlegen der Erstkonfiguration können Sie DSC auch einsetzen, um Server aufzuspüren, die nicht mehr die geforderten Bedingungen erfüllen. DSC verfügt über integrierte Ressourcen, mit denen Sie die tatsächliche Konfiguration eines Servers ermitteln und bei Bedarf Änderungen vornehmen können. DSC umfasst drei Hauptkomponenten:

- **LCM (Local Configuration Manager)** Der LCM läuft auf jedem Server (oder Zielknoten), der verwaltet wird. Der LCM konfiguriert den Zielknoten anhand des DSC. Daneben führt der LCM andere Aktionen für den Zielknoten aus, beispielsweise bestimmt er die Aktualisierungsmethode, steuert die Aktualisierungsintervalle und nimmt Teilkonfigurationen vor.
- **Ressourcen** Werden benutzt, um die Zustandswechsel einer Konfigurationsänderung zu implementieren. Ressourcen sind Teil der PowerShell-Module und können so geschrieben sein, dass sie eine Datei, einen Prozess, einen Server oder sogar eine VM abbilden.
- **Konfiguration** Die Skripts, mit denen die Ressourcen definiert und konfiguriert werden. Beim Durchführen der Konfiguration nehmen DSC und die Ressourcen die Konfiguration vor und stellen sicher, dass der Zielknoten wie vorgeschrieben konfiguriert ist.

Wenn Sie ein *DSC-Skript* entwickeln wollen, müssen Sie seine Komponenten kennen. Das Skript hat folgende Bestandteile:

- **GetScript** Dieser Codeblock sollte den aktuellen Zustand des verwalteten Knotens zurückgeben. Als Ergebniswert muss eine Zeichenfolge zurückgegeben werden.
- **TestScript** Dieser Codeblock legt fest, ob der verwaltete Knoten geändert werden muss, damit er der übergegebenen Konfiguration entspricht. Sind irgendwelche Konfigurationen nicht auf dem neuesten Stand, wird dieses Problem durch den SetScript-Block beseitigt.
- **SetScript** Dieser Codeblock verändert den Knoten so, dass er der gewünschten Konfiguration entspricht.
- **Credential** Die Anmeldeinformationen, die eventuell für das Skript benötigt werden.
- **DependsOn** Legt fest, ob eine andere Ressource ausgeführt werden muss, bevor dieses Skript ausgeführt und die Konfiguration vorgenommen werden kann.

Das folgende Beispiel zeigt die DSC-Syntax:

```
Script [string] #Ressourcenname
{
    GetScript = [string]
    SetScript = [string]
    TestScript = [string]
    [ Credential = [PSCredential] ]
    [ DependsOn = [string[]] ]
}
```

> ***WEITERE INFORMATIONEN*** **DSC**
>
> Weitere Informationen sowie eine Vorführung von DSC finden Sie unter:
>
> *https://mva.microsoft.com/en-US/training-courses/getting-started-with-powershell-desired-state-configuration-dsc--8672*

Upgrades und Migrationen für Server und Kernarbeitsauslastungen von Windows Server 2008 und Windows Server 2012 auf Windows Server 2016 durchführen

Ein Betriebssystemupgrade auf Windows Server 2016 unterscheidet sich nicht wesentlich von Upgrades bei älteren Windows Server-Versionen. Ein neues Feature beim Upgrade von Failoverclustern ist das parallele Cluster-Betriebssystemupgrade, mit dem wir uns in Kapitel 5 genauer beschäftigen. Tabelle 1–2 listet die unterstützten Upgradepfade auf Windows Server 2016 auf.

Bisheriges Betriebssystem und Edition	Upgrade-Edition
Windows Server 2008 R2 Standard oder Windows Server 2008 R2 Enterprise	Windows Server 2016 Standard oder Windows Server 2016 Datacenter
Windows Server 2008 R2 Datacenter	Windows Server 2016 Datacenter
Windows Web Server 2008 R2	Windows Server 2016 Standard
Windows Server 2008 R2 Datacenter mit SP1	Windows Server 2016 Datacenter
Windows Server 2008 R2 Enterprise mit SP1	Windows Server 2016 Standard oder Windows Server 2016 Datacenter
Windows Server 2008 R2 Standard mit SP1	Windows Server 2016 Standard oder Windows Server 2016 Datacenter
Windows Web Server 2008 R2 mit SP1	Windows Server 2016 Standard
Windows Server 2012 Datacenter oder Windows Server 2012 R2 Datacenter	Windows Server 2016 Datacenter
Windows Server 2012 Standard oder Windows Server 2012 R2 Standard	Windows Server 2016 Standard oder Windows Server 2016 Datacenter

Tab. 1–2   Unterstützte Upgradepfade

Neben dem Upgrade können Sie in Windows Server 2016 auch das Feature der Servermigrationstools nutzen, wenn Sie von einem 32-Bit-Betriebssystem wegkommen wollen. Diese Möglichkeit steht zur Verfügung, wenn Sie von den folgenden Betriebssystemen auf Windows Server 2016 wechseln:

- Windows Server 2003
- Windows Server 2003 R2
- Windows Server 2008
- Windows Server 2008 R2
- Windows Server 2012
- Windows Server 2012 R2

Geeignete Aktivierungsmodelle für die Serverinstallation auswählen, zum Beispiel automatische Aktivierung für virtuelle Computer, Schlüsselverwaltungsdienst oder Active Directory-Aktivierung

Wie die Bezeichnung des Prüfungsziels verrät, gibt es neben der Möglichkeit, jeden Server einzeln zu aktivieren, drei unterschiedliche Methoden für die Windows-Aktivierung:

- automatische Aktivierung virtueller Maschinen (Automatic Virtual Machine Activation, AVMA)
- Schlüsselverwaltungsdienst (Key Management Service, KMS)
- Active Directory-basierte Aktivierung

Virtuelle Maschinen automatisch aktivieren

AVMA wurde in Windows Server 2012 R2 eingeführt. Es ermöglicht Ihnen, einen virtuellen Computer (Virtual Machine, VM) über den jeweiligen Virtualisierungshost zu aktivieren. Auf diese Weise ist eine Aktivierung auch dann möglich, wenn die VM offline betrieben wird. AVMA bindet den Aktivierungsprozess an den Virtualisierungshost, was es ermöglicht, Berichte zu erstellen und den Lizenzstatus für jeden virtuellen Computer in Echtzeit zu überwachen. Die Berichterstellungs- und Überwachungsdaten können auf dem Virtualisierungsserver generiert werden.

PRÜFUNGSTIPP

Sie können AVMA nur nutzen, wenn der Virtualisierungshost unter der Datacenter Edition von Windows Server 2016 läuft und das Tool aktiviert ist. Der virtuelle Computer kann unter verschiedenen Editionen von Windows Server 2012 R2 oder Windows Server 2016 laufen.

Wenn Sie AVMA einsetzen, können Sie sich die Verwaltung einzelner Product Keys oder Lizenzen ersparen. Die VM wird aktiviert und bleibt auch dann aktiviert, wenn sie auf andere Hosts oder in andere Regionen migriert wird. Provider, die mandantenfähige Umgebungen (Multi-Tenant-Umgebungen) mit voneinander unabhängigen Webpräsenzen anbieten, brauchen ihren Kunden keine Product Keys offenzulegen; sie brauchen nicht einmal auf den virtuellen Computer eines Kunden zuzugreifen, um ihn zu aktivieren. Der Aktivierungsprozess verläuft für die VM völlig transparent und erfordert keinerlei Eingaben innerhalb der VM.

Um AVMA nutzen zu können, müssen Sie den Virtualisierungshost mit einem AVMA-Schlüssel konfigurieren, indem Sie das Tool Slmgr mit dem Befehlszeilenparameter /ipk aufrufen: s*lmgr /ipk <Schlüssel>*

Die AVMA-Aktivierung für eine VM ist nur sieben Tage gültig. Sobald der Ablauftermin näher rückt, kommuniziert die VM mit dem Virtualisierungshost, um die Aktivierung zu erneuern und das Intervall zurückzusetzen. Mit dem Befehl *slgmgr.vbs /dlv* können Sie jederzeit feststellen, ob eine VM über AVMA aktiviert wurde und wie ihr aktueller Aktivierungsstatus ist. Abbildung 1–4 zeigt die Ausgabe dieses Befehls.

Abb. 1–4   Ergebnisse der AVMA

Sie sehen in Abbildung 1–4, dass das Feld *Beschreibung* die Zeichenfolge VIRTUAL_MACHINE_ACTIVATION enthält. Dieser Hinweis zeigt, dass es sich um einen virtuellen Computer handelt, der über AVMA aktiviert wurde.

Sofern Sie die Installation eines Virtualisierungshosts automatisieren wollen, können Sie den AVMA-Schlüssel in eine Datei für das unbeaufsichtigte Setup schreiben. Sobald diese Konfiguration vorhanden ist, liefert die Registrierung auf dem Virtualisierungsserver die folgenden Überwachungs- und Berichterstellungsdaten über das Gastbetriebssystem:

- vollständiger qualifizierter Domänenname
- Betriebssystem und installierte Service Packs
- Prozessorarchitektur
- IPv4- und IPv6-Netzwerkadressen
- RDP-Adressen

Schlüsselverwaltungsdienst

Wenn Sie Server in Ihrem Netzwerk mit dem Schlüsselverwaltungsdienst (Key Management Service, KMS) aktivieren wollen, brauchen Sie einen Server, der die Serverrolle *Volumenaktivierungsdienste* ausführt. Während der Installation dieser Serverrolle können Sie angeben, ob Sie KMS oder Active Directory-basierte Aktivierung verwenden. Sofern Sie KMS wählen, werden Sie aufgefordert, den KMS-Hostschlüssel einzugeben. Dadurch werden die Microsoft-Produkte aktiviert, die für die Aktivierung Kontakt mit dem Server aufnehmen.

Sobald Sie die Serverrolle installiert und konfiguriert haben, können Sie mithilfe von KMS-Clients prüfen, ob die Aktivierung durchgeführt wurde. Diese Clients können Server oder Computer sein.

> **HINWEIS** **KMS-Grenzwerte**
>
> KMS benötigt mindestens 25 Server oder Computer, damit es die Aktivierungsanforderungen bearbeiten kann.

Ähnlich wie bei AVMA können Sie auch Slmgr verwenden, um einen KMS-Schlüssel für Clients bereitzustellen. Der entsprechende Aufruf lautet *slmgr.vbs /ipk <KMS-Schlüssel>*.

Sobald Sie einem Client seinen Schlüssel übergeben haben, können Sie einen Aktivierungsversuch erzwingen, indem Sie den Befehl *slmgr.vbs /ato* ausführen. KMS bietet eine einfache Möglichkeit, um von einer zentralen Stelle aus alle virtuellen und Hardwarecomputer in einem Netzwerk zu aktivieren. Das ist besonders nützlich, wenn Sie Computer aktivieren wollen, die sich in einer anderen Domäne als der KMS-Host befinden.

Active Directory-basierte Aktivierung

Bei der Active Directory-basierten Aktivierung wird ein Aktivierungsobjekt im Schema der Domäne erstellt und gespeichert. Wenn danach ein nicht aktivierter Server oder ein Computer, der über einen Volumenlizenzschlüssel verfügt, der Domäne beitritt, greift er auf dieses Aktivierungsobjekt zu und wird automatisch aktiviert. Solange das Gerät Mitglied der Domäne ist, bleibt es aktiviert.

Drei Schritte sind erforderlich, um die Active Directory-basierte Aktivierung nutzen zu können:

1. Installieren Sie die Serverrolle *Volumenaktivierungsdienste*.
2. Fügen Sie einen KMS-Hostschlüssel zum Server hinzu.
3. Verwenden Sie auf den Zielcomputern einen KMS-Clientschlüssel und stellen Sie sicher, dass sie aktiviert wurden.

Die Active Directory-basierte Aktivierung ist sehr nützlich, wenn alle Computer, die Sie aktivieren wollen, Mitglieder der Domäne sind. In diesem Fall brauchen Sie neben der Active Directory-basierten Aktivierung nicht auch noch parallel KMS-Hosts zu betreiben.

Abbildung 1–5 zeigt die Aktivierungsszenarien bei der Verwendung von Schlüsselverwaltungsdienst oder Active Directory-basierter Aktivierung.

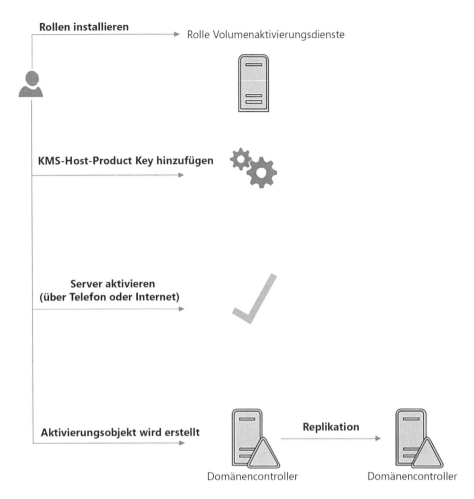

Abb. 1–5   Aktivierungsszenarien

Prüfungsziel 1.2: Nano Server installieren und konfigurieren

Nano Server ist eine neue Edition von Windows Server, die sehr schlank ist, aber trotzdem dieselben Dienste wie eine vollständige Installation zur Verfügung stellt. In diesem Abschnitt sehen wir uns an, welche Anforderungen der Nano Server stellt und in welchen Szenarien Sie ihn einsetzen sollten. Außerdem erfahren Sie, wie Sie Nano Server installieren und welche Rollen und Features er unterstützt. Schließlich sehen wir uns an, wie Sie eine Nano Server-Installation verwalten und konfigurieren.

> **Dieser Abschnitt deckt folgende Prüfungsziele ab:**
> - Nutzungsszenarien und Voraussetzungen für Nano Server beschreiben
> - Nano Server installieren
> - Rollen und Features auf Nano Server implementieren
> - Nano Server verwalten und konfigurieren

Nutzungsszenarien und Voraussetzungen für Nano Server beschreiben

Nano Server ist eine neue Installationsoption für die Windows Server-Familie. Der Nano Server eignet sich für verschiedene Szenarien:

- Hyper-V-Hosts
- Speicherhosts für Dateiserver mit horizontaler Skalierung
- DNS-Server
- IIS-Server
- Cloud-Anwendungsserver

Nano Server wird sowohl als virtueller Computer als auch Hardwarehost unterstützt. Zum Zeitpunkt, als dieses Buch geschrieben wurde, waren keine konkreten Hardwarevoraussetzungen für die Installation von Nano Server definiert. Die kleinste Nano Server-Konfiguration umfasst rund 450 MB, wenn nur die unbedingt benötigten Pakete und Features ausgewählt sind. Eine VHD mit IIS und OEM-Treibern ist mehr als 500 MB groß.

Nano Server installieren

Damit Sie Nano Server installieren können, müssen Sie mit dem Nano Server Image Generator ein Image zusammenstellen, das Sie dann für die Installation verwenden. Sie finden den Image Generator im Ordner *NanoServer* des Windows Server 2016-Installationsmediums. Sie gehen folgendermaßen vor, um ein Nano Server-Image zu erstellen:

1. Kopieren Sie den Ordner *NanoServer* vom Installationsmedium auf Ihren Computer.
2. Wechseln Sie in PowerShell in den kopierten Ordner und importieren Sie das Modul NanoServerImageGenerator.
3. Führen Sie das Cmdlet New-NanoServerImage aus, um die Installationsdatei zu erstellen.

Es ist im Grunde recht einfach, ein PowerShell-Modul zu importieren, Schwierigkeiten können aber auftreten, wenn Sie die automatische Befehlsvervollständigung von PowerShell nutzen. Löschen Sie unbedingt das abschließende Backslash-Zeichen, wenn Sie die Taste (Tab) gedrückt haben, um den Modulnamen zu vervollständigen. Abbildung 1–6 zeigt, wie das PowerShell-Modul für den Image Generator erfolgreich importiert wurde.

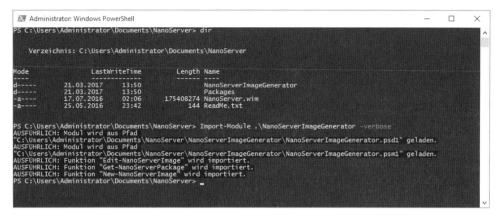

Abb. 1–6 Importieren des Nano Server Image Generator

Das Cmdlet New-NanoServerImage hat mehrere Parameter, für die Sie beim Aufruf Werte angeben können. Die wichtigsten sind:

- **Edition** Legt den Editionstyp für die Installation fest, mögliche Werte sind *Standard* oder *Datacenter*.
- **DeploymentType** Gibt an, ob der Nano Server als virtueller Computer (Gast) oder Hardwarehost läuft. Mögliche Werte sind *Guest* oder *Host*.
- **MediaPath** Der Speicherort mit dem Windows Server 2016-Installationsmedium. Dies kann auf einer ISO-Datei sein, die im Dateisystem bereitgestellt wurde, oder ein vorher kopiertes Verzeichnis.
- **BasePath** Das Verzeichnis, in das die Pakete und das Windows-Image kopiert werden.
- **TargetPath** Pfad, Dateiname und Erweiterung für die Nano Server-VHD-, -VHDX- oder -WIM-Datei, die erstellt wird.
- **ComputerName** Der Hostname des Nano Server-Computers, nachdem die Installation abgeschlossen ist.

Zum Beispiel erstellt der folgende Befehl im aktuellen Ordner einen virtuellen Nano Server-Computer namens *NanoSvr1* als Standard Edition:

```
New-NanoServerImage -Edition Standard -DeploymentType Guest -MediaPath D:\
    -BasePath .\ -TargetPath .\NanoSvr1\NanoSvr.vhdx -ComputerName NanoSvr1
```

Sie können das Administratorkennwort direkt beim Befehlsaufruf im Parameter *AdministratorPassword* angeben, es ist dann aber als Klartext sichtbar. Wenn Sie den Parameter weglassen, fordert PowerShell Sie auf, das Administratorkontokennwort einzutippen. Abbildung 1–7 zeigt, wie der Befehl erfolgreich ausgeführt wurde, nachdem das Kennwort auf Anforderung eingetippt wurde.

Abb. 1–7 Ausführung des Cmdlets New-NanoServerImage

Sobald Sie den gewünschten Image-Typ erstellt haben, können Sie das Image über Hyper-V bereitstellen oder es auf einem Hardwareserver installieren. Bei Hardwareservern wird empfohlen, zusätzlich den Parameter *OEMDrivers* zu verwenden. Nachdem das Nano Server-Image generiert wurde, unterscheidet sich der Installationsvorgang nicht von dem bei einer üblichen VM- oder Hardwareinstallation.

Rollen und Features auf Nano Server implementieren

Welche Rollen und Features ein Nano Server zur Verfügung stellt, legen Sie beim Erstellen des Images fest. Die von Ihnen ausgewählten Pakete werden in das Image integriert. Sie können in den Nano Server die Pakete aufnehmen, die im zugrundeliegenden Server-Image enthalten sind. Geben Sie einfach den entsprechenden Parameter an, während Sie das Image erstellen. Einige dieser Parameter sind zum Beispiel:

- **Storage** Integriert die Dateiserverrolle und andere Speicherkomponenten.
- **Compute** Umfasst die Hyper-V-Serverrolle.
- **Defender** Integriert den Windows Defender mit einer Standardsignaturdatei.
- **Clustering** Integriert die Serverrolle für einen Failovercluster.

Sobald ein Nano Server installiert wurde, können Sie die Serverrollen und -features mithilfe des PackageManagement-Anbieters verwalten. Sie installieren diesen Anbieter, indem Sie den Befehl `Install-PackageProvider NanoServerPackage` ausführen. Anschließend importieren Sie den Anbieter mit dem Befehl `Import-PackageProvider NanoServerPackage`.

Nachdem Sie den Paketanbieter installiert haben, können Sie die folgenden PowerShell-Cmdlets aufrufen, um nach Paketen zu suchen und sie zum Nano Server hinzuzufügen:

- Find-NanoServerPackage
- Save-NanoServerPackage
- Install-NanoServerPackage

Sie können Pakete mit dem Cmdlet `Install-NanoServerPackage` unabhängig davon installieren, ob die Nano Server-Installation on- oder offline ist. Tabelle 1–3 beschreibt, welche Rollen und Features Sie im Nano Server installieren können.

Serverrolle oder -feature	Befehlszeilenparameter zum Installieren
Hyper-V-Rolle	-Compute
Failovercluster	-Clustering
Treiber für zahlreiche Netzwerkadapter und Speichercontroller (Dies sind dieselben Treiber wie in einer Server Core-Installation von Windows Server 2016.)	-OEMDrivers
Dateiserverrolle und andere Speicherkomponenten	-Storage
Windows Defender mit einer Standardsignaturdatei	-Defender
DNS-Serverrolle	-Package Microsoft-NanoServer-DNS-Package
Desired State Configuration (DSC)	-Package Microsoft-NanoServer-DSC-Package
IIS	-Package Microsoft-NanoServer-IIS-Package
Hostunterstützung für Windows-Container	-Containers
System Center Virtual Machine Manager-Agent	-Package Microsoft-Windows-Server-SCVMM-Package -Package Microsoft-Windows-Server-SCVMM-Compute-Package
Netzwerkleistungsdiagnosedienst (Network Performance Diagnostics Service, NPDS)	-Package Microsoft-NanoServer-NPDS-Package
Data Center Bridging	-Package Microsoft-NanoServer-DCB-Package
Bereitstellen auf einem virtuellen Computer	-Package Microsoft-NanoServer-Guest-Package
Bereitstellen auf einem Hardwarecomputer	-Package Microsoft-NanoServer-Host-Package
Sicherer Systemstart	-Package Microsoft-NanoServer-SecureStartup-Package
Abgeschirmte virtuelle Computer	-Package Microsoft-NanoServer-ShieldedVM-Package

Tab. 1–3 Rollen und Features für Nano Server

> **WEITERE INFORMATIONEN** Befehlszeilenparameter für Nano Server
>
> Weitere Informationen zum Nano Server und den verfügbaren Installationsparametern finden Sie unter:
>
> https://aka.ms/nanoserver

Nano Server verwalten und konfigurieren

Wenn Sie Nano Server installiert und sich angemeldet haben, stehen einige wenige Optionen zur Verfügung, um den Server direkt über die Wiederherstellungskonsole zu konfigurieren. In der Konsole werden unter anderem die folgenden Informationen angezeigt:

- Computername
- Arbeitsgruppe oder Domäne
- Betriebssystemversion
- Ortszeit und Datum
- Netzwerkkonfiguration

Abbildung 1–8 zeigt die lokale Konsole einer Nano Server-Installation.

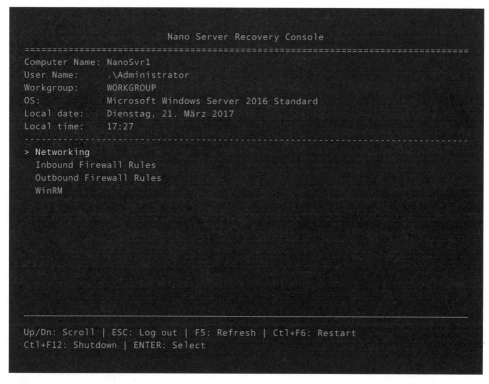

Abb. 1–8   Wiederherstellungskonsole einer Nano Server-Installation

Die grundlegenden Netzwerkeinstellungen für den Nano Server-Computer können Sie auf dem Netzwerkbildschirm der Wiederherstellungskonsole konfigurieren. Wählen Sie dazu erst den gewünschten Netzwerkadapter aus und nehmen Sie auf dem nächsten Bildschirm die gewünschten Netzwerkeinstellungen vor. Sowohl IPv4 als auch IPv6 können in der Wiederherstellungskonsole konfiguriert werden. Abbildung 1–9 zeigt die Netzwerkkonfiguration von Nano Server in der Wiederherstellungskonsole.

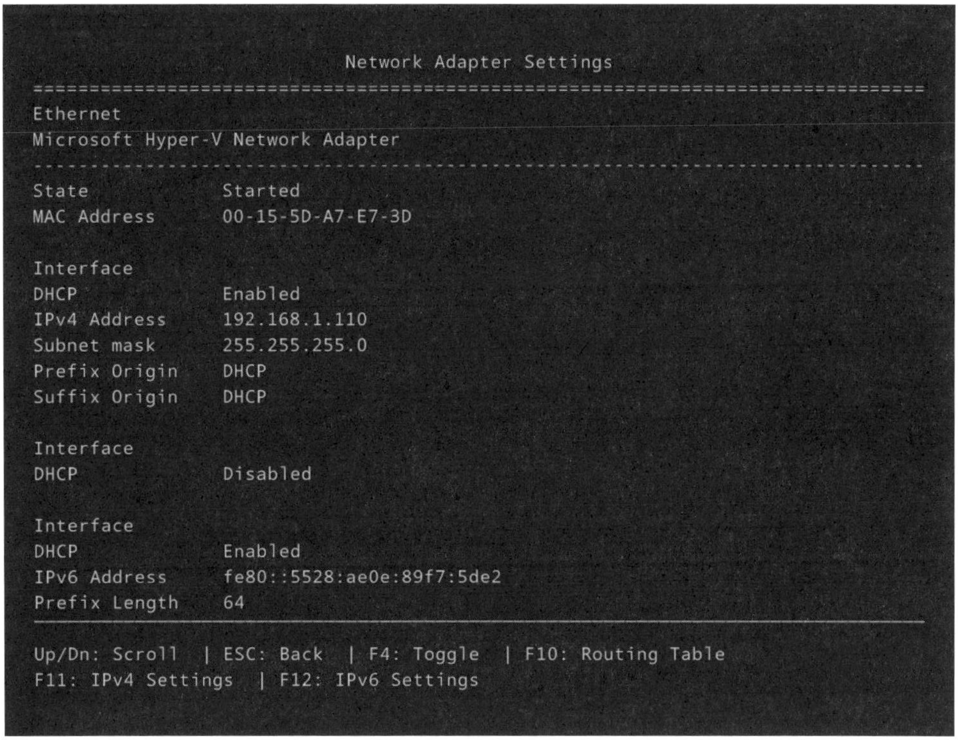

```
                    Network Adapter Settings
================================================================
Ethernet
Microsoft Hyper-V Network Adapter
----------------------------------------------------------------
State              Started
MAC Address        00-15-5D-A7-E7-3D

Interface
DHCP               Enabled
IPv4 Address       192.168.1.110
Subnet mask        255.255.255.0
Prefix Origin      DHCP
Suffix Origin      DHCP

Interface
DHCP               Disabled

Interface
DHCP               Enabled
IPv6 Address       fe80::5528:ae0e:89f7:5de2
Prefix Length      64

Up/Dn: Scroll   | ESC: Back   | F4: Toggle   | F10: Routing Table
F11: IPv4 Settings   | F12: IPv6 Settings
```

Abb. 1–9   Netzwerkadaptereinstellungen für einen Nano Server

Sie müssen die Firewalleinstellungen ändern, um die Remoteverwaltung zu ermöglichen. Die entsprechenden Firewalleinstellungen finden Sie im Bildschirm *Inbound Firewall Rules* (eingehende Firewallregeln) der Wiederherstellungskonsole. Um die Sicherheit zu erhöhen, können Sie ausgehende Firewallregeln konfigurieren.

Auf dem Bildschirm *WinRM* der Wiederherstellungskonsole können Sie die Firewall- und Remoteverwaltungseinstellungen für den Server auf ihre Standardeinstellungen zurücksetzen. Das ist nützlich, wenn es Ihnen nicht mehr gelingt, den Server im Remotezugriff zu erreichen, Ihnen aber keine Änderungen an den Netzwerkeinstellungen bekannt sind, die für dieses Problem verantwortlich sein könnten.

Prüfungsziel 1.3: Images für die Bereitstellung erstellen, verwalten und pflegen

Sie können Images einsetzen, um die Bereitstellung auf mehreren Hardware- oder virtuellen Computern zu vereinheitlichen. In diesem Abschnitt beschäftigen wir uns mit der Planung für die Windows Server-Virtualisierung sowie mit empfohlenen Vorgehensweisen für Linux- und FreeBSD-VM-Bereitstellungen. Außerdem erfahren Sie, wie Sie mit dem Microsoft Assessment and Planning Toolkit eine vorhandene Umgebung analysieren, um ein Upgrade oder eine Migration auf Windows Server 2016 vorzubereiten. Anschließend untersuchen wir weitere

Techniken für die Virtualisierung, darunter das Verwenden und Aktualisieren von Bereitstellungs-Images. Und schließlich erfahren Sie, wie Sie VHDs für Windows Server Core und Nano Server mithilfe der Windows PowerShell pflegen.

> **Dieser Abschnitt deckt folgende Prüfungsziele ab:**
> - Eine Windows Server-Virtualisierung planen
> - Linux- und FreeBSD-Bereitstellungen planen
> - Virtualisierte Arbeitsauslastungen mit dem Microsoft Assessment and Planning Toolkit bewerten und Faktoren zum Bereitstellen von Arbeitsauslastungen in virtualisierten Umgebungen analysieren
> - Images mit Patches, Hotfixes und Treibern aktualisieren und Rollen und Features in Offline-Images installieren
> - Windows Server Core, Nano Server-Images und VHDs mit Windows PowerShell verwalten und pflegen

Eine Windows Server-Virtualisierung planen

Wenn Sie eine Virtualisierung für Windows Server planen, sollten Sie nach einem bestimmten Schema vorgehen. Abbildung 1–10 zeigt die neun grundlegenden Schritte bei der Planung einer Servervirtualisierung.

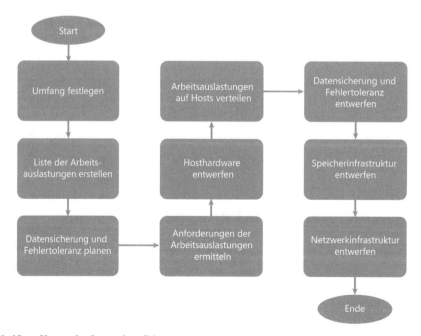

Abb. 1–10 Planen der Servervirtualisierung

- **Umfang festlegen**   Legen Sie fest, welcher Teil der Infrastruktur virtualisiert wird.
- **Liste der Arbeitsauslastungen erstellen**   Stellen Sie auf Basis der Arbeitsauslastung zusammen, welche Ressourcen benötigt werden.
- **Datensicherung und Fehlertoleranz planen**   Wählen Sie aus, mit welchem Verfahren Sie die virtualisierte Umgebung nach der Bereitstellung sichern.
- **Anforderungen der Arbeitsauslastungen ermitteln**   Analysieren Sie, welche Anforderungen die Virtualisierungslösung stellt.
- **Hosthardware entwerfen**   Analysieren Sie die Anforderungen an die zugrundeliegende Hardware.
- **Arbeitsauslastungen auf Hosts verteilen**   Entscheiden Sie, wie die Arbeitsauslastungen auf die verschiedenen Virtualisierungshosts verteilt werden.
- **Datensicherung und Fehlertoleranz entwerfen**   Wählen Sie einen geeigneten Ansatz für die Datensicherung der geplanten Umgebung.
- **Speicherinfrastruktur entwerfen**   Entwerfen Sie das Speicherbackend für die virtualisierte Umgebung.
- **Netzwerkinfrastruktur entwerfen**   Entwerfen Sie die Netzwerkverbindungen für die virtualisierte Umgebung.

> ***WEITERE INFORMATIONEN***   **Windows Server 2016-Virtualisierung**
>
> Ausführliche Informationen zur Virtualisierung mit Windows Server 2016 finden Sie unter:
>
> *https://mva.microsoft.com/en-us/training-courses/windows-server-2016-virtualization-deep-dive-14094*

Linux- und FreeBSD-Bereitstellungen planen

Die Betriebssysteme Linux und FreeBSD werden von Hyper-V-Plattformen seit Windows Server 2008 R2 unterstützt. Aktuell werden unter anderem die folgenden Betriebssysteme unterstützt:

- CentOS
- Red Hat Enterprise Linux
- Debian
- Oracle Linux
- SUSE
- Ubuntu
- FreeBSD

Wenn Sie FreeBSD unter Hyper-V betreiben, sollten Sie einige Empfehlungen beachten, um Funktionsumfang und Leistung zu optimieren:

- **Aktivieren Sie CARP (Common Address Redundancy Protocol).** Wenn Sie FreeBSD 10.2 verwenden, ermöglicht CARP es mehreren Hosts in einem Netzwerk, sich dieselbe IP-Adresse und Virtual-Host-ID zu teilen und so Hochverfügbarkeit zu erreichen. Fällt ein Host oder eine VM aus, kann eine andere aktive VM transparent die angebotenen Dienste übernehmen.
- **Fügen Sie UUIDs hinzu.** Stellen Sie für alle Geräte, die in fstab aufgelistet sind, sicher, dass die UUIDs richtig konfiguriert sind. Wenn in einer VM die Hyper-V-Speicherintegrationsdienste installiert sind, können sich Gerätenamen ändern, woraufhin der Eintrag in fstab nicht mehr gültig ist.
- **Deaktivieren Sie die Fast-IDE-Treiber.** Der Fast-IDE-Treiber verursacht Konflikte mit dem Hyper-V-IDE-Treiber, was dazu führen kann, dass die virtuelle CD-ROM nicht mehr verfügbar ist. Wenn Sie Fast-IDE deaktivieren, stellen Sie sicher, dass der Zugriff auf die virtuelle CD-ROM gelingt.
- **Erstellen Sie GEOM-Label.** Wenn Sie FreeBSD 8.x verwenden, werden Knoten für alle Geräte erstellt, die beim Systemstart erkannt wurden. Geräte-Label können sich während dieses Prozesses verändern, was unter Umständen Fehler bei Laufwerksbereitstellungen verursacht. Indem Sie permanente Label für alle IDE-Partition erstellen, vermeiden Sie solche Mounting-Fehler.

Auch für den Einsatz von Linux unter Hyper-V gibt es Empfehlungen:

- **Optimieren Sie die Dateisysteme.** Manche Linux-Dateisysteme verwenden zusätzlichen Festplattenplatz, sogar wenn das Dateisystem fast leer ist. Sie können diesen Platzverbrauch verringern, indem Sie die Blockgröße auf 1 MB setzen und den virtuellen Datenträger mit ext4 formatieren.
- **Verlängern Sie die Wartezeit beim Systemstart.** Wenn Sie auf einem virtuellen Computer der 2. Generation das Grub-Startmenü nutzen, kann es passieren, dass die eingestellte Wartezeit zu schnell heruntergezählt wird. Der Standardwert für die Wartezeit beträgt 5, bei einem virtuellen Computer der 2. Generation wird aber empfohlen, ihn auf 100000 zu setzen.
- **PXE-Start** VMs der 2. Generation haben keinen PIT-Timer und Netzwerkverbindungen zu einem PXE-TFTP-Server können vorzeitig abgebrochen werden, was verhindert, dass das Netzwerkstart-Ladeprogramm ausgeführt wird. Sie können einen älteren Grub-Bootloader angeben, um dieses Zeitlimitproblem zu umgehen.
- **Statische MAC-Adressen** Virtuelle Linux-Computer, die in einem Failovercluster eingesetzt werden, sollten statische MAC-Adressen haben. In manchen Linux-Versionen kann es passieren, dass Teile der Netzwerkkonfiguration nach einem Failover verloren gehen. Um sicherzustellen, dass alle Dienste wie erwartet funktionieren, sollten Sie eine statische MAC-Adresse festlegen.

- **Netzwerkadapter** Es wird empfohlen, statt eines Legacy-Netzwerkadapters die Hyper-V-spezifischen Netzwerkadapter zu verwenden. Legacy-Netzwerkadapter können in ifconfig sinnlose Werte für verschiedene Parameter anzeigen.
- **E/A-Scheduler** Um die E/A-Leistung für Laufwerke zu optimieren, sollten Sie das für Linux-VMs vorgesehene NOOP-E/A verwenden. Sie können diese Einstellung in den Konfigurationsparametern des Bootloaders ändern.
- **NUMA** Für Linux-VMs, die über mehr als 7 virtuelle Prozessoren oder 30 GB RAM verfügen, wird empfohlen, NUMA in der Bootloader-Konfiguration zu deaktivieren.

Virtualisierte Arbeitsauslastungen mit dem Microsoft Assessment and Planning Toolkit bewerten und Faktoren zum Bereitstellen von Arbeitsauslastungen in virtualisierten Umgebungen analysieren

Ein Werkzeug, mit dem Sie eine Migration – sei sie physisch oder virtuell – analysieren und planen können, ist das Microsoft Assessment and Planning (MAP) Toolkit. MAP ist ein Werkzeug, das die vorhandene Infrastruktur Ihrer Organisation in einem Inventar erfasst. Auf Basis der ermittelten Daten liefert MAP eine Bewertung und stellt einen Bericht zusammen, der Ihnen bei Upgrades, Migrationen und der Virtualisierung von Arbeitsauslastungen hilft. MAP steht für verschiedene Microsoft-Produkte zur Verfügung:

- Windows Server 2016
- Windows Server 2012 R2
- Windows 10
- Windows 8.1
- SQL Server 2014
- Hyper-V

Unter anderem können Sie mit MAP folgende Aufgaben durchführen:

- **Inventar zusammenstellen** Erkennt Geräte im Netzwerk und stellt einen ausführlichen Bericht zu allen Servern zusammen, die Windows Server 2016 ausführen können.
- **Berichterstellung** Erstellt einen Bericht oder einen Vorschlag auf Basis der Bewertung zur Windows Server 2016-Eignung. Der Vorschlag enthält eine kurze Übersicht, Bewertungsregeln, eine Liste der nächsten Schritte und eine Zusammenfassung der allgemeinen Eignung für Windows Server 2016.
- **Leistungsdaten aufzeichnen** Sie können mit MAP die Leistung der aktuellen Infrastruktur aufzeichnen und auf diese Weise sicherstellen, dass die Arbeitsauslastungen unter Windows Server 2016 ausgeführt werden können.
- **Auslastung abschätzen** Schätzt die Serverauslastung vor und nach der Virtualisierung der Arbeitsauslastungen ab. Sie können auch feststellen, welche Hardwarehosts sich besonders gut eignen, um sie in eine VM umzuwandeln.

Abbildung 1–11 zeigt das MAP Toolkit mit dem Übersichtsbildschirm für die Servervirtualisierung.

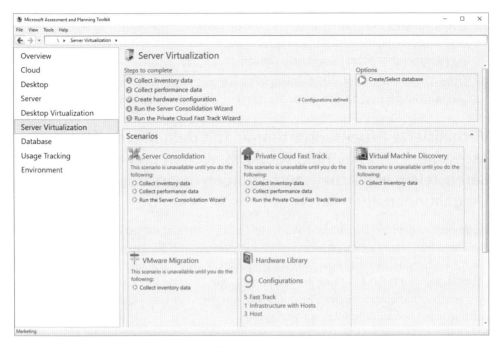

Abb. 1–11 Hauptbildschirm des MAP Toolkits

> **WEITERE INFORMATIONEN** **Das Microsoft Assessment and Planning Toolkit**
>
> Weitere Informationen zum Microsoft Assessment and Planning Toolkit finden Sie unter:
> *https://technet.microsoft.com/en-us/solutionaccelerators/dd537566*

Windows Server Core, Nano Server-Images und VHDs mit Windows PowerShell verwalten und pflegen, Images mit Patches, Hotfixes und Treibern aktualisieren und Rollen und Features in Offline-Images installieren

In diesem Training fassen wir die beiden Themen zum Verwalten, Aktualisieren und Pflegen von Images sowie zum Einbinden von Rollen und Features in Offline-Images zusammen. Die Abläufe beim Verwalten von Online- und Offline-Images mithilfe der DISM-Plattform (Deployment Image Services and Management) haben sich in Windows Server 2016 nicht wesentlich verändert.

DISM steht sowohl als Befehlszeilenprogramm als auch PowerShell-Modul zur Verfügung. Das PowerShell-Modul ist in Windows Server integriert, während das Befehlszeilenprogramm Teil des Windows Assessment and Deployment Kit (Windows ADK) ist.

> **WEITERE INFORMATIONEN**   Windows Powershell und DISM
>
> Weitere Informationen über den Einsatz von DISM in der Windows PowerShell finden Sie unter:
>
> *https://technet.microsoft.com/de-de/library/dn376474.aspx*

Zusammenfassung des Kapitels

Eine der wichtigsten Fähigkeiten von Windows Server 2016 besteht darin, einen Server ohne GUI als Nano Server bereitzustellen. Der Nano Server stellt die meisten der zentralen Serverrollen und -features zur Verfügung, die auch eine Installation mit vollständiger grafischer Benutzeroberfläche bietet, ist aber viel schlanker und bietet weniger Angriffsfläche. In diesem Kapitel haben wir folgende Themen behandelt:

- Verfügbare Editionen von Windows Server 2016, darunter Standard, Datacenter und Nano Server
- Installationsoptionen für Windows Server 2016, darunter die Standardeinstellung Server Core oder die Version mit Desktopdarstellung
- Server Core-Installation und Remoteverwaltung
- Die drei wichtigsten Aktivierungsmodelle AVMA, KMS und Active Directory-basierte Aktivierung
- Erstellen und Verwenden eines Nano Server-Images
- Hinzufügen von Serverrollen und -features zu einem Nano Server-Image
- Pflegen von Online- und Offline-Images mit DISM

Gedankenexperiment

Sie betreuen die IT für einen großen Heilpraktiker mit zwei Praxen und rund 75 Angestellten. Sie haben vor, zwei neue Server für die folgenden Rollen bereitzustellen:

- Active Directory-Domänendienste (AD DS)
- DNS
- DHCP
- Internetinformationsdienste (Internet Information Services, IIS)

Wichtig ist, dass die Server möglichst wenige Ressourcen verbrauchen. Welche Version, Edition und Aktivierungsmethode von Windows Server 2016 sollten Sie wählen?

Antwort zum Gedankenexperiment

Angesichts des beschriebenen Szenarios sollten Sie einen Server mit GUI bereitstellen, auf dem die Verwaltungstools sowie alle benötigten grafischen Serverrollen installiert sind. Für den zweiten Server können Sie eine Nano Server-Installation wählen, damit der Ressourcenverbrauch möglichst gering bleibt. Alle Dienste oder Anwendungen des Kunden, die nicht auf dem Nano Server laufen, können auf der vollständigen Installation installiert werden.

Es gibt in diesem Szenario keine Hinweise, die es erforderlich machen, die Datacenter Edition von Windows Server 2016 einzusetzen. Angesichts der Zahl der Angestellten könnte KMS- oder Active Directory-basierte Aktivierung für die Server sinnvoll sein, das lässt auch Raum für zukünftige Erweiterungen. Das Szenario erwähnt nicht, dass der Kunde Hyper-V ausführt, daher kommt AVMA nicht in Frage. Der entscheidende Faktor ist die Frage, ob der Kunde Computer aktivieren muss, die keine Mitglieder der Domäne sind. Ist das der Fall, sollten Sie nicht die Active Directory-basierte Aktivierung, sondern KMS verwenden.

KAPITEL 2

Speicherlösungen implementieren

Speicherlösungen sind eine zentrale Komponente für den Einsatz von Windows Server in einer Produktivumgebung. In diesem Kapitel lernen Sie einige grundlegende Speicherverfahren kennen und erfahren, wie Sie diese in Windows Server 2016 nutzen. Anschließend beschäftigen wir uns mit Datendeduplizierung, einem Feature von Windows Server, das es ermöglicht, die Kapazität eines Speichergeräts zu vergrößern, indem identische Daten nur ein einziges Mal gespeichert werden.

In diesem Kapitel abgedeckte Prüfungsziele:

- Serverspeicher implementieren
- Datendeduplizierung implementieren

Prüfungsziel 2.1: Serverspeicher implementieren

Windows Server 2016 unterstützt mehrere wichtige Techniken für den Zugriff auf Massenspeicher. In diesem Abschnitt erfahren Sie, wie Sie Speichergeräte in Windows Server 2016 für die Umgebung zur Verfügung stellen. Anschließend beschäftigen wir uns mit verschiedenen Möglichkeiten, auf Speicher zuzugreifen. Und schließlich lernen Sie Techniken kennen, mit denen Sie die Leistung bei Speicherzugriffen optimieren können.

> **Dieser Abschnitt deckt folgende Prüfungsziele ab:**
>
> - Speicherpools konfigurieren
> - Die Speicheranordnungsoptionen Simple, Mirror und Parity für Datenträger oder Speicherserver konfigurieren
> - Speicherpools erweitern
> - Speicherebenen konfigurieren
> - iSCSI-Ziel und -Initiator konfigurieren
> - iSNS konfigurieren
> - Data Center Bridging konfigurieren

→

- Multipfad-E/A konfigurieren
- Nutzungsszenarien für Speicherreplikation beschreiben
- Speicherreplikation für Server-zu-Server-, Cluster-zu-Cluster- und Stretched-Cluster-Szenarien implementieren

Speicherpools konfigurieren

Mithilfe von Speicherpools können Sie mehrere physische Datenträger zu einer Gruppe zusammenfassen, um ihre Kapazität zu vergrößern und in manchen Fällen auch ihre Leistung zu steigern. Sie erstellen einen Speicherpool entweder mit dem Server-Manager oder in der Windows PowerShell. Die Vorgehensweise im Server-Manager ist relativ einfach:

1. Gehen Sie im Server-Manager zur Seite *Datei-/Speicherdienste* und klicken Sie auf *Speicherpools*.
2. Klicken Sie auf *Aufgaben* und dann auf *Neuer Speicherpool*.
3. Klicken Sie auf *Weiter*, um die Seite *Vorbemerkungen* zu überspringen.
4. Geben Sie auf der Seite *Name des Speicherpools* einen Namen für den neuen Pool ein (Abbildung 2–1). Stellen Sie sicher, dass die Gruppe der Datenträger ausgewählt ist, die dem Server zur Verfügung stehen.

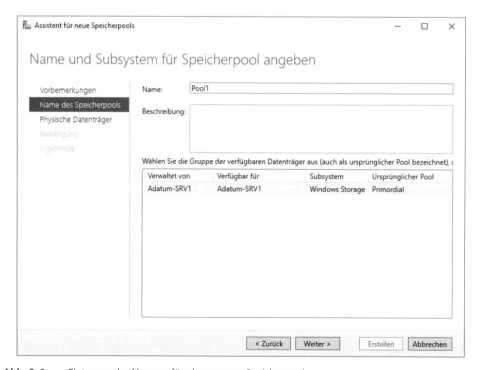

Abb. 2–1 Eintragen des Namens für einen neuen Speicherpool

5. Wählen Sie auf der Seite *Physische Datenträger* alle Datenträger aus, die den Pool bilden sollen. Abbildung 2–2 zeigt ein System, auf dem drei Datenträger verfügbar sind. Wählen Sie die gewünschten Datenträger aus und klicken Sie auf *Weiter*.

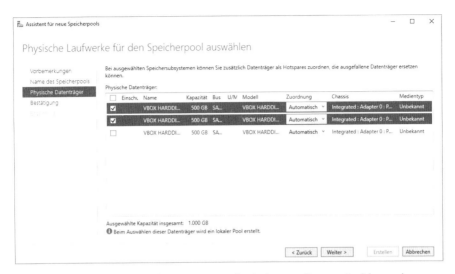

Abb. 2–2   Auswählen der physischen Datenträger im Assistenten für neue Speicherpools

6. Sobald Sie die Datenträger ausgewählt haben, bekommen Sie auf der Seite *Bestätigung* eine Zusammenfassung der Einstellungen angezeigt (Abbildung 2–3). Klicken Sie auf *Erstellen*, um die Einstellungen zu übernehmen und den Speicherpool anzulegen.

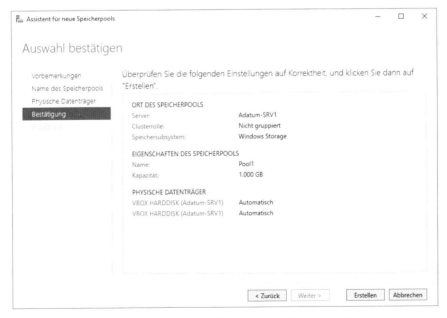

Abb. 2–3   Zusammenfassung und Bestätigung im Assistenten für neue Speicherpools

Mit der PowerShell ist es ein wenig komplizierter, einen Speicherpool zu erstellen, weil Sie die physischen Datenträger angeben müssen, die in den Pool aufgenommen werden. Führen Sie deshalb erst den folgenden Befehl aus, um die Namen der Datenträger zu ermitteln:

```
Get-PhysicalDisk -CanPool $True
```

Das liefert die Liste der verfügbaren Datenträger an den Pool. Damit Sie die Datenträger einfacher an das Cmdlet New-StoragePool übergeben können, sollten Sie das Ergebnis einer Variablen zuweisen. Auf diese Weise können Sie einen Pool mit den beiden folgenden Befehlen erstellen:

```
$Disks = Get-PhysicalDisk -CanPool $True
New-StoragePool -FriendlyName "Pool1" -StorageSubSystemFriendlyName "Subsystemname"
  -PhysicalDisks $Disks
```

Abbildung 2–4 zeigt die Ergebnisse dieser Befehle.

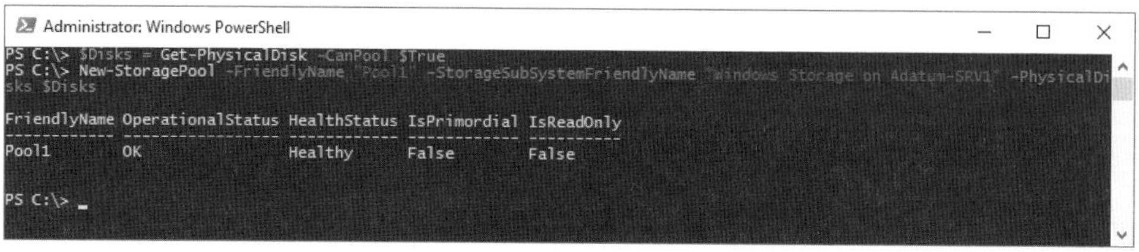

Abb. 2–4   Erstellen eines Speicherpools mit PowerShell

Die Speicheranordnungsoptionen Simple, Mirror und Parity für Datenträger oder Speicherserver konfigurieren

Nachdem Sie einen Speicherpool erstellt haben, brauchen Sie einen virtuellen Datenträger, der diesen Pool nutzt. Mithilfe virtueller Datenträger definieren Sie dauerhaften Speicher (sogenannten resilienten Speicher), indem Sie auf Datenträger des Speicherpools zugreifen. Es gibt drei Typen von Resilienzanordnungen:

- **Simple (Basis)**   Die Daten werden über die physischen Datenträger verteilt. Die Vorteile sind größtmögliche Kapazität und höchster Durchsatz. Allerdings kann ein Defekt in einem einzigen Datenträger den gesamten Pool lahmlegen.
- **Mirror (gespiegelt)**   Die Daten werden über die physischen Datenträger verteilt, wobei dieselben Daten zwei- oder dreimal abgespeichert werden. Das erhöht die Zuverlässigkeit der Datenspeicherung, sodass Sie auch dann noch Zugriff auf die Daten und den Pool haben, wenn ein (oder sogar mehrere) Datenträger ausfallen. Die Speicherkapazität verringert sich allerdings, weil die zusätzlichen physischen Laufwerke genutzt werden, um die Redundanz und nicht die Kapazität zu erhöhen.
    - Soll der Defekt eines einzelnen Datenträgers abgefangen werden, brauchen Sie mindestens zwei physische Datenträger im Pool.
    - Soll der Defekt von zwei Datenträgern abgefangen werden, brauchen Sie mindestens fünf physische Datenträger im Pool.

- **Parity (Parität)** Es werden Daten- und Paritätsbits über die physischen Datenträger verteilt, was sowohl die Zuverlässigkeit erhöht als auch die Speicherkapazität vergrößert. Die theoretische Speicherkapazität wird nicht vollständig ausgenutzt, weil die Paritätsdaten ebenfalls geschrieben werden müssen, dieses Layout bietet aber Schutz vor Datenverlusten aufgrund eines Defekts von Datenträgern.
  - Soll der Defekt eines einzelnen Datenträgers abgefangen werden, brauchen Sie mindestens drei Datenträger.
  - Soll der Defekt von zwei Datenträgern abgefangen werden, brauchen Sie mindestens sieben Datenträger.

Abbildung 2–5 zeigt die Auswahl der Speicheranordnung im Assistenten für neue virtuelle Datenträger.

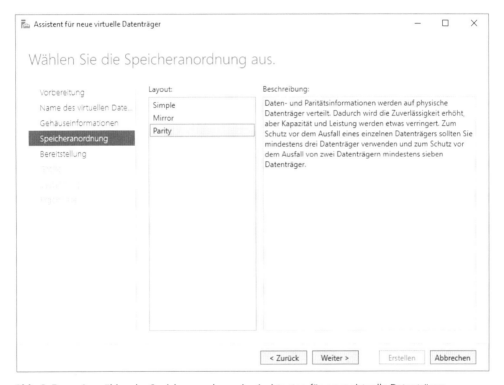

Abb. 2–5 Auswählen der Speicheranordnung im Assistenten für neue virtuelle Datenträger

Außerdem legen Sie für einen virtuellen Datenträger den Bereitstellungstyp fest:

- **Dünn (Thin)** Volumes auf dem virtuellen Datenträger nehmen nur so viel Platz ein wie die Daten, die bisher geschrieben wurden. Bei voller Belegung erreicht die Größe die maximale Größe des Volumes.
- **Fest (Fixed)** Das Volume belegt sofort den gesamten Platz im Speicherpool, unabhängig davon, wie viele Daten tatsächlich geschrieben wurden. Bei dieser Option kann es nicht passieren, dass Sie die Kapazitätsgrenzen des Pools sprengen.

Ähnlich einfach ist es, einen virtuellen Datenträger in der PowerShell zu erstellen. Sie verwenden dazu das Cmdlet New-VirtualDisk. Zum Beispiel erstellt der folgende Befehl einen Datenträger namens vDisk2 mit dünnem Bereitstellungstyp, Parity-Speicheranordnung und 50 GB Größe.

```
New-VirtualDisk -StoragePoolFriendlyName Pool1 -FriendlyName vDisk2
    -ResiliencySettingName Parity -Size 50GB -ProvisioningType Thin
```

Statt einen virtuellen Datenträger zu erstellen, können Sie auch ein Volume anlegen. Neben den Einstellungen, die Sie auch für einen virtuellen Datenträger konfigurieren, wird ein Volume direkt dem Server zur Verfügung gestellt. Das Betriebssystem greift über einen Laufwerkbuchstaben darauf zu. In der GUI erstellen Sie ein Volume mit dem Assistenten für neue Volumes, den Sie aus dem Server-Manager heraus starten. Sie werden in diesem Assistenten aufgefordert, die folgenden Daten einzugeben:

- **Virtueller Datenträger**   Dies ist der virtuelle Datenträger, den Sie vorher erstellt haben.
- **Größe des Volumes**   Sie können die Größe nach Ihren Anforderungen wählen, sie darf aber höchstens die Kapazität des virtuellen Datenträgers erreichen. Wenn Sie dem virtuellen Datenträger beispielsweise 50 GB zugewiesen haben, können Sie zwei 25-GB-Volumes erstellen.
- **Laufwerkbuchstabe oder Ordner**   Sie können dem Volume einen Laufwerkbuchstaben zuweisen. Stattdessen können Sie das Volume in einem bestimmten Ordner im Dateisystem bereitstellen. Zum Beispiel ist es oft sinnvoll, das Volume in einem bestimmten Benutzerverzeichnis bereitzustellen, damit die Benutzer für sie reservierten Speicherplatz erhalten.
- **Dateisystemeinstellungen**   Dies sind die typischen Einstellungen, die Sie vornehmen, wenn Sie ein Volume auf einem physischen Datenträger erstellen. Die wichtigste Einstellung ist der Dateisystemtyp, entweder ReFS (Resilient File System) oder NTFS. Außerdem können Sie die Größe der Zuordnungseinheit und die Volumebezeichnung konfigurieren.

Der folgende Befehl erstellt ein Volume mit ähnlichen Einstellungen wie dem des virtuellen Datenträgers aus dem Beispiel weiter oben:

```
New-Volume -StoragePoolFriendlyName Pool1 -Size 25GB -AccessPath F:
    -FriendlyName Volume1 -ResiliencySettingName Parity -FileSystem NTFS
    -ProvisioningType Thin
```

Neben physischen Datenträgern können Sie auch externe Speichergehäuse (engl. enclosures) für einen Speicherpool nutzen. Während Sie einen virtuellen Datenträger erstellen, können Sie die Gehäuseinformationen (engl. enclosure awareness) aktivieren, wodurch Sie die Redundanz abhängig von der Zahl der Gehäuse und der gewählten Resilienzebene erhöhen. Auf diese Weise können Sie einen Speicherpool selbst dann weiternutzen, wenn ein gesamtes Speichergehäuse ausfällt. Tabelle 2–1 listet die unterstützten Resilienzebenen bei verschiedenen Speichergehäusekonfigurationen auf.

Resilienztyp	Drei Gehäuse	Vier Gehäuse
Simple	Nicht unterstützt	Nicht unterstützt
Two-way mirror (Zweifachspiegelung)	1 Gehäuse oder 1 Datenträger pro Pool	1 Gehäuse oder 1 Datenträger pro Pool
Three-way mirror (Dreifachspiegelung)	1 Gehäuse und 1 Datenträger oder 2 Datenträger	1 Gehäuse und 1 Datenträger oder 2 Datenträger
Single parity	Nicht unterstützt	Nicht unterstützt
Dual parity	Nicht unterstützt	1 Gehäuse und 1 Datenträger oder 2 Datenträger

Tab. 2–1 Resilienzoptionen bei aktivierten Gehäuseinformationen

> **WEITERE INFORMATIONEN** Speicherpools
>
> Weitere Informationen über Speicherpools in Windows Server finden Sie unter:
>
> https://technet.microsoft.com/de-de/library/hh831739(v=ws.11).aspx

Speicherpools erweitern

Einen Speicherpool durch zusätzliche physische Datenträger zu erweitern, ist ganz einfach. Wählen Sie im Server-Manager den gewünschten Speicherpool aus, klicken Sie ihn mit der rechten Maustaste an und wählen Sie den Befehl *Physischen Datenträger hinzufügen*. Abbildung 2–6 zeigt, wie Sie den physischen Datenträger auswählen, den Sie zum Speicherpool hinzufügen. Aktivieren Sie einfach das Kontrollkästchen neben dem gewünschten Datenträger und klicken Sie auf *OK*.

Abb. 2–6 Einen physischen Datenträger zu einem Speicherpool hinzufügen

Ähnlich wie beim Erstellen eines Speicherpools müssen Sie den Datenträger identifizieren, wenn Sie ihn in der PowerShell zu einem Speicherpool hinzufügen wollen. Die beiden folgenden Befehle ermitteln die Bezeichnung der verfügbaren Datenträger und fügen sie zu einem Speicherpool hinzu:

```
$Disks = Get-PhysicalDisk -CanPool $True
Add-PhysicalDisk -StoragePoolFriendlyName Pool1 -PhysicalDisks $Disks
```

Speicherebenen konfigurieren

Speicherebenen (engl. tiered storage) können Sie beim Erstellen eines virtuellen Datenträgers aktivieren, wenn Sie sowohl mechanische Festplattenlaufwerke (Hard Disk Drive, HDD) als auch SSDs (Solid-State Drives) in Ihrem Speicherpool haben. Mithilfe der Speicherebenen werden die Daten, auf die am häufigsten zugegriffen wird, automatisch in die schnellsten Datenträger gelegt, also in die SSDs. Daten, die seltener benötigt werden, liegen auf den langsameren HDDs.

Um Speicherebenen zu konfigurieren, aktivieren Sie ein Kontrollkästchen, während Sie den virtuellen Datenträger erstellen. Sofern Sie keine Mischung aus unterschiedlichen Laufwerkstypen haben, ist dieses Kontrollkästchen im Assistenten abgeblendet. In der PowerShell können Sie beim Aufruf des Cmdlets New-VirtualDisk die Parameter *StorageTiers* und *StorageTierSizes* angeben.

PRÜFUNGSTIPP

Speicherebenen werden beim dünnen Bereitstellungstyp nicht unterstützt. Wenn Sie Speicherebenen verwenden wollen, müssen Sie eine feste Bereitstellung konfigurieren.

iSCSI-Ziel und -Initiator konfigurieren

Das Konfigurieren eines iSCSI-Ziels oder iSCSI-Initiators hat sich gegenüber Windows Server 2012 R2 nicht wesentlich geändert. Wenn Sie einen iSCSI-Zielserver konfigurieren, haben Sie die Möglichkeit, viele Computer mithilfe eines Netzwerkstarts von demselben Image zu starten, das an einem zentralen Speicherort im Netzwerk bereitgestellt wurde. Wenn Sie iSCSI-Ziele in Windows Server 2016 einsetzen, können Sie Hunderte von Computern von einem einzigen Betriebssystem-Image starten.

Die Serverrolle *iSCSI-Zielserver* können Sie sowohl im Server-Manager als auch in der PowerShell installieren. Der iSCSI-Zielserver ist eine Komponente der Rolle *Datei-/Speicherdienste*. Wenn Sie die Serverrolle installieren, werden auch die Verwaltungsfunktionen bereitgestellt, mit denen Sie die Serverrolle konfigurieren. Sobald die Installation der Rolle abgeschlossen ist, können Sie virtuelle iSCSI-Datenträger konfigurieren:

1. Starten Sie im Server-Manager den Assistenten für neue virtuelle iSCSI-Datenträger. Auf der ersten Seite des Assistenten legen Sie fest, wo der virtuelle Datenträger gespeichert wird. Stellen Sie sicher, dass der richtige Server ausgewählt ist, wählen Sie das gewünschte Volume oder einen Pfad aus und klicken Sie auf *Weiter*. In Abbildung 2–7 ist das Volume C: des Servers Adatum-SRV1 ausgewählt.

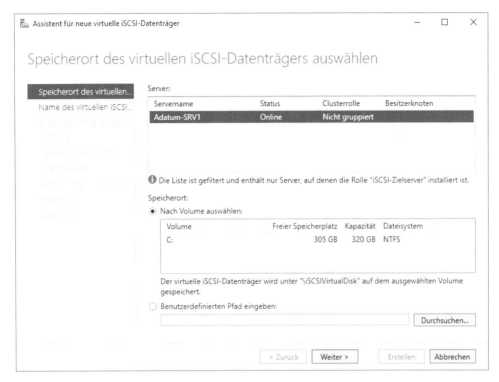

Abb. 2–7   Auswählen des Speicherorts für einen virtuellen iSCSI-Datenträger

2. Geben Sie auf der Seite *Größe des virtuellen iSCSI-Datenträgers* die gewünschte Größe für den virtuellen Datenträger ein. Sie können hier auch konfigurieren, ob der Datenträger eine feste Größe hat, dynamisch erweiterbar oder differenzierend ist. Wie in Abbildung 2–8 zu sehen, ist die Standardeinstellung für den Datenträgertyp *Dynamisch erweiterbar*. Klicken Sie auf *Weiter*, um zur nächsten Assistentenseite zu wechseln.

3. Wählen Sie auf der Seite *iSCSI-Ziel* entweder ein vorhandenes Ziel aus oder erstellen Sie ein neues Ziel. Klicken Sie auf *Weiter*.

4. Geben Sie auf der Seite *Zielname und Zugriff* einen Namen für das iSCSI-Ziel ein und klicken Sie auf *Weiter*.

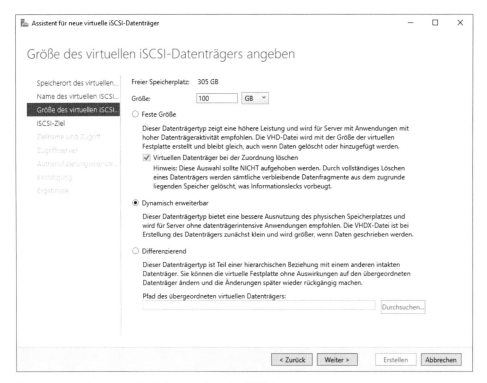

Abb. 2–8 Festlegen der Größe für den virtuellen iSCSI-Datenträger

5. Klicken Sie auf der Seite *Zugriffsserver* auf *Hinzufügen*, um festzulegen, welche iSCSI-Initiatoren auf den neuen virtuellen Datenträger zugreifen (Abbildung 2–9).

Abb. 2–9 Angeben der Zugriffsserver, die den virtuellen iSCSI-Datenträger nutzen

6. Wählen Sie auf der Seite *Authentifizierungsdienste aktivieren* aus, ob Sie CHAP oder Reverse-CHAP für die Authentifizierung aktivieren wollen. Dies sind optionale Protokolle, mit denen sich Initiator oder Ziel beim Verbindungsaufbau authentifizieren. Abbildung 2–10 zeigt die verfügbaren Optionen für die Konfiguration von CHAP und Reverse-CHAP.

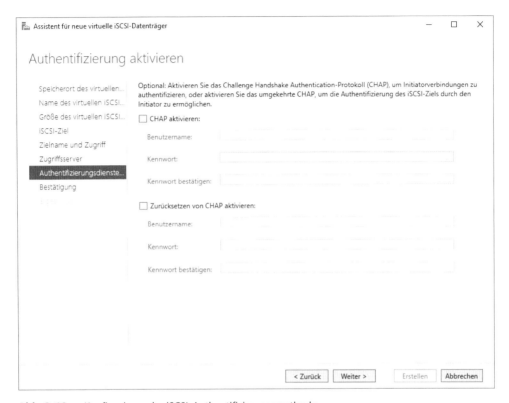

Abb. 2–10   Konfigurieren der iSCSI-Authentifizierungsmethode

7. Klicken Sie auf *Erstellen*, um den virtuellen Datenträger mit den Einstellungen anzulegen, die Sie im Assistenten angegeben haben.

Wie andere virtuelle Datenträger können Sie auch einen virtuellen iSCSI-Datenträger in der PowerShell anlegen. Sie verwenden dafür das Cmdlet `New-IscsiVirtualDisk`. Zum Beispiel erstellt der folgende Befehl einen 10 GB großen Datenträger:

```
New-IscsiVirtualDisk -Path "C:\temp\test.vhdx" -Size 10GB
```

iSNS konfigurieren

iSNS (Internet Storage Name Service) ist ein Protokoll, das Sie zu einer Windows Server-Installation hinzufügen können, um die Kommunikation zwischen iSNS-Servern und -Clients zu ermöglichen. iSNS-Clients sind Computer oder Initiatoren, die in einem Netzwerk nach Speichergeräten oder -zielen suchen. iSNS bietet automatisierte Erkennung, Verwaltung und Konfiguration von iSCSI- und Fibre-Channel-Geräten in einem Netzwerk. Abbildung 2–11 zeigt das Eigenschaftendialogfeld für den iSNS-Server.

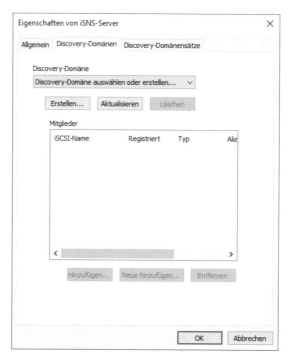

Abb. 2–11   Eigenschaften eines iSNS-Servers

Wenn Sie einen iSNS-Server erstellen, werden in der Standardeinstellung keine iSCSI-Ziele aufgelistet, selbst wenn Sie bereits welche konfiguriert haben. Um sicherzustellen, dass die konfigurierten iSCSI-Ziele im Eigenschaftendialogfeld des iSNS-Servers aufgeführt werden, müssen Sie den iSNS-Server im Eigenschaftendialogfeld des iSCSI-Initiators hinzufügen (Abbildung 2–12).

Abb. 2–12 Eigenschaften des iSCSI-Initiators

In den iSNS-Eigenschaften sehen Sie, welche Geräte verbunden sind und ob es sich um Initiatoren oder Ziele handelt. Es gibt keine speziellen PowerShell-Cmdlets für iSNS, Sie können aber das Dienstprogramm Isnscli.exe verwenden, um es in der Befehlszeile zu konfigurieren.

Data Center Bridging konfigurieren

Data Center Bridging (DCB) verbessert die Ethernetkonnektivität zwischen Servern in einem Netzwerk. DCB setzt DCB-fähige Netzwerkadapter auf allen Servern voraus, die diese Technik nutzen sollen, sowie DCB-fähige Netzwerk-Switches, an die diese Server angeschlossen sind. Sie können das Cmdlet Install-WindowsFeature verwenden, um DCB zu installieren:

```
Install-WindowsFeature "data-center-bridging"
```

Sobald Sie das Feature installiert haben, können Sie DCB auf einem Server verwalten, indem Sie drei unterschiedliche PowerShell-Module importieren:

```
Import-Module netqos
Import-Module dcbqos
Import-Module netadapter
```

> **WEITERE INFORMATIONEN** DCB-Konnektivität
>
> Weitere Informationen darüber, wie DCB die Konnektivität verbessert, finden Sie unter:
> *https://technet.microsoft.com/de-de/library/hh849179(v=ws.11).aspx*

Multipfad-E/A konfigurieren

Multipfad-E/A (Multi-Path IO, MPIO) ist ein weiteres Feature von Windows Server, das Sie sowohl im Server-Manager als auch in der PowerShell mit dem Cmdlet `Install-WindowsFeature` installieren können. Es gibt vier Komponenten, die Sie nach der Installation von MPIO konfigurieren können:

- **Geräte mit MPIO** Dies sind die Geräte, die MPIO dem Server zur Verfügung stellt und verwaltet. In manchen Fällen wird ein Gerät aufgelistet, aber nicht automatisch zu MPIO hinzugefügt. Sie können weitere Geräte von Hand hinzufügen, um sicherzustellen, dass sie von dem Dienst verwaltet werden.
- **Multipfade suchen** Hier können Sie alle am Server angeschlossenen Geräte überprüfen lassen und sicherstellen, dass sie über alle Pfade dieselbe LUN (Logical Unit Number) haben.
- **DSM-Installation** Hier können Sie DSMs installieren, die manchmal vom Hersteller des verwendeten Speichergerätes zur Verfügung gestellt werden. Viele Speichersysteme bieten Kompatibilität mit Microsoft DSM, stellen aber ihr eigenes DSM zur Verfügung, das auf die jeweilige Architektur abgestimmt ist.
- **Konfigurationssnapshot** Sie können die aktuelle MPIO-Konfiguration in einer Textdatei speichern. Diese Textdatei enthält DSM-Informationen, die Zahl der Pfade und den aktuellen Status jedes Pfads.

Neben der Verwaltung über die MPIO-GUI können Sie auch das Dienstprogramm Mpclaim einsetzen, um viele Konfigurationsaufgaben zu erledigen.

> **WEITERE INFORMATIONEN** Konfigurieren mit Mpclaim
>
> Weitere Informationen über Mpclaim finden Sie unter:
> *https://technet.microsoft.com/en-us/library/ee619743(v=ws.10).aspx*

MPIO wird auch auf dem Nano Server unterstützt, es gibt dort aber einige Unterschiede:

- Es wird nur das Microsoft-DSM unterstützt.
- Die Lastverteilungsrichtlinie kann nicht verändert werden.
    - Standard: RoundRobin (aktiv/aktiv)
    - SAS-HDD: LeastBlocks
    - ALUA: RoundRobin mit Teilmenge
- Pfadzustände werden vom Zielspeichersystem übernommen.

- Ansprüche auf Speichergeräte werden anhand des Bustyps erhoben, zum Beispiel Fibre-Channel, iSCSI oder SAS.

Mit dem folgenden Befehl aktivieren Sie MPIO auf einem Nano Server:

```
Enable-WindowsOptionalFeature -Online -FeatureName MultiPathIO
```

Sobald MPIO auf einem Nano Server installiert ist, werden die angebotenen Datenträger als Duplikate verfügbar gemacht, wobei über jeden Pfad auf einen einzelnen Datenträger zugegriffen werden kann. Wenn Sie sicherstellen wollen, dass nur ein Pfad benutzt wird, muss MPIO so konfiguriert sein, dass es Anspruch auf den Datenträger erhebt und ihn verwaltet. Microsoft stellt ein Skript bereit, das Anspruch auf einen Datenträger erhebt und ihn verwaltet. Sie finden es unter:

https://technet.microsoft.com/de-de/windows-server-docs/get-started/mpio-on-nano-server

Nutzungsszenarien für Speicherreplikation beschreiben

Das Speicherreplikat (engl. storage replica) ist eine neue Funktion in Windows Server 2016, die Funktionen für die Notfallwiederherstellung zur Verfügung stellt. Mit der Speicherreplikation können Sie viele Datencenter effizient nutzen, indem Sie Cluster aufspannen oder replizieren. Geht ein Datencenter vom Netz, kann die Arbeitsauslastung in ein anderes wechseln. Die Speicherreplikation ist unter anderem in folgenden Szenarien nützlich:

- **Stretched-Cluster** Ermöglicht es, Computer und Speicher als Teil desselben Clusters zu konfigurieren. In diesem Fall teilen sich einige Knoten denselben Satz asymmetrischen Speichers, während sich andere Knoten einen weiteren Satz teilen. Die Daten werden dann über Standortgrenzen hinweg repliziert. Als Speicher kommen in diesem Szenario JBOD-, SAN- oder iSCSI-Datenträger zum Einsatz. Sie verwalten einen Stretched-Cluster mithilfe der Windows PowerShell und dem Failovercluster-Manager, wobei Sie die Möglichkeit haben, ein automatisiertes Failover zu konfigurieren. Abbildung 2–13 zeigt, wie die Speicherreplikation in einem Stretched-Cluster eingesetzt wird.

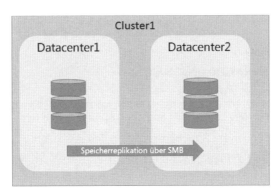

Abb. 2–13   Stretched-Cluster

- **Cluster-zu-Cluster** Ermöglicht die Replikation zwischen zwei völlig voneinander getrennten Clustern, wobei ein Cluster die Daten in den anderen Cluster kopiert. Auch dieses Szenario kann Speicherplätze auf JBOD-, SAN- oder iSCSI-Datenträgern als Backendspeicher nutzen. Eine Cluster-zu-Cluster-Speicherreplikation verwalten Sie mit der PowerShell, das Failover müssen Sie von Hand auslösen. Abbildung 2–14 zeigt eine Cluster-zu-Cluster-Speicherreplikation.

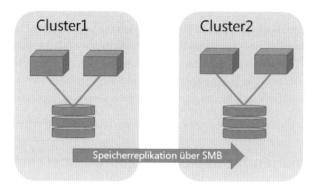

Abb. 2–14 Cluster-zu-Cluster-Speicherreplikation

- **Server-zu-Server** Ermöglicht die Replikation zwischen eigenständigen Servern mit Speicherplätzen auf JBOD-, SAN- oder iSCSI-Datenträgern. Einzelne Server können in der PowerShell verwaltet werden und Failover müssen von Hand verwaltet werden. Abbildung 2–15 zeigt eine Server-zu-Server-Speicherreplikation.

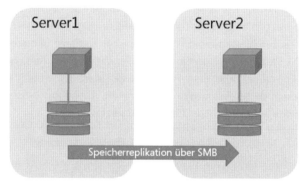

Abb. 2–15 Server-zu-Server-Speicherreplikation

> **WEITERE INFORMATIONEN** **Auf das Speicherreplikat zugreifen**
>
> Ausführliche Informationen zur Speicherreplikation finden Sie unter:
>
> https://technet.microsoft.com/de-de/windows-server-docs/storage/storage-replica/storage-replica-overview

Speicherreplikation für Server-zu-Server-, Cluster-zu-Cluster- und Stretched-Cluster-Szenarien implementieren

Die Speicherreplikation steht nur in der Datacenter-Edition von Windows Server 2016 zur Verfügung. Sie können das Feature mit dem Assistenten zum Hinzufügen von Rollen und Features im Server-Manager oder mit dem folgenden Befehl installieren:

```
Install-WindowsFeature -Name Storage-Replica -IncludeManagementTools
```

Das Speicherreplikatmodul stellt 20 unterschiedliche PowerShell-Cmdlets bereit, die wichtigsten sind:

- **Test-SRTopology**   Prüft, ob die Topologie die Anforderungen an die Speicherreplikation erfüllt.
- **New-SRPartnership**   Konfiguriert die Speicherreplikation anhand der übergebenen Einstellungen. Sie müssen beim Aufruf einen Quell- und Zielnamen, ein Volume und eine Replikationsgruppe angeben.
- **New-SRGroup**   Dieses Cmdlet können Sie optional für einen Server pro Standort verwenden, um in Kombination mit New-SRPartnership die Replikation zu konfigurieren.

> **WEITERE INFORMATIONEN**   **Speicherreplikation**
>
> Anleitungen zum Konfigurieren der Speicherreplikation in einem Stretched-Cluster, zwischen Clustern oder zwischen Servern finden Sie unter:
>
> *https://technet.microsoft.com/de-de/windows-server-docs/storage/storage-replica/storage-replica-windows-server-2016*

Prüfungsziel 2.2: Datendeduplizierung implementieren

Die Datendeduplizierung (engl. data deduplication) erlaubt es Ihnen, die Kapazität eines bestimmten Speichergeräts zu vergrößern, indem Sie verhindern, dass dieselben Daten mehrmals darauf gespeichert werden. Wenn Sie zum Beispiel mehrere Dokumente speichern, die in weiten Teilen denselben Inhalt haben, werden nur die Unterschiede innerhalb der Dokumente auf den Datenträger geschrieben.

> **Dieser Abschnitt deckt folgende Prüfungsziele ab:**
> - Deduplizierung implementieren und konfigurieren
> - Geeignete Einsatzszenarien für Deduplizierung erkennen
> - Deduplizierung überwachen
> - Eine Datensicherungs- und -wiederherstellungslösung mit Deduplizierung implementieren

Deduplizierung implementieren und konfigurieren

Datendeduplizierung ist eine weitere Serverrolle, die Sie entweder im Assistenten zum Hinzufügen von Rollen und Features oder mit dem Cmdlet Install-WindowsFeature installieren können. Die Serverrolle *Datendeduplizierung* setzt voraus, dass die Serverrolle *Dateiserver* installiert ist. Sobald die Installation abgeschlossen ist, können Sie die Deduplizierung für die gewünschten Volumes mit dem Cmdlet Enable-DedupVolume einschalten. Zum Beispiel aktivieren die folgenden Befehle die Deduplizierung auf dem Laufwerk E und starten einen Optimierungsauftrag auf diesem Volume:

```
Import-Module Deduplication
Enable-DedupVolume E: -UsageType Default -DataAccess
Start-DedupJob E: -Optimization
```

Der Parameter *DataAccess* legt fest, dass der Datenzugriff auf deduplizierte Dateien des Volumes aktiviert wird. Beim Aktivieren der Deduplizierung haben Sie die Auswahl zwischen drei Werten für den Parameter *UsageType*:

- **Default** Es handelt sich um ein allgemeines Volume mit der erwarteten Arbeitsauslastung für den zugrundeliegenden Datenträger.
- **HyperV** Das Volume speichert VHDs für einen Hyper-V-Server.
- **Backup** Das Volume ist für virtualisierte Datensicherungsserver optimiert.

Im Cmdlet Start-DedupJob haben Sie die Auswahl zwischen vier Typen von Deduplizierungsaufträgen, die in regelmäßigen Abständen oder von Hand ausgeführt werden:

- **Optimization** Startet manuell den Prozess, mit dem das Volume für die Deduplizierung optimiert wird. Stellt außerdem sicher, dass duplizierte Daten keinen überflüssigen Platz belegen.
- **GarbageCollection** Stellt sicher, dass gelöschte oder geänderte Daten aus der Verwaltungstabelle gelöscht werden.
- **Scrubbing** Startet die Datenintegritätsprüfung auf dem deduplizierten Volume.
- **Unoptimization** Macht die Deduplizierung auf einem bestimmten Volume rückgängig.

Geeignete Einsatzszenarien für Deduplizierung erkennen

Typische Szenarien für den Einsatz der Deduplizierung sind Dateifreigaben, in denen Benutzerdokumente, Softwarebereitstellungs-Images oder VHD-Dateien abgelegt sind. In diesen Szenarien spart die Deduplizierung oft viel Speicherplatz. Tabelle 2–2 zeigt Durchschnittswerte für die Einsparung in häufigen Deduplizierungsszenarien.

Szenario	Inhalt	Typische Einsparung
Benutzerdokumente	Dokumente und Fotos	30 bis 50 Prozent
Bereitstellungsfreigaben	Binärdateien und Images mit Software	70 bis 80 Prozent
Virtualisierungsbibliotheken	VHDs	80 bis 95 Prozent
Allgemeine Dateifreigaben	Alle genannten	50 bis 60 Prozent

Tab. 2–2 Einsparungen in verschiedenen Deduplizierungsszenarien

Sobald Sie das Datendeduplizierungsfeature installiert haben, können Sie außerdem das Tool für die Auswertung der Einsparungen bei der Datendeduplizierung (Ddpeval.exe) verwenden. Die folgende Ausgabe zeigt an einem Beispiel, welche Daten dieses Tool liefert:

```
Tool für die Auswertung der Einsparungen bei der Datendeduplizierung
Copyright (c) 2013 Microsoft Corporation. Alle Rechte vorbehalten.

Ausgewertetes Zielbetriebssystem: Windows 10.0
Ausgewerteter Ordner: e:
Größe des ausgewerteten Ordners: 11,42 GB
Dateien im ausgewerteten Ordner: 638

Verarbeitete Dateien: 609
Größe der verarbeiteten Dateien: 11,42 GB
Größe der optimierten Dateien: 3,47 GB
Speicherplatzeinsparungen: 917,74 MB
Prozentsatz der Speicherplatzeinsparungen: 20

Größe der optimierten Dateien (keine Komprimierung): 3,93 GB
Speicherplatzeinsparungen (keine Komprimierung): 443,90 MB
Prozentsatz der Speicherplatzeinsparungen (keine Komprimierung): 9

Aufgrund der Richtlinie ausgeschlossene Dateien: 29
     Kleine Dateien (<32 KB): 29
Aufgrund eines Fehlers ausgeschlossene Dateien: 0
```

Anhand des Prozentwerts, den das Tool als Einsparung berechnet, können Sie entscheiden, ob es sinnvoll ist, die Datendeduplizierung in Ihrer Umgebung zu implementieren. In Windows Server 2016 gibt es folgende Änderungen bei der Datendeduplizierung:

- **Größere Volumes** Sie können die Deduplizierung auf NTFS-Volumes von bis zu 64 TB Größe aktivieren. Dieser Wert wurde dadurch vergrößert, dass mehr Threads parallel an einem einzelnen Volume arbeiten.
- **Größere Dateien** Dateien von bis zu 1 TB Größe können nun effizient auf einem Speichervolume dedupliziert werden.
- **Nano Server-Unterstützung** Die Deduplizierung wird vollständig auf Volumes unterstützt, die einer Nano Server-Installation zur Verfügung stehen.

Deduplizierung überwachen

Die vordefinierten Deduplizierungsaufträge unterstützen wöchentliche Läufe für Optimierung, Garbage Collection und Scrubbing. Weitere Aufträge können Sie mit der Windows-Aufgabenplanung konfigurieren. Denken Sie daran, dass der Garbage Collector Platz dadurch freigibt, dass er Daten löscht, die nicht mehr verwendet werden. Mit dem Cmdlet Get-DedupSchedule können Sie sich ansehen, welcher wöchentliche Zeitplan in der Standardeinstellung festgelegt wurde:

```
Get-DedupSchedule
```

Dieses Cmdlet liefert die folgende Ausgabe:

```
Enabled   Type                StartTime   Days       Name
-------   ----                ---------   ----       ----
True      Optimization                               BackgroundOptimization
True      GarbageCollection   02:45       Saturday   WeeklyGarbageCollection
True      Scrubbing           03:45       Saturday   WeeklyScrubbing
```

Das Cmdlet Get-DedupStatus zeigt den Gesamtstatus eines Servers an:

```
Get-DedupStatus
```

Die Ausgabe sieht beispielsweise so aus:

```
FreeSpace       SavedSpace   OptimizedFiles   InPolicyFiles   Volume
---------       ----------   --------------   -------------   ------
140,26 GB       265,94 GB    36124            36125           E:
76,26 GB        42,19 GB     43017            43017           F:
```

Mit dem Cmdlet Update-DedupStatus können Sie den Deduplizierungsdienst zu einer Aktualisierung zwingen, damit er die verfügbaren Volumes erneut untersucht.

Eine Datensicherungs- und -wiederherstellungslösung mit Deduplizierung implementieren

Datensicherungsanwendungen, die auf Blockebene arbeiten, sollten wie erwartet funktionieren, weil das Dateisystem der Datensicherungsanwendung die vollständigen Daten übergibt. Daher muss das Zielmedium der Datensicherung Platz für die vollständigen duplizierten Daten haben. Enthält zum Beispiel ein 1-TB-Volume 700 GB Rohdaten, die dank Deduplizierung auf 400 GB verkleinert wurden, muss auf den Sicherungsmedien Platz für 700 GB Daten sein.

Die Windows Server-Sicherung kann ein optimiertes Volume sichern und die Daten dabei dedupliziert lassen. Es wird also keine zusätzliche Kapazität auf dem Sicherungsmedium benötigt.

> **WEITERE INFORMATIONEN** Datensicherungen mit Deduplizierung
>
> Wie Sie Datensicherungen für Volumes mit Deduplizierung durchführen, ist ausführlich beschrieben unter:
>
> *https://technet.microsoft.com/en-us/library/hh831600(v=ws.11).aspx*

Zusammenfassung des Kapitels

- Verwalten von Speicherpools für angeschlossenen Speicher
- Arbeiten mit virtuellen Datenträgern in verschiedenen Speicheranordnungsoptionen für Speicherpools
- Erweitern von Speicherpools durch weitere Datenträger
- Konfigurieren von Speicherebenen mit HDDs und SSDs
- Konfigurieren von iSCSI-Zielen und -Initiatoren
- Verwenden von iSNS mit iSCSI-Initiatoren
- Konfigurieren von DCB für verbesserte SMB-Funktionalität
- Optimieren mehrerer Pfade zu angeschlossenen Speichern mit MPIO
- Stretched-Cluster-, Cluster-zu-Cluster- und Server-zu-Server-Speicherreplikation
- Verwalten der Speicherreplikation mit PowerShell
- Installieren und Konfigurieren der Datendeduplizierung
- Erkennen geeigneter Szenarien für den Einsatz der Datendeduplizierung
- Überwachen der Deduplizierung mit PowerShell

Gedankenexperiment

Ein Unternehmen betreibt zwei Datencenter in unterschiedlichen Ländern. An die Server sind Datenträger direkt angeschlossen und als JBODs konfiguriert. Jedes direkt angeschlossene Speichersystem besteht aus einer Mischung von HDDs und SSDs. Der JBOD-Speicher soll dem Server möglichst hohe Kapazität zur Verfügung stellen. Die Server in jedem Datencenter sind Mitglieder eines Failoverclusters. Der Failovercluster ist dabei jeweils auf ein einziges Datencenter begrenzt. Eine Gruppe von Servern, die für die Marketingabteilung genutzt werden, enthält eine Dateifreigabe mit Werbebroschüren und Fotos. Eine andere Servergruppe nutzt lokalen Speicher für Hyper-V-VHDs.

Beantworten Sie anhand dieser Informationen die folgenden Fragen:

1. Welchen Typ von Speicherpool sollten die JBOD-Speichersysteme verwenden?
2. Können Speicherebenen die Leistung des JBOD-Arrays verbessern?
3. Welches Speicherreplikationsszenario funktioniert bei diesem Unternehmen am besten?
4. Profitieren die Marketingserver vom Einsatz der Datendeduplizierung?
5. Profitieren die Hyper-V-Server vom Einsatz der Datendeduplizierung?

Antworten zum Gedankenexperiment

1. Das JBOD-Speichersystem sollte einen Parity-Pool nutzen, um dem Server möglichst viel Kapazität zur Verfügung zu stellen.
2. Ja, Speicherebenen stellen sicher, dass Daten, auf die häufig zugegriffen wird, auf den SSDs gespeichert sind, während seltener benötigte Daten auf den HDDs liegen.
3. Weil sich die Failovercluster auf ein einzelnes Datencenter beschränken, eignet sich die Cluster-zu-Cluster-Speicherreplikation am besten für diese Umgebung. Ein Stretched-Cluster ist nicht möglich, weil die Server nicht zum selben Cluster gehören. Aus demselben Grund scheidet auch eine Server-zu-Server-Speicherreplikation aus.
4. Ja, Dokumente und Fotos eignen sich gut für die Datendeduplizierung.
5. Ja, Hyper-V-Computer mit VHDs eignen sich gut für die Datendeduplizierung.

KAPITEL 3

Hyper-V implementieren

In diesem Kapitel sehen wir uns praktisch alle Einstellungen an, die Sie innerhalb der Hyper-V-Rolle konfigurieren können. Zuerst erfahren Sie, wie Sie die Rolle zu einem Server hinzufügen. Dann beschäftigen wir uns mit Einstellungen für einzelne virtuelle Computer (Virtual Machines, VMs), zum Beispiel die Generation und Versionen. Wir sehen uns auch die Konfiguration unterschiedlicher Speicheroptionen für Hyper-V an, sowohl für einzelne als auch für freigegebene virtuelle Datenträger. Und schließlich konfigurieren wir die Netzwerkfähigkeiten von Hyper-V.

In diesem Kapitel abgedeckte Prüfungsziele:
- Hyper-V installieren und konfigurieren
- Einstellungen für virtuelle Computer konfigurieren
- Hyper-V-Speicher konfigurieren
- Hyper-V-Netzwerke konfigurieren

Prüfungsziel 3.1: Hyper-V installieren und konfigurieren

In diesem Abschnitt sehen wir uns an, welche Anforderungen erfüllt sein müssen, damit Sie die Hyper-V-Rolle installieren können, und wie Sie die Installation vornehmen. Sie erfahren, wie Sie die Verwaltungstools installieren und mithilfe dieser Tools lokale und Remote-Hyper-V-Hosts verwalten. Wir beschäftigen uns mit den Konfigurationsversionen von VMs und damit, wie diese Versionen wichtige Features innerhalb von Hyper-V freischalten. Und schließlich lernen Sie zwei neue Features in Hyper-V kennen, nämlich Windows PowerShell Direct und geschachtelte Virtualisierung.

> **Dieser Abschnitt deckt folgende Prüfungsziele ab:**
> - Hardware- und Kompatibilitätsanforderungen für die Installation von Hyper-V beschreiben
> - Hyper-V installieren
> - Verwaltungstools installieren
> - Ein Upgrade von älteren Hyper-V-Versionen durchführen

→

- Verwaltung der virtuellen Computer delegieren
- Hyper-V-Hosts im Remotezugriff verwalten
- Virtuelle Computer mit Windows PowerShell Direct konfigurieren
- Geschachtelte Virtualisierung implementieren

Hardware- und Kompatibilitätsanforderungen für die Installation von Hyper-V beschreiben

Neben den Systemvoraussetzungen für Windows Server 2016, die wir in Kapitel 1 beschrieben haben, stellt die Hyper-V-Rolle zusätzlich Anforderungen an die Hardware. Hyper-V benötigt einen 64-Bit-Prozessor mit SLAT (Second-Level Address Translation). Bietet der Prozessor keine Unterstützung für SLAT, werden die Virtualisierungskomponenten von Hyper-V nicht installiert. Beachten Sie, dass dies ausschließlich die Virtualisierungskomponenten betrifft. Den Hyper-V-Manager, die PowerShell-Cmdlets und die Verwaltungstools können Sie auch ohne SLAT benutzen.

Sie sollten außerdem sicherstellen, dass der Hyper-V-Host genug Arbeitsspeicher für das Hyper-V-Betriebssystem und alle virtuellen Computer hat. Für eine Minimalkonfiguration mit dem Hostbetriebssystem und einer VM sollten Sie wenigstens 4 GB RAM einplanen.

Windows Server 2016 führt als Neuerung abgeschirmte virtuelle Computer (engl. shielded virtual machines) ein. Diese VMs greifen auf virtualisierungsbasierte Sicherheit zurück. Der Hyper-V-Host muss dabei mindestens UEFI 2.3.1c unterstützen, um einen geschützten, kontrollierten Systemstart sicherzustellen. Für die Unterstützung optionaler Features sollte der Hyper-V-Host daneben ein TPM in der Version v2.0 und IOMMU haben, damit der Host direkten Speicherzugriffsschutz zur Verfügung stellen kann.

Hyper-V installieren

Der Ablauf zum Installieren von Hyper-V hat sich gegenüber Windows Server 2008 und Windows Server 2012 nicht wesentlich verändert. Hyper-V ist eine Serverrolle, die Sie entweder mit dem Assistenten zum Hinzufügen von Rollen und Features im Server-Manager oder in Windows PowerShell installieren:

```
Install-WindowsFeature -Name Hyper-V -ComputerName Server1 -IncludeManagementTools
   -Restart
```

Verwaltungstools installieren

Sofern Sie nur die Verwaltungstools brauchen, können Sie diese Komponenten ebenfalls im Assistenten zum Hinzufügen von Rollen und Features im Server-Manager oder in der Windows PowerShell installieren. Einige Optionen unterscheiden sich aber, wenn Sie nur die Verwaltungstools installieren.

Wenn Sie den Server-Manager verwenden, finden Sie die Option zum Installieren der Verwaltungstools als Unterkomponente der Remoteserver-Verwaltungstools (Remote Server Administration Tools, RSAT), nicht innerhalb des Hyper-V-Eintrags. Wenn Sie den Eintrag *Remoteserver-Verwaltungstools* aufklappen, sehen Sie die Tools für Hyper-V in der Liste der verfügbaren Verwaltungstools (Abbildung 3–1).

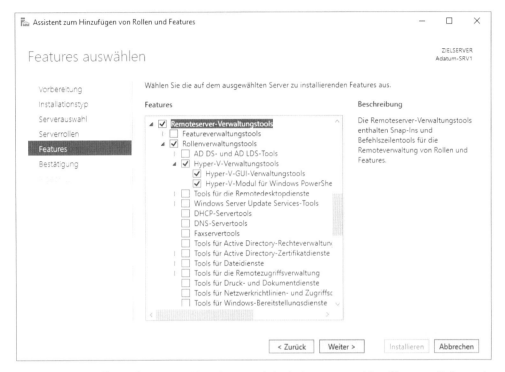

Abb. 3–1   Installieren der Hyper-V-Verwaltungstools im Assistenten zum Hinzufügen von Rollen und Features

Abbildung 3–1 zeigt die beiden Komponenten zum Installieren der Hyper-V-Verwaltungstools:

- **Hyper-V-GUI-Verwaltungstools**   Der Hyper-V-Manager und die Verbindung zu virtuellen Computern, über die Sie virtuelle Computer anzeigen und verwalten.
- **Hyper-V-Modul für Windows PowerShell**   Mehrere PowerShell-Cmdlets, mit denen Sie Hyper-V verwalten.

Wenn Sie die Verwaltungsfunktionen mit PowerShell installieren, stehen andere Optionen zur Verfügung:

- **Microsoft-Hyper-V-All**   Installiert Hyper-V zusammen mit allen zugehörigen Verwaltungstools.
- **Microsoft-Hyper-V-Tools-All**   Installiert alle Verwaltungstools, darunter Hyper-V-Manager, das Tool *Verbindung zum virtuellen Computer* und das PowerShell-Modul.

- **Microsoft-Hyper-V-Management-Clients** Installiert nur den GUI-Manager und das Tool *Verbindung zum virtuellen Computer*.
- **Microsoft-Hyper-V-Management-PowerShell** Installiert nur das PowerShell-Modul für Hyper-V.

Der folgende PowerShell-Befehl installiert zum Beispiel die Verwaltungstools:

```
Enable-WindowsOptionalFeature -Feature 'Microsoft-Hyper-V-Tools-All' -Online
```

Ein Upgrade von älteren Hyper-V-Versionen durchführen

Sie können ein Upgrade des Betriebssystems vornehmen oder nur die Version des virtuellen Computers in Hyper-V aktualisieren. Das Upgrade des Betriebssystems ist eine Aufgabe, die nichts direkt mit Hyper-V zu tun hat. Soweit es Hyper-V betrifft, ist einzig der reibungslose Betrieb der VMs wichtig. Sie haben die Möglichkeit, Ihre VMs vorübergehend herunterzufahren, während das Upgrade ausgeführt wird, oder sie auf einen anderen Host zu migrieren.

Manche Betriebssysteme unterstützen nur bestimmte Versionen virtueller Computer. Tabelle 3–1 listet auf, welche VM-Versionen in jedem Betriebssystem unterstützt werden.

Hyper-V-Hostbetriebssystem	Unterstützte VM-Versionsnummern
Windows 8.1	5.0
Windows Server 2012 R2	5.0
Windows 10, Builds vor 10565	5.0, 6.2
Windows 10, Builds ab 10565	5.0, 6.2, 7.0, 7.1, 8.0
Windows Server 2016	5.0, 6.2, 7.0, 7.1, 8.0

Tab. 3–1 Unterstützte VM-Versionen

Jede Konfiguration umfasst die VM-Konfigurationsdatei, den gespeicherten Zustand und Snapshots, die auf dem Host mit der VM verknüpft sind. Wenn Sie virtuelle Computer mit neuerer Konfigurationsversion einsetzen, haben diese VMs die Fähigkeit, die neuesten Features zu nutzen. Tabelle 3–2 zeigt Features, die nur in bestimmten VM-Konfigurationsversionen verfügbar sind.

Feature	Mindestens benötigte VM-Version
Hinzufügen/Entfernen von Arbeitsspeicher im laufenden Betrieb	6.2
Secure Boot für Linux-VMs	6.2
Prüfpunkte für Produktivbetrieb	6.2
PowerShell Direct	6.2
Gruppieren virtueller Computer	6.2

→

Feature	Mindestens benötigte VM-Version
Virtual Trusted Platform Module (vTPM)	7.0
VMMQ (Virtual Machine Multi-Queues)	7.1
Geschachtelte Virtualisierung	8.0

Tab. 3–2 Versionsspezifische Features

Verwaltung der virtuellen Computer delegieren

Am einfachsten und bequemsten verschaffen Sie anderen Benutzern die Möglichkeit, Hyper-V und virtuelle Computer zu verwalten, indem Sie die gewünschten Benutzer auf allen Hyper-V-Hosts, bei denen Sie die Verwaltung delegieren wollen, zur lokalen Sicherheitsgruppe *Hyper-V-Administratoren* hinzufügen. Das bietet allerdings keine optimale Sicherheit, weil die neuen Administratoren dann die Berechtigungen erhalten, nicht nur die VMs zu verändern, sondern auch Einstellungen für virtuelle Switches und Hosts.

Um den Zugriff auf einzelne VMs zu delegieren, müssen Sie den Hyper-V-Speicher im Autorisierungs-Manager anpassen. Anschließend können Sie Aufgaben- und Rollendefinitionen erstellen und den Zugriff darauf delegieren. Gehen Sie folgendermaßen vor, um die Autorisierung für Hyper-V-Dienste zu ändern:

1. Öffnen Sie eine MMC-Sitzung (Microsoft Management Console) und fügen Sie das Snap-In *Autorisierungs-Manager* zur Konsole hinzu (Abbildung 3–2).

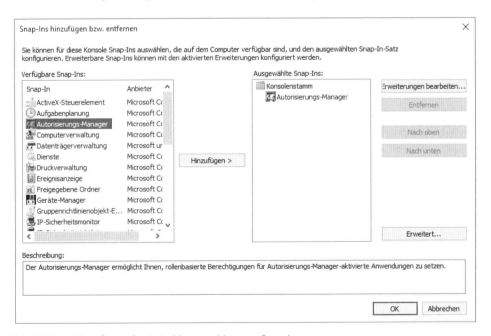

Abb. 3–2 Hinzufügen des Autorisierungs-Manager-Snap-Ins

2. Klicken Sie mit der rechten Maustaste auf *Autorisierungs-Manager* und wählen Sie den Befehl *Autorisierungsspeicher öffnen*.

3. Stellen Sie im Dialogfeld *Autorisierungsspeicher öffnen* sicher, dass die Option *XML-Datei* ausgewählt ist, und klicken Sie auf *Durchsuchen*. Wechseln Sie in den Ordner *%systemroot%\ProgramData\Microsoft\Windows\Hyper-V* und wählen Sie die Datei InitialStore.xml aus (Abbildung 3–3). Ist die Datei unter Windows Server 2016 nicht vorhanden, können Sie zum Beispiel ein unverändertes Exemplar aus einer älteren Windows Server-Hyper-V-Version kopieren. Klicken Sie auf *OK*.

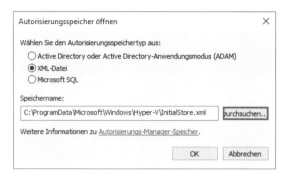

Abb. 3–3   Autorisierungsspeicher öffnen

4. Erweitern Sie die Zweige *Autorisierungs-Manager*, *InitialStore.xml*, *Hyper-V-Dienste* und *Rollenzuweisungen*. In der Standardeinstellung gibt es nur eine einzige Rollenzuweisung für den Administrator (Abbildung 3–4).

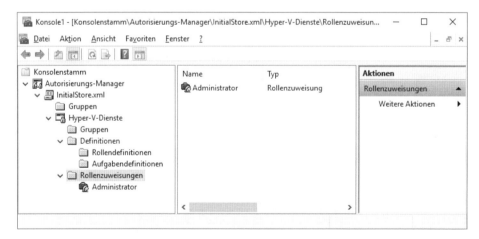

Abb. 3–4   Rollenzuweisungen im Autorisierungs-Manager

5. Erweitern Sie den Zweig *Definitionen*, klicken Sie mit der rechten Maustaste auf *Aufgabendefinition* und wählen Sie den Befehl *Neue Aufgabendefinition*.

6. Geben Sie der Aufgabendefinition den Namen **VM-Verwalter**. Klicken Sie auf *Hinzufügen* und dann im Dialogfeld *Definition hinzufügen* auf die Registerkarte *Vorgänge*.

7. Wählen Sie die Vorgänge aus, die Sie der Rolle *VM-Verwalter* erlauben wollen. In diesem Beispiel ist es sinnvoll, alle Vorgänge zu wählen, die direkt mit einem virtuellen Computer zu tun haben (Abbildung 3–5). Klicken Sie auf zweimal auf *OK*.

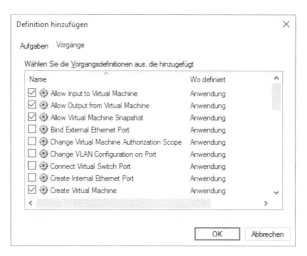

Abb. 3–5   Hinzufügen von Definitionen

8. Sobald Sie eine Gruppe von Aufgaben zusammengestellt haben, können Sie die Rolle erstellen, die diese Aufgaben ausführen darf. Klicken Sie dazu mit der rechten Maustaste auf *Rollendefinitionen* und wählen Sie den Befehl *Neue Rollendefinition*.

9. Geben Sie der Rollendefinition einen Namen, zum Beispiel **VM-Verwalter-Rolle**, und klicken Sie auf *Hinzufügen*. Klicken Sie auf die Registerkarte *Aufgaben*, wählen Sie die Aufgabendefinition *VM-Verwalter* aus und klicken Sie auf *OK*. Jetzt werden zwei Rollendefinitionen aufgelistet (Abbildung 3–6).

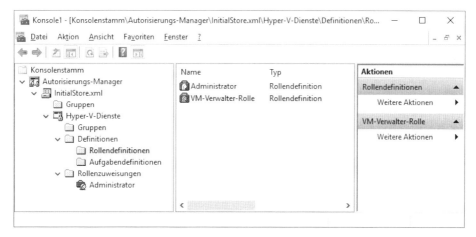

Abb. 3–6   Rollendefinitionen im Autorisierungs-Manager

10. Nun können Sie die Rollenzuweisung erstellen, das heißt, Sie weisen Benutzerkonten die gewählten Berechtigungen zu. Klicken Sie mit der rechten Maustaste auf *Rollenzuweisungen* und wählen Sie den Befehl *Rollen zuweisen*. Aktivieren Sie das Kontrollkästchen neben *VM-Verwalter-Rolle* und klicken Sie auf *OK*.

11. Klicken Sie mit der rechten Maustaste auf die neue Rollenzuweisung, wählen Sie *Benutzer und Gruppen zuweisen* und dann *Von Windows und Active Directory*. Wählen Sie einen Benutzer aus, an den Sie die Berechtigungen delegieren wollen, und klicken Sie auf *OK*. Abbildung 3–7 zeigt die fertige Konfiguration, bei der ein Benutzer namens *Administrator* auf dem Host namens ADATUM-SRV2 die Verwaltungsaufgaben durchführen darf, die der VM-Verwalter-Rolle zugewiesen wurden.

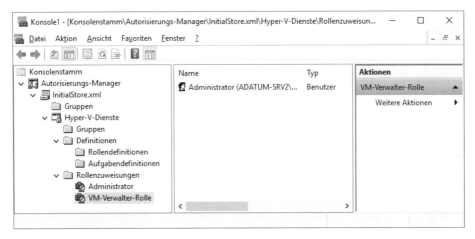

Abb. 3–7   Rollenzuweisungen im Autorisierungs-Manager

Hyper-V-Hosts im Remotezugriff verwalten

Für die Remoteverwaltung innerhalb einer Domäne genügen die Berechtigungen oder Delegierungen, die im vorherigen Abschnitt beschrieben wurden. Wollen Sie allerdings einen Hyper-V-Server verwalten, der Mitglied einer Arbeitsgruppe ist, wird es etwas komplizierter.

Erstens muss auf dem Hyper-V-Server das PowerShell-Remoting aktiviert sein. Dazu müssen Sie das Cmdlet `Enable-PSRemoting` ausführen. Beachten Sie, dass das Netzwerk, an das der Server angeschlossen ist, auf das Profil *Privat* gesetzt sein muss. Andernfalls müssen Sie zusätzlich den Parameter *-SkipNetworkProfileCheck* angeben.

Zweitens müssen Sie auf dem Hyper-V-Host die WSMan-Credential-Rolle als Server aktivieren. Führen Sie dazu den folgenden Befehl aus:

```
Enable-WSManCredSSP -Role Server
```

Die komplizierten Schritte müssen Sie auf dem Computer erledigen, von dem aus Sie Hyper-V verwalten wollen. Zuerst müssen Sie veranlassen, dass der Remoteclient dem Hyper-V-Server vertraut. Heißt der Hyper-V-Host zum Beispiel *Host01*, müssen Sie den folgenden Befehl ausführen:

```
Set-Item "WSMan:\localhost\Client\TrustedHosts" -Value "Host01"
```

Auf dem Remoteclient müssen Sie ebenfalls die WSMan-Credential-Rolle aktivieren, dort aber als Client, und dabei den Server angeben, der im Remotezugriff verwaltet wird. Zum Beispiel:

```
Enable-WSManCredSSP -Role Client -DelegateComputer "Host01"
```

Und schließlich sollten Sie die lokale Richtlinie (oder eine Gruppenrichtlinie, wenn Sie mehrere Remoteverwaltungsstationen brauchen) so konfigurieren, dass Anmeldeinformationen übergeben werden dürfen. Die Einstellung befindet sich im Zweig *Computerkonfiguration\Administrative Vorlagen\System\Delegierung von Anmeldeinformationen* und heißt *Delegierung von aktuellen Anmeldeinformationen mir reiner NTML-Serverauthentifizierung zulassen*. Aktivieren Sie diese Einstellung und fügen Sie *wsman\Host01* als Server zur Liste hinzu. Sie sollten jetzt in der Lage sein, den Hyper-V-Server, der zu einer Arbeitsgruppe gehört, im Remotezugriff zu verwalten.

PRÜFUNGSTIPP

Für jede der Clienteinstellungen, *TrustedHosts*, *DelegateComputer* und *wsman* können Sie Platzhalter (*) verwenden, statt mehrere Hyper-V-Hosts anzugeben.

Ab Windows 10 und Windows Server 2016 haben Sie außerdem die Möglichkeit, andere Anmeldeinformationen anzugeben, um den Hyper-V-Host im Hyper-V-Manager zu verwalten. Beachten Sie, dass Sie die beschriebenen Schritte trotzdem durcharbeiten müssen, sofern der Remotehost zu einer Arbeitsgruppe gehört. Abbildung 3–8 zeigt, wie Sie die Verbindung zu einem Host unter Angabe anderer Anmeldeinformationen aufbauen.

Abb. 3–8   Angeben anderer Anmeldeinformationen beim Verbindungsaufbau

Virtuelle Computer mit Windows PowerShell Direct konfigurieren

PowerShell Direct ist ein neues Feature, das es Ihnen ermöglicht, über PowerShell eine Verbindung zu einer VM aufzubauen. Über diese Verbindung können Sie Befehle genauso ausführen, als wären Sie lokal angemeldet. Es stehen folgende Befehle zur Auswahl, um eine Verbindung aufzubauen:

```
Enter-PSSession -VMName <VM-Name>
Invoke-Command -VMName <VM-Name> -ScriptBlock { <Befehle> }
```

Wenn Sie die Verbindung aufbauen, werden Sie aufgefordert, die Anmeldeinformationen für den virtuellen Computer einzutippen (Abbildung 3–9).

Abb. 3–9   Eingeben der Anmeldeinformationen in der Windows PowerShell

Mit Enter-PSSession können Sie den virtuellen Computer interaktiv verwalten. Sie können so lange Befehle innerhalb des virtuellen Computers ausführen, bis Sie die Sitzung explizit beenden. Beim Cmdlet Invoke-Command sind Sie dagegen auf die Befehle beschränkt, die Sie im Parameter *ScriptBlock* angeben. Sobald der Befehl abgeschlossen ist, gelangen Sie wieder zur lokalen PowerShell-Sitzung zurück.

Neben den Namen des virtuellen Computers im Parameter *VMName* können Sie auch die VM-ID oder GUID im Parameter *VMId* angeben, um die Verbindung zu einer bestimmten VM herzustellen. Um eine PowerShell Direct-Sitzung zu starten, müssen Sie auf dem Host als Hyper-V-Administrator angemeldet sein. Die VM muss lokal laufen und bereits das Betriebssystem gestartet haben.

Geschachtelte Virtualisierung implementieren

Die geschachtelte Virtualisierung (engl. nested virtualization) ist ein neues Feature, das es Ihnen erlaubt, Hyper-V innerhalb eines virtuellen Computers auszuführen, der bereits unter Hyper-V läuft. Das ist nützlich, wenn Sie Container einsetzen, Hyper-V in einer Testumgebung betreiben oder unterschiedliche Computerszenarien ohne zusätzliche Hardware durchtesten wollen.

Um die geschachtelte Virtualisierung zu konfigurieren, müssen Sie zuerst einmal sicherstellen, dass der virtuelle Computer auf die Virtualisierungserweiterungen des Hosts Zugriff hat. Führen Sie dazu in der PowerShell den folgenden Befehl aus:

```
Set-VMProcessor -VMName VM1 -ExposeVirtualizationExtensions $True
```

Wenn Sie geschachtelte Virtualisierung nutzen wollen, sollten Sie auf jeden Fall sicherstellen, dass dynamischer Arbeitsspeicher für die VM ausgeschaltet ist. Auch das können Sie in der PowerShell konfigurieren. Führen Sie dazu den folgenden Befehl aus:

```
Set-VMMemory -VMName VM1 -DynamicMemoryEnabled $False
```

Geschachtelte virtuelle Switches sind nicht ganz einfach zu verwalten. In diesem Szenario haben Sie zwei Möglichkeiten, das Netzwerk zu konfigurieren:

- **MAC-Adressen-Spoofing**   Dabei werden Pakete durch zwei virtuelle Switches weitergeleitet.
- **Netzwerkadressübersetzung (Network Address Translation, NAT)**   Erstellt intern ein separates Netzwerk für den virtuellen Host. Dies ist oft die sinnvollere Option, besonders in einer öffentlichen Cloud-Umgebung.

Das MAC-Adressen-Spoofing lässt sich einfach konfigurieren. Sie aktivieren das Spoofing beim VM-Adapter, indem Sie den folgenden Befehl ausführen:

```
Get-VMNetworkAdapter -VMName VM1 | Set-VMNetworkAdapter -MacAddressSpoofing On
```

Für NAT müssen Sie auf dem virtuellen Hyper-V-Host einen virtuellen NAT-Switch einrichten. Im Rahmen der NAT-Konfiguration müssen Sie festlegen, welcher IP-Adressbereich für den NAT-Dienst verwendet wird.

Beachten Sie, dass virtuelle Computer, die in geschachtelter Virtualisierung eingesetzt werden, die folgenden Features nicht mehr unterstützen:

- Ändern der Arbeitsspeichergröße im laufenden Betrieb
- dynamischer Arbeitsspeicher
- Prüfpunkte
- Live-Migration

> **WEITERE INFORMATIONEN** Geschachtelte Virtualisierung
>
> Weitere Informationen zur geschachtelten Virtualisierung finden Sie unter:
>
> *https://docs.microsoft.com/de-de/virtualization/hyper-v-on-windows/user-guide/nested-virtualization*

Prüfungsziel 3.2: Einstellungen für virtuelle Computer konfigurieren

In diesem Abschnitt beschäftigen wir uns mit den Einstellungen und Optionen, die Sie für jede einzelne VM individuell konfigurieren können. Bei Ihrer Prüfungsvorbereitung sollten Sie sich darauf konzentrieren, wie diese Optionen konfiguriert werden und wie Sie diese Aufgabe mit PowerShell-Cmdlets durchführen.

> **Dieser Abschnitt deckt folgende Prüfungsziele ab:**
>
> - Arbeitsspeicher in einer laufenden VM hinzufügen oder entfernen
> - Dynamischen Arbeitsspeicher konfigurieren
> - NUMA-Unterstützung konfigurieren
> - Smart Paging konfigurieren
> - Ressourcenmessung konfigurieren
> - Integrationsdienste verwalten
> - VMs der Generation 1 und 2 erstellen und konfigurieren und geeignete Nutzungsszenarien erkennen
> - Erweiterten Sitzungsmodus implementieren
> - Linux- und FreeBSD-VMs erstellen, Linux-Integrationsdienste installieren und konfigurieren und FreeBSD-Integrationsdienste installieren und konfigurieren
> - Secure Boot für Windows- und Linux-Umgebungen implementieren
> - VMs aus Hyper-V-Vorgängerversionen auf Windows Server 2016-Hyper-V migrieren und konvertieren
> - VMs exportieren und importieren
> - DDA (Discrete Device Assignment) implementieren

Arbeitsspeicher in einer laufenden VM hinzufügen oder entfernen

Es ist ganz einfach, Arbeitsspeicher zu einer VM hinzuzufügen beziehungsweise zu entfernen. Genauer gesagt vergrößern oder verkleinern Sie dabei die Menge an Arbeitsspeicher, die einer VM zugewiesen ist. In der GUI der VM-Einstellungen können Sie die Arbeitsspeichereinstellung sogar verändern, während die VM läuft. Dynamischen Speicher können Sie im laufenden Betrieb allerdings nicht aktivieren, wenn er vorher ausgeschaltet war. Um den VM-Arbeitsspeicher in der PowerShell zu konfigurieren, verwenden Sie das Cmdlet Set-VMMemory. Zum Beispiel stattet der folgende Befehl eine VM mit 4 GB Arbeitsspeicher aus:

```
Set-VMMemory -VMName 743-02 -StartupBytes 4GB
```

Dynamischen Arbeitsspeicher konfigurieren

Dynamischer Arbeitsspeicher erlaubt es einer VM, sich automatisch zusätzlichen Arbeitsspeicher zu beschaffen, wenn das VM-Betriebssystem ihn benötigt. Sie können dynamischen Arbeitsspeicher nur aktivieren, während die VM ausgeschaltet ist. In der GUI können Sie den dynamischen Arbeitsspeicher ganz einfach dadurch aktivieren, dass Sie das entsprechende Kontrollkästchen aktivieren und die gewünschten Werte für minimalen und maximalen RAM eintragen. Die Einstellung *Arbeitsspeicher beim Start* legt fest, wie viel Arbeitsspeicher der VM zugewiesen wird, wenn sie erstmals eingeschaltet wird. Sie können den dynamischen Arbeitsspeicher stattdessen auch mit dem Cmdlet Set-VMMemory konfigurieren. Zum Beispiel aktiviert der folgende Befehl dynamischen Arbeitsspeicher mit einem Anfangswert und einer minimalen Größe von je 4 GB und einer maximalen Größe von 8 GB:

```
Set-VMMemory -VMName 743-02 -StartupBytes 4GB -DynamicMemoryEnabled $True
    -MinimumBytes 4GB -MaximumBytes 8GB
```

NUMA-Unterstützung konfigurieren

Windows Server 2012 führte Unterstützung für virtuelles NUMA (Non-Uniform Memory Access) in Hyper-V ein, um sicherzustellen, dass VMs, die über sehr viel Arbeitsspeicher verfügen, die erwartete Leistung bieten. Es gibt mehrere Möglichkeiten, die NUMA-Topologie zu konfigurieren:

- **Maximale Prozessoranzahl pro virtuellem NUMA-Knoten**   Legt den Höchstwert für die Anzahl von virtuellen Prozessoren fest, die zur selben VM gehören. Es sind Werte von 1 bis 32 möglich.
- **Maximaler Arbeitsspeicher pro virtuellem NUMA-Knoten**   Gibt an, wie viel Arbeitsspeicher einer VM höchstens zugewiesen wird. Es sind bis zu 256 GB erlaubt.
- **Maximale Anzahl von virtuellen NUMA-Knoten pro Socket**   Die maximale Zahl von VMs, die auf einem einzigen Socket erlaubt sind. Mögliche Werte reichen von 1 bis 64.
- **NUMA-Spanning**   Erlaubt es einzelnen NUMA-VMs, auf nicht-lokalen Arbeitsspeicher zuzugreifen. Ist in der Standardeinstellung aktiviert.

Abbildung 3–10 zeigt die NUMA-Konfiguration in der Standardeinstellung für eine Hyper-V-VM.

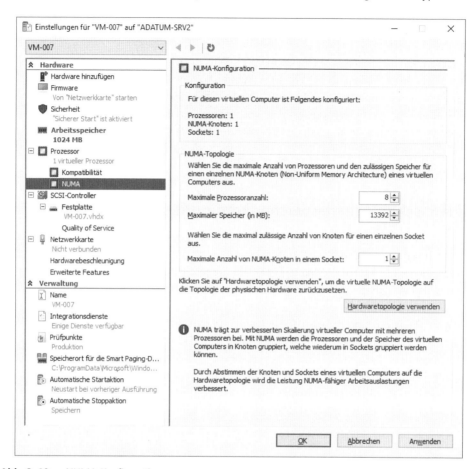

Abb. 3–10 NUMA-Konfiguration

> **WEITERE INFORMATIONEN** **NUMA**
>
> Weitere Informationen zu NUMA finden Sie unter:
>
> *https://technet.microsoft.com/de-de/library/jj614459.aspx*

Smart Paging konfigurieren

Smart Paging wurde in Windows Server 2012 eingeführt, um Neustarts virtueller Computer zu verbessern. Falls eine VM beim Start zu wenig Arbeitsspeicher zur Verfügung hat, muss Hyper-V zusätzlichen Arbeitsspeicher bereitstellen, um die VM zu starten. Laufen aber bereits mehrere VMs auf dem Host, steht unter Umständen kein Arbeitsspeicher mehr für die neue VM zur Verfügung. Smart Paging wird benutzt, um einer VM beim Start zusätzlichen Arbeitsspeicher bereitzustellen, während sie ihn benötigt.

Sie konfigurieren Smart Paging, indem Sie den Speicherort für die Smart Paging-Dateien festlegen. Abbildung 3–11 zeigt die entsprechende Registerkarte des Hyper-V-Managers.

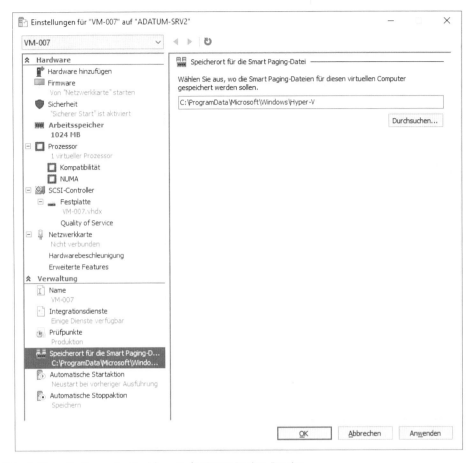

Abb. 3–11   Festlegen des Speicherorts für Smart Paging-Dateien

Außerdem können Sie Smart Paging mit dem Cmdlet Set-VM in PowerShell konfigurieren. Der folgende Befehl legt fest, dass die Smart Paging-Datei in *E:\VMs\743\03\Paging* abgelegt wird:

```
Set-VM -VMName 743-03 -SmartPagingFilePath "E:\VMs\743\03\Paging"
```

Ressourcenmessung konfigurieren

Die Ressourcenmessung (engl. resource metering) ist eine integrierte Funktion, mit der Sie die Leistung einer VM überwachen können. Gemessen werden unter anderem folgende Daten:

- durchschnittliche CPU-Auslastung
- durchschnittliche Arbeitsspeicherauslastung
- minimale Arbeitsspeicherauslastung
- maximale Arbeitsspeicherauslastung

- maximale Menge des zugewiesenen Festplattenplatzes
- insgesamt eingehender Netzwerkverkehr
- insgesamt ausgehender Netzwerkverkehr

Die Ressourcenmessung für eine VM ist nicht standardmäßig aktiviert. Um sie einzuschalten, können Sie das Cmdlet `Enable-VMResourceMetering` ausführen. Zum Beispiel aktiviert der folgende Befehl die Ressourcenmessung für eine VM namens 743-01:

```
Enable-VMResourceMetering -VMName 743-01
```

Sobald die Ressourcenmessung aktiviert ist, können Sie sich die Messwerte ansehen, indem Sie das Cmdlet `Measure-VM` aufrufen. Das folgende Beispiel misst die VM 743-01:

```
Measure-VM -VMName 743-01 | FL
```

Die Ausgabe sieht zum Beispiel so aus:

```
VMId                              : 85c4c297-9553-41ed-80c5-553b275faf49
VMName                            : 743-01
CimSession : CimSession           : .
ComputerName                      : HOST01
AverageProcessorUsage             : 9
AverageMemoryUsage                : 2048
MaximumMemoryUsage                : 2048
MinimumMemoryUsage                : 2048
TotalDiskAllocation               : 130048
AggregatedAverageNormalizedIOPS   : 2
AggregatedAverageLatency          : 240
AggregatedDiskDataRead            : 0
AggregatedDiskDataWritten         : 2
AggregatedNormalizedIOCount       : 301
AvgCPU                            : 9
AvgRAM                            : 2048
MinRAM                            : 2048
MaxRAM                            : 2048
TotalDisk                         : 130048
```

Integrationsdienste verwalten

In Windows Server 2016 hat sich die Methode geändert, mit der Integrationsdienste zur Verfügung gestellt werden. Die Datei vmguest.iso ist nicht mehr in Hyper-V enthalten, weil die Integrationsdienste über Windows Update bereitgestellt werden. Das gibt Ihnen die Möglichkeit, die Verwaltung der Integrationsdienste in Kombination mit Windows Update zentral zu erledigen. Nützlich ist das auch in Szenarien, in denen unterschiedliche Gruppen oder Organisationen ihre jeweiligen VMs individuell verwalten. Wird Windows Update eingesetzt, kann der Besitzer einer VM selbst festlegen, wann er die Integrationsdienste für seine VM aktualisiert.

Diese Integrationsdienste stehen zur Verfügung:

- Gastdienstschnittstelle
- Takt
- Austausch von Schlüsselwertpaaren
- Herunterfahren
- Zeitsynchronisierung
- VSS

Die aktuelle Konfiguration der Integrationsdienste für eine VM können Sie mit dem Cmdlet `Get-VMIntegrationService` abrufen:

```
Get-VMIntegrationService -VMName 743-01
```

In der Standardeinstellung sind alle Integrationsdienste außer der Gastdienstschnittstelle aktiviert. Mit dem Cmdlet `Enable-VMIntegrationService` können Sie einen bestimmten Dienst aktivieren, zum Beispiel:

```
Enable-VMIntegrationService -VMName 743-01 -Name "Gastdienstschnittstelle"
```

Sie können die Integrationsdienste auch direkt innerhalb einer VM verwalten. Um innerhalb der VM eine Liste der Dienste anzuzeigen, können Sie das Cmdlet `Get-Service` verwenden. Der Aufruf sieht zum Beispiel so aus:

```
Get-Service -Name VM*
```

Das Cmdlet `Get-Service` gibt dieselbe Liste der Integrationsdienste zurück, aber unter ihrem jeweiligen Dienstnamen:

- vmicguestinterface
- vmicheartbeat
- vmickvpexchange
- vmicrdv
- vmishutdown
- vmictimesync
- vmiccvmsession
- vmicvss

Innerhalb einer VM können Sie `Start-Service` oder `Stop-Service` verwenden, um die Integrationsdienste zu verwalten.

VMs der Generation 1 und 2 erstellen und konfigurieren und geeignete Nutzungsszenarien erkennen

Beim Erstellen einer VM wählen Sie aus, ob Sie eine VM der Generation 1 oder der Generation 2 anlegen. Für die meisten Szenarien erweist sich eine Generation-1-VM als flexibler. Abhängig von Ihren Anforderungen können Sie aber gezwungen sein, eine Generation-2-VM zu erstellen.

Eine Generation-1-VM brauchen Sie, wenn das Gastbetriebssystem ein 32-Bit-System ist oder Sie die VM später einmal auf Azure verschieben wollen. Wenn Sie allerdings Azure Site Recovery einsetzen, wird eine Generation-2-VM bei der Migration automatisch in eine Generation-1-VM konvertiert.

Eine Generation-2-VM bietet Verbesserungen in den Bereichen Leistung und Sicherheit:

- PXE-Unterstützung mit nativen Hyper-V-Adaptern
- schnellerer Systemstart
- weniger Hardwareemulation für Geräte
- UEFI-Festplattenpartitionen
- Secure-Boot-fähig

Sie können mithilfe eines von Microsoft bereitgestellten Skripts versuchen, eine Generation-1- in eine Generation-2-VM zu konvertieren. Dieses Skript wird allerdings nicht unterstützt und Sie bekommen keine Garantie, dass Sie eine VM damit erfolgreich umwandeln können.

> **WEITERE INFORMATIONEN** Dienstprogramm für die VM-Konvertierung
>
> Das Dienstprogramm für die VM-Konvertierung können Sie herunterladen unter:
> *https://code.msdn.microsoft.com/ConvertVMGeneration*

Wenn Sie Datenträger für den Einsatz mit VMs erstellen, sollten Sie beachten, dass Generation-1-VMs die Dateierweiterung .vhd verwenden, Generation-2-VMs dagegen .vhdx. Wenn Sie Nano Server installieren, besteht ein wesentlicher Unterschied darin, dass eine VHD mit MBR (Master Boot Record) arbeitet, eine Generation-2-VHDX dagegen mit GPT (GUID Partition Tables).

Erweiterten Sitzungsmodus implementieren

Wenn Sie mit Hyper-V in einer erweiterten Sitzung arbeiten, können Sie lokale Ressourcen nutzen, während Sie mit einer VM verbunden sind. Beispielsweise können Sie einem virtuellen Computer Zugriff auf USB-Flashlaufwerke gewähren. Und der Zugriff auf die Zwischenablage verschafft Ihnen eine bequeme Möglichkeit, Dateien über die Verbindungssitzung zu kopieren und einzufügen.

Die lokalen Ressourcen können Sie ähnlich wie die Optionen konfigurieren, die über Remotedesktop zur Verfügung stehen. Abbildung 3–12 zeigt, wie Sie die lokalen Ressourcen konfigurieren, während Sie die Verbindung zu einer VM im Rahmen einer erweiterten Sitzung aufbauen.

Abb. 3–12 Einstellungen für eine erweiterte Sitzung

Linux- und FreeBSD-VMs erstellen, Linux-Integrationsdienste installieren und konfigurieren und FreeBSD-Integrationsdienste installieren und konfigurieren

Für die Prüfungsvorbereitung fassen wir die Linux- und FreeBSD-Themen zusammen. Hyper-V unterstützt sowohl emulierte als auch spezielle Geräte für VMs, die Linux oder FreeBSD ausführen. Es ist keine zusätzliche Software erforderlich, um emulierte Geräte zu nutzen. Diese emulierten Geräte bieten schlechtere Leistung und weniger Einstellmöglichkeiten als spezielle Geräte. Für spezielle Geräte brauchen Sie aber zusätzliche Treiber, damit sie in der VM einwandfrei funktionieren.

Die Gerätetreiber für diese Komponenten sind in den Linux-Integrationsdiensten (Linux Integration Services, LIS) beziehungsweise FreeBSD-Integrationsdiensten (FreeBSD Integration Services, BIS) enthalten. Allerdings werden nur ausgewählte Versionen jeder Distribution in LIS und BIS unterstützt. Sie brauchen aber sicher nicht auswendig zu lernen, welche Versionen Sie benötigen, um Linux oder FreeBSD unter Hyper-V zu nutzen.

> **WEITERE INFORMATIONEN** **LIS und BIS**
>
> Welche Distributionen in LIS und BIS unterstützt werden, erfahren Sie unter:
>
> https://technet.microsoft.com/en-us/windows-server-docs/compute/hyper-v/supported-linux-and-freebsd-virtual-machines-for-hyper-v-on-windows

Secure Boot für Windows- und Linux-Umgebungen implementieren

Unter Windows Server 2016 können sowohl Windows- als auch Linux-Betriebssysteme, die in einer Generation-2-VM laufen, Secure Boot (sicherer Gerätestart) nutzen. Bevor Sie einen Computer mit Secure Boot starten, müssen Sie die Microsoft-UEFI-Zertifizierungsstelle konfigurieren. Führen Sie dazu den folgenden Befehl aus:

```
Set-VMFirmware 743-01 -SecureBootTemplate MicrosoftUEFICertificateAuthority
```

Ähnlich wie bei den Integrationsdiensten können Sie darauf verzichten, die einzelnen Betriebssystemversionen auswendig zu lernen, bei denen Secure Boot unterstützt wird. Sie sollten aber wissen, bei welchen Linux-Distributionen Unterstützung für Secure Boot vorhanden ist:

- Ubuntu
- SUSE Linux Enterprise
- Red Hat Enterprise
- CentOS

VMs aus Hyper-V-Vorgängerversionen auf Windows Server 2016-Hyper-V migrieren und konvertieren

Es gibt unterschiedliche Möglichkeiten, eine VM von einem Host auf einen anderen zu verschieben:

- **Onlinemigration**   Dabei muss ein Hyper-V-Cluster vorhanden sein, damit eine Cluster-VM von einem Host auf einen anderen verschoben werden kann. Die beiden Hardwareserver sollten denselben Prozessor haben, um Probleme zu vermeiden.
- **Speichermigration und -import**   Bei dieser Technik können Sie die VM ausschalten und eine Speichermigration durchführen. So ist sichergestellt, dass alle Daten, die zu dieser VM gehören, von der bisherigen auf die neue Plattform verschoben werden.
- **Exportieren und importieren**   Mit dieser Technik exportieren Sie die Daten vom Datenträger und importieren sie dann als unterschiedliche VM erneut in Hyper-V.

Sie können eine Onlinemigration durchführen, um eine laufende VM von einem Host auf einen anderen zu verschieben. In Windows Server 2016 brauchen die Hosts dabei keine Mitglieder eines Failoverclusters zu sein. Fügen Sie einfach beide Hyper-V-Hosts zur Hyper-V-Manager-Konsole hinzu und verwenden Sie den Assistenten zum Verschieben oder das Cmdlet Move-VM. Ein Beispiel:

```
Move-VM 743-01 Host02 -IncludeStorage -DestinationStoragePath D:\743-01
```

Wenn Sie eine Offlinemethode für die Migration bevorzugen, können Sie die VM herunterfahren, alle zugehörigen Dateien verschieben und die VM dann auf dem neuen Hyper-V-Host importieren. Darauf gehen wir im nächsten Abschnitt genauer ein.

Sobald eine VM aus einer Vorgängerversion in Hyper-V migriert wurde, kann sie auf die neueste verfügbare Version aktualisiert werden, in diesem Fall 8.0. Abbildung 3–13 zeigt den Hyper-V-Manager mit dem entsprechenden Befehl *Konfigurationsversion upgraden* im Kontextmenü.

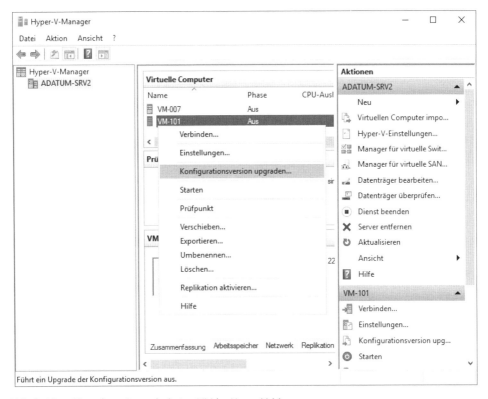

Abb. 3–13 Verwalten einer migrierten VM im Hyper-V-Manager

Nachdem eine VM auf eine neuere Konfigurationsversion aktualisiert wurde, kann sie nicht mehr auf eine Vorgängerversion heruntergestuft werden.

VMs exportieren und importieren

Seit Windows Server 2012 braucht eine VM nicht mehr exportiert zu werden, um sie importieren zu können. Die Funktion ist aber immer noch im Hyper-V-Manager und in PowerShell vorhanden und bietet eine einfache Methode, die VM auf eine Verschiebung vorzubereiten. Das gilt besonders, wenn die Dateien über mehrere Verzeichnisse verstreut liegen. Beim Export werden die Dateien in den folgenden Ordnern abgelegt:

- **Snapshots** Sind Prüfpunkte für die VM vorhanden, gibt es zu jedem Prüfpunkt eine XML-Datei mit GUID und Namen des Prüfpunkts.
- **Virtual Hard Disks** Der VHDX-Datenträger mit allen zugehörigen AVDHX-Prüfpunktdatenträgerdateien.

- **Virtual Machines**   Sofern der Computer während des Exports ausgeschaltet war, liegt in diesem Ordner nur die XML-Konfigurationsdatei. Befand sich die VM im gespeicherten Zustand, gibt es zusätzlich einen Unterordner mit der VM-GUID, der je eine BIN- und eine VSV-Datei mit dem gespeicherten Zustand enthält.

Sie können eine VM auch mithilfe des Cmdlets Export-VM exportieren. Ein Beispiel:

```
Export-VM -VMName 743-01 -Path F:\Export
```

Wenn Sie den Assistenten *Virtuellen Computer importieren* benutzen, um eine VM zu importieren, haben Sie die Auswahl zwischen drei Optionen:

- **Registrieren**   Verwendet die vorhandene VM-ID und registriert sie direkt am aktuellen Speicherort. Wählen Sie diese Option, wenn Sie die VM-Dateien bereits an den gewünschten Speicherort kopiert haben.
- **Wiederherstellen**   Behält die ursprüngliche VM-ID bei und kopiert die Dateien vom aktuellen Speicherort an den Standardspeicherort, der auf dem Hyper-V-Host konfiguriert ist.
- **Kopieren**   Erstellt eine neue VM-ID und kopiert die Dateien von ihrem aktuellen Speicherort an den Standardspeicherort, der auf dem Hyper-V-Host konfiguriert ist.

Um eine VM zu importieren, können Sie auch das Cmdlet Import-VM nutzen, zum Beispiel so:

```
Import-VM -Path "F:\Export\743-01\Virtual Machines\Filename.xml" -Register
```

Wenn Sie eine VM in der PowerShell importieren und eine VM dabei wiederherstellen wollen, müssen Sie die Parameter *Copy* und *GenerateNewId* angeben. Einen Parameter namens *Restore* gibt es nicht für dieses Cmdlet.

DDA (Discrete Device Assignment) implementieren

Windows Server 2016 führt DDA (Discrete Device Assignment) ein, ein Feature, das VMs direkten Zugriff auf PCI-Express-Geräte verschafft. Dieses Feature ähnelt SR-IOV, das in Windows Server 2012 eingeführt wurde. DDA umgeht die Virtualisierungskomponenten und gibt der VM direkten Zugriff auf die PCIe-Hardware. Der Hyper-V-Manager stellt keine Konfigurationsoptionen für DDA bereit. Zum Zeitpunkt, als dieses Buch geschrieben wurde, mussten Sie die folgenden PowerShell-Cmdlets verwenden, um DDA zu verwalten:

- Get-VMAssignableDevice
- Add-VMAssignableDevice
- Remove-VMAssignableDevice

Damit Sie ein Gerät zu einer VM hinzufügen können, müssen Sie es zuerst für den Hyper-V-Host deaktivieren. Verwenden Sie dann die InstanceId des Geräts, um es zu einer bestimmten VM hinzuzufügen. Zum Beispiel fügt der folgende Befehl ein PCIe-NVRAM-Gerät zu einer VM hinzu:

```
Add-VMAssignableDevice -LocationPath "PCIROOT(40)#PCI(0200)#PCI(0000)" -VMName 743-01
```

> **WEITERE INFORMATIONEN** **DDA**
>
> Das Virtualisierungsteam hat in seinem Blog mehrere Artikel veröffentlicht, die sich speziell mit DDA beschäftigen:
>
> *https://blogs.technet.microsoft.com/virtualization/2015/11*

Prüfungsziel 3.3: Hyper-V-Speicher konfigurieren

Dieser Abschnitt beschäftigt sich damit, wie Sie den Speicher für Hyper-V-Hosts und virtuelle Computer konfigurieren. Ähnlich wie bei den bisherigen Abschnitten gilt, dass Sie sich bei der Prüfungsvorbereitung darauf konzentrieren sollten, wie die Speicherkomponenten mit einem Host und seinen VMs interagieren und wie Sie diese Vorgänge in der Windows PowerShell konfigurieren.

> **Dieser Abschnitt deckt folgende Prüfungsziele ab:**
>
> - VHD- und VHDX-Dateien im Hyper-V-Manager erstellen
> - Freigegebene VHDX-Dateien erstellen
> - Differenzierende Datenträger konfigurieren
> - Virtuelle Festplatten ändern
> - Pass-Through-Festplatten konfigurieren
> - Größe einer virtuellen Festplatte ändern
> - Prüfpunkte verwalten
> - Produktionsprüfpunkte implementieren
> - Einen virtuellen Fibre-Channel-Adapter implementieren
> - Quality of Service für Speicher konfigurieren

VHD- und VHDX-Dateien im Hyper-V-Manager erstellen

Der Hyper-V-Manager stellt den Assistenten für neue virtuelle Festplatten zur Verfügung, mit dem es ganz einfach ist, eine VHD- oder VHDX-Festplatte zu erstellen. Gehen Sie dazu folgendermaßen vor:

1. Klicken Sie im Hyper-V-Manager auf *Neu* und dann auf *Festplatte*.
2. Klicken Sie im Assistenten für neue virtuelle Festplatten auf *Weiter*.
3. Die erste Konfigurationsoption wählen Sie auf der Seite *Datenträgerformat auswählen*, indem Sie sich für eine VHD oder VHDX entscheiden. Eine dritte Option ist ein VHD-Satz;

dabei handelt es sich um einen freigegebenen Datenträger, mit dem sich der nächste Abschnitt beschäftigt. Wählen Sie *VHD* oder *VHDX* aus und klicken Sie auf *Weiter*.

4. Die Seite *Datenträgertyp auswählen* bietet die Optionen *Feste Größe*, *Dynamisch erweiterbar* und *Differenzierung* an. Diese Optionen haben die folgende Bedeutung:

   - **Feste Größe**   Bietet die höchste Leistung, weil direkt bei der Bereitstellung die vollständige Kapazität des Datenträgers zugewiesen wird. Die Größe des Datenträgers auf dem Host bleibt gleich, auch während sich Daten innerhalb des Datenträgers verändern.
   - **Dynamisch erweiterbar**   Ein Datenträger mit dünner Bereitstellungsmethode, bei der nur so viel Platz belegt wird, wie die VM benötigt. Das stellt sicher, dass Sie viel Kapazität aus dem Hostspeicher erhalten. Übertreiben Sie es aber nicht.
   - **Differenzierung**   Eine differenzierende Festplatte arbeitet auf Basis einer hierarchischen Beziehung. In diesem Fall enthält die übergeordnete Festplatte schreibgeschützte Daten, die sich nicht verändern. Jegliche Änderungen werden auf eine andere Festplatte geschrieben, die differenzierende Festplatte.

   Wählen Sie *Dynamisch erweiterbar* und klicken Sie auf *Weiter*.

5. Tragen Sie auf der Seite *Name und Pfad angeben* einen Dateinamen für die Festplatte ein und wählen Sie das Verzeichnis aus, in dem die Datenträgerdatei gespeichert wird. Sie brauchen hier kein spezielles Verzeichnis für eine VM zu wählen, sondern können ein beliebiges Verzeichnis nehmen, auf das der Hyper-V-Host Zugriff hat. Klicken Sie auf *Weiter*.

6. Auf der Seite *Datenträger konfigurieren* haben Sie die Wahl zwischen drei Optionen (Abbildung 3–14):

   - **Neue virtuelle Festplatte ohne Inhalt erstellen**   Erstellt einfach eine leere Festplatte, die Sie mit einer VM verknüpfen können.
   - **Inhalt der angegebenen physischen Festplatte kopieren**   Sie können jede Hardwarefestplatte, auf die der Hyper-V-Host Zugriff hat, auf die virtuelle Festplatte kopieren. Sobald der Kopiervorgang abgeschlossen ist, liegen zwei separate Datensätze vor. Jede Änderung, die eine VM am virtuellen Datenträger vornimmt, ist völlig unabhängig von der Hardwarefestplatte.
   - **Inhalt der angegebenen virtuellen Festplatte kopieren**   Hiermit können Sie eine vorhandene VHD oder VHDX auswählen und ihren Inhalt in die neue virtuelle Festplatte kopieren.

   Wählen Sie die Option *Neue virtuelle Festplatte ohne Inhalt erstellen* aus und geben Sie als Größe den Wert 100 ein. Klicken Sie auf *Fertig stellen*.

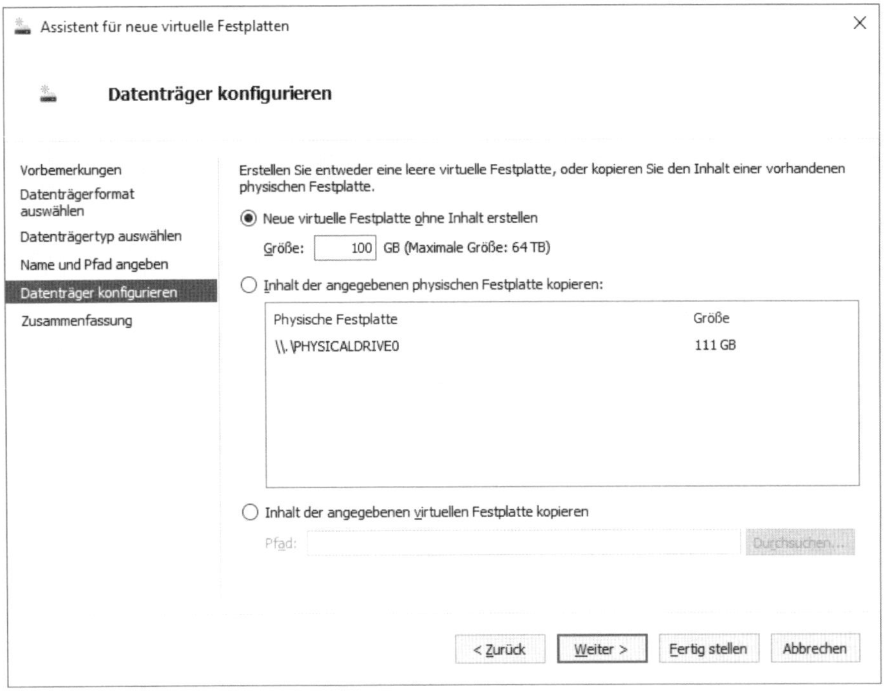

Abb. 3–14 Erstellen einer virtuellen Festplatte

Freigegebene VHDX-Dateien erstellen

Seit Windows Server 2012 können Sie eine freigegebene VHD nutzen, um dieselbe VHD mit mehreren VMs zu verknüpfen. Diese freigegebene VHD kann als gemeinsamer Speicher für Clusterkonfigurationen dienen, sodass Sie keine SAN-Ausstattung benötigen.

Eine freigegebene VHD ist lediglich eine VHD, auf die mehrere VMs zugreifen. Nachdem Sie eine neue Festplatte erstellt haben, können Sie sie mit dem Parameter *ShareVirtualDisk* zu einer VM hinzufügen. Ein Beispiel:

```
Add-VMHardDiskDrive -VMName 743-01 -Path "\\Host01\Disks\Disk1.vhdx"
    -ShareVirtualDisk
```

Indem Sie einen UNC-Pfad angeben, stellen Sie sicher, dass die VM auch dann noch auf den Speicher zugreifen kann, wenn Sie sie auf einen anderen Host verschoben haben. Im Hyper-V-Manager erstellen Sie ein freigegebenes Laufwerk, indem Sie es zum Controller hinzufügen. Abbildung 3–15 zeigt die Option, mit der Sie ein freigegebenes Laufwerk zu einer VM hinzufügen.

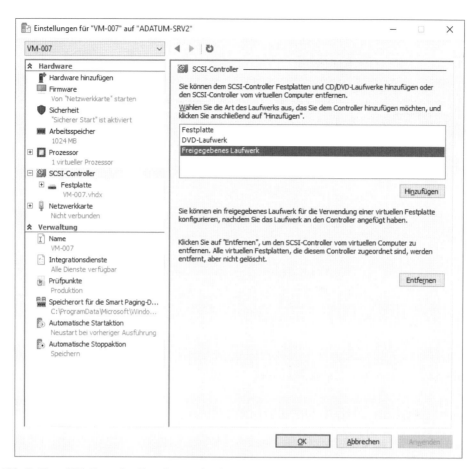

Abb. 3–15 SCSI-Controller-Einstellungen für eine VM

Differenzierende Datenträger konfigurieren

Wie schon weiter oben in diesem Kapitel erwähnt, baut eine differenzierende Festplatte eine hierarchische Beziehung auf. Dabei enthält die übergeordnete Festplatte schreibgeschützte Daten, die sich nicht verändern. Eine differenzierende Festplatte wird auf dieselbe Weise erstellt wie eine normale VHD, also entweder im Assistenten oder mit dem Cmdlet New-VHD zusammen mit den Parametern *Differencing* und *ParentPath*. Es gibt zwei grundlegende Wege, differenzierende Festplatte zu verwenden:

- **Viele untergeordnete Objekte zum selben übergeordneten** In diesem Fall wird eine einzige übergeordnete Festplatte verwendet, mit der viele untergeordnete Festplatten verknüpft sind. Das ist nützlich in Laborumgebungen, in denen sich alle VMs dasselbe Image teilen. In diesem Fall wird nur eine Basis-VHD gebraucht und jede VM im Labor hat ihre eigene differenzierende Festplatte, auf die sie ihre jeweiligen Änderungen schreibt. Abbildung 3–16 zeigt diesen Aufbau.

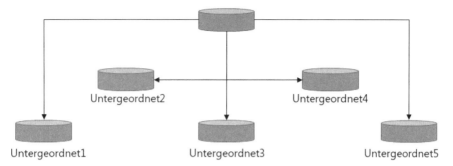

Abb. 3–16 Architektur für differenzierende Festplatten mit vielen untergeordneten Objekten

- **Kette aus untergeordneten und übergeordneten Datenträgern** In diesem Fall ist jede Festplatte mit einer anderen übergeordneten Festplatte verknüpft. Dieses Szenario ist nützlich, um Patches in mehrere Systeme einzuspielen, die differenzierende Festplatten einsetzen. Die Basisfestplatte enthält beispielsweise die Installation des Betriebssystems, während jede untergeordnete Festplatte ein Service Pack oder Anniversary Update aufnimmt. Abbildung 3–17 zeigt diesen Aufbau.

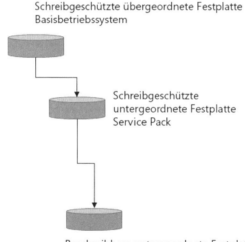

Abb. 3–17 Kette aus Datenträgern

Pass-Through-Festplatten konfigurieren

Mithilfe einer Pass-Through-Festplatte können Sie einer VM eine physische Festplatte des Hyper-V-Hosts durchreichen. Voraussetzung dafür ist, dass die Festplatte mit MBR oder GPT initialisiert wurde und offline ist. Abbildung 3–18 zeigt, wie Sie eine offline geschaltete Hardwarefestplatte für eine VM verfügbar machen.

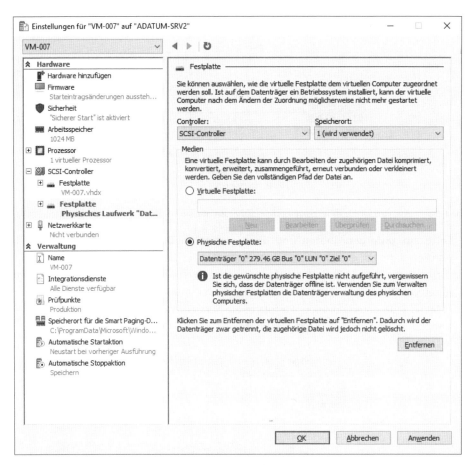

Abb. 3–18 Eine physische Festplatte zu einer VM hinzufügen

Größe einer virtuellen Festplatte ändern

Sie können die Größe eines vorhandenen virtuellen Datenträgers entweder im Assistenten zum Bearbeiten virtueller Festplatten oder mit dem Cmdlet Resize-VHD verändern. Abbildung 3–19 zeigt die Optionen zum Bearbeiten einer VHD.

Beim Bearbeiten einer VHD stehen die folgenden Optionen zur Auswahl:

- **Komprimieren** Optimiert die Kapazität einer VHD, sodass sie weniger Platz im Hyper-V-Host-Speicher verbraucht.
- **Konvertieren** Mit dieser Option können Sie den Datenträgertyp in einen der anderen Typen ändern, die weiter oben in diesem Kapitel beschrieben wurden.
- **Erweitern** Vergrößert die Kapazität der VHD.

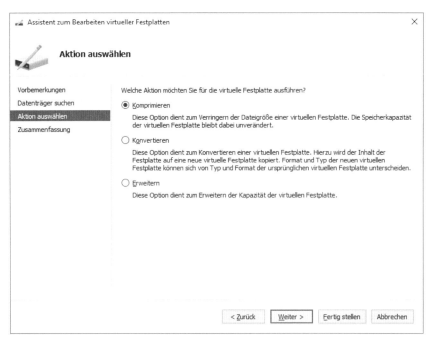

Abb. 3–19   Bearbeiten einer VHD

Wenn Sie VHDs in der PowerShell verwalten, steht für jede diese Aufgaben ein eigenes PowerShell-Cmdlet zur Verfügung:

- **Optimize-VHD**   Optimiert eine VHD auf dieselbe Weise wie die Option *Komprimieren* im Assistenten.
- **Convert-VHD**   Ändert den Datenträgertyp einer VHD.
- **Resize-VHD**   Ändert die Größe einer VHD.

Prüfpunkte verwalten

Mit einem Prüfpunkt (engl. checkpoint) können Sie den aktuellen Zustand einer VM in einem sogenannten Snapshot festhalten. So erhalten Sie die Möglichkeit, schnell und einfach eine erwiesenermaßen funktionierende Konfiguration wiederherzustellen. Das ist sehr nützlich, bevor Sie eine Anwendung installieren oder aktualisieren. Wird ein Prüfpunkt erstellt, wird die ursprüngliche VHD schreibgeschützt, und alle künftigen Änderungen werden in eine AVHD-Datei geschrieben. Wird umgekehrt ein Prüfpunkt gelöscht, wird der Inhalt der AVHD mit der ursprünglichen Festplatte zusammengeführt, die dann wieder eine beschreibbare Datei wird.

Standardprüfpunkte zeichnen in einem Snapshot den Zustand von Datenträger und Arbeitsspeicher zu dem Zeitpunkt auf, an dem der Prüfpunkt angefertigt wurde. Dagegen werden Snapshots in Windows Server 2016 standardmäßig als Produktionsprüfpunkte aufgezeichnet. Auf das Thema Produktionsprüfpunkte kommen wir im nächsten Abschnitt zurück. Ob Produktions- oder Standardprüfpunkte verwendet werden, können Sie individuell für jede VM konfigurieren. In der PowerShell verwenden Sie daher das Cmdlet Set-VM für diese Aufgabe, zum Beispiel:

```
Set-VM -Name 743-01 -CheckpointType Standard
```

Produktionsprüfpunkte implementieren

Windows Server 2016 führt Produktionsprüfpunkte ein, die bei Windows-Gastsystemen auf den Volumeschattenkopiedienst beziehungsweise bei Linux-Gastsystemen auf Dateisystem-Freeze zurückgreifen. So können Sie einen datenkonsistenten Snapshot einer VM anfertigen, der keine Daten zur ausgeführten Anwendung enthält. Falls das Anfertigen des Produktionsprüfpunkts fehlschlägt, versucht der Host in der Standardeinstellung, einen Standardprüfpunkt zu erstellen. Welchen Typ von Prüfpunkt eine VM verwendet, können Sie mit dem Cmdlet Set-VM konfigurieren:

```
Set-VM -Name 743-01 -CheckpointType Production
```

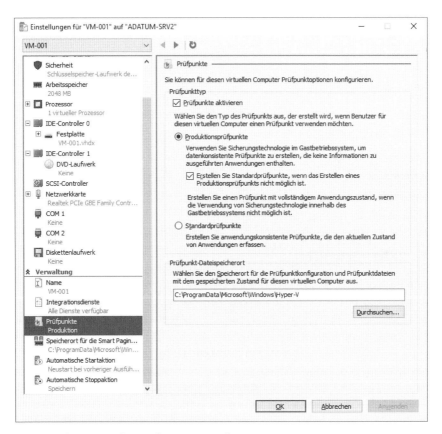

Abb. 3-20 Prüfpunkteinstellungen für einen virtuellen Computer

Soll die VM ausschließlich Produktionsprüfpunkte anfertigen und auch dann, wenn dies nicht möglich ist, keinen Standardprüfpunkt erstellen, müssen Sie den Parameterwert *Production* durch *ProductionOnly* ersetzen. Sie können Prüfpunkte auch im Hyper-V-Manager konfigurieren, indem Sie die Einstellungen einer VM bearbeiten. Abbildung 3–20 zeigt die Prüfpunktverwaltung für eine VM.

Einen virtuellen Fibre-Channel-Adapter implementieren

Sie können einen virtuellen Fibre-Channel-Adapter (FC-Adapter) mit einem virtuellen SAN verwenden, um einem virtuellen Computer direkten SAN-Zugriff zur Verfügung zu stellen. Auf diese Weise können Sie einer VM LUNs in einem SAN bereitstellen, auf die Ihre VM mithilfe des virtuellen WWNs (World Wide Name) zugreift, der dem Adapter zugewiesen ist. Einen Fibre-Channel-Adapter können Sie in den Einstellungen einer VM hinzufügen. Abbildung 3–21 zeigt die entsprechende Konfigurationsseite.

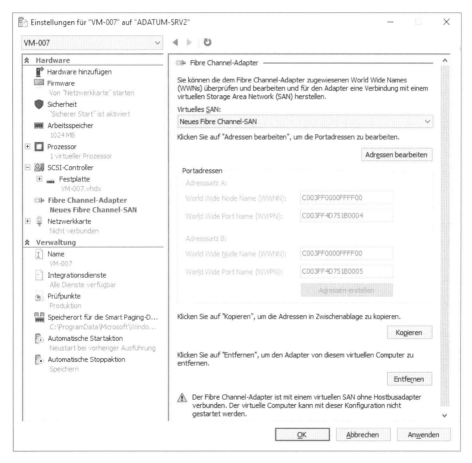

Abb. 3–21   Einstellungen für Fibre-Channel-Adapter bei einem virtuellen Computer

In der PowerShell verwenden Sie das Cmdlet `Add-VMFibreChannelHba`, um einen Fibre-Channel-Adapter zu einer VM hinzuzufügen:

```
Add-VMFibreChannelHba -VMName 743-01 -SanName vSAN1 -GenerateWwn
```

Falls Sie angeben müssen, welche WWNs die VM über den Adapter verwendet, können Sie die Option *GenerateWwn* durch einen der folgenden Parameter ersetzen:

- *WorldWideNodeNameSetA*
- *WorldWideNodeNameSetB*
- *WorldWidePortNameSetA*
- *WorldWidePortNameSetB*

Zum Beispiel erstellt der folgende Befehl einen Fibre-Channel-Adapter mit den angegebenen WWNs:

```
Add-VMFibreChannelHba -VMName 743-Nano -SanName vSAN1
   -WorldWideNodeNameSetA C003FF0000FFFF00 -WorldWidePortNameSetA C003FF73FD70000C
   -WorldWideNodeNameSetB C003FF0000FFFF00 -WorldWidePortNameSetB C003FF73FD70000D
```

Quality of Service für Speicher konfigurieren

In Windows Server 2012 wurde die Möglichkeit eingeführt, QoS-Richtlinien (Quality of Service) für Speicher in virtuellen Computern festzulegen. Windows Server 2016 baut diese Funktion aus und nutzt Scale-Out-Dateidienste, sodass Sie die Möglichkeit erhalten, die Richtlinien an einen oder mehrere VM-Datenträger zuzuweisen. Die Speicherleistung wird dann so angepasst, dass die definierten Richtlinien eingehalten werden. Speicher-QoS wird in erster Linie eingesetzt, um folgende Ziele zu erreichen:

- **Probleme aufgrund gieriger VMs verringern** Verhindert, dass eine einzige VM die gesamten verfügbaren Speicherressourcen mit Beschlag belegt und so andere VMs behindert.

- **Endpunkt-zu-Endpunkt-Speicherleistung überwachen** Sobald ein virtueller Computer gestartet wurde, wird seine Leistung überwacht. Die Detaildaten aller laufenden VMs können von einer zentralen Stelle aus beobachtet werden.

- **E/A pro Arbeitsauslastung überwachen** Die QoS-Richtlinien, die Sie definieren, stellen sicher, dass die Minimal- und Maximalwerte für die Anwendungsarbeitsauslastung in der Umgebung eingehalten werden. Auf diese Weise können Sie sicherstellen, dass die Leistung sogar in unterschiedlichen Umgebungen konsistent bleibt.

Prüfungsziel 3.4: Hyper-V-Netzwerke konfigurieren

Dieser Abschnitt beschreibt Aufgaben, die wichtig sind, um Netzwerke in Hyper-V effizient zu nutzen. Sie erfahren unter anderem, wie Sie MAC-Adressen konfigurieren, die Technik des NIC-Teamvorgangs nutzen, VM-Warteschlangen einrichten und eine Bandbreitenverwaltung konfigurieren.

> **Dieser Abschnitt deckt folgende Prüfungsziele ab:**
> - Virtuelle Netzwerkadapter hinzuzufügen oder entfernen und Netzwerkadapter konfigurieren
> - Virtuelle Hyper-V-Switches konfigurieren
> - Netzwerkleistung optimieren
> - MAC-Adressen konfigurieren
> - Netzwerkisolierung konfigurieren
> - NIC-Teamvorgang in VMs konfigurieren
> - Warteschlangen für virtuelle Computer konfigurieren
> - Remote Direct Memory Access (RDMA) auf Netzwerkadaptern aktivieren, die mit Switch Embedded Teaming (SET) an einen virtuellen Hyper-V-Switch gebunden sind
> - Bandbreitenverwaltung konfigurieren

Virtuelle Netzwerkadapter hinzuzufügen oder entfernen, Netzwerkadapter konfigurieren, Warteschlangen für virtuelle Computer konfigurieren und Bandbreitenverwaltung konfigurieren

Einen virtuellen Netzwerkadapter können Sie im Hyper-V-Manager auf ähnliche Weise hinzufügen wie ein Laufwerk oder einen Fibre-Channel-Adapter. Öffnen Sie einfach die Einstellungen der gewünschten VM und wählen Sie im Abschnitt *Hardware hinzufügen* den Eintrag *Netzwerkkarte* aus. Bei Generation-1-VMs können Sie wählen, ob Sie einen Standardnetzwerkadapter oder eine ältere Netzwerkkarte (engl. legacy netzwork adapter) hinzufügen. Ein Standardadapter bietet höhere Leistung, während eine ältere Netzwerkkarte PXE-Start ermöglicht. Abbildung 3–22 zeigt, welche Optionen Sie konfigurieren können, sobald Sie einen neuen Netzwerkadapter hinzugefügt haben.

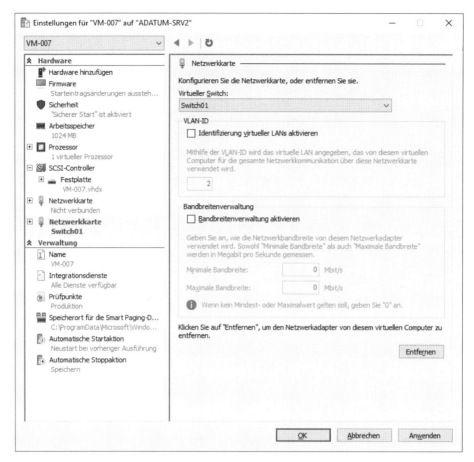

Abb. 3–22 Einstellungen für den Netzwerkadapter in einem virtuellen Computer

Mit dem Cmdlet Add-VMNetworkAdapter können Sie einen Netzwerkadapter in der PowerShell hinzufügen. Der entsprechende Befehl sieht zum Beispiel so aus:

Add-VMNetworkAdapter -VMName 743-01 -SwitchName Switch01

Nachdem Sie einen Netzwerkadapter zu einer VM hinzugefügt haben, können Sie bei Bedarf die VLAN-Identifizierung für diesen Adapter konfigurieren. Ein synthetischer Netzwerkadapter unterstützt einige zusätzliche Features:

- **Bandbreitenverwaltung** Sie können die minimalen und maximalen Bandbreitenziele für den Netzwerkadapter einstellen.
- **Warteschlange für virtuelle Computer (Virtual Machine Queue, VMQ)** Sofern der entsprechende Hardwareadapter es unterstützt, können Sie VMQ für den virtuellen Adapter aktivieren.
- **IPsec-Taskabladung** Sofern der entsprechende Hardwareadapter es unterstützt, können IPsec-Aufgaben an die Hardware delegiert werden.

Eine ältere Netzwerkkarte bietet keine Unterstützung für diese Features, sie kann nur mit einem bestimmten VLAN konfiguriert werden. Unabhängig vom Adaptertyp können Sie den Adapter in der PowerShell mit dem Cmdlet Set-VMNetworkAdapter verwalten.

Virtuelle Hyper-V-Switches und Netzwerkisolierung konfigurieren

Für die Prüfungsvorbereitung haben wir die Themen Konfigurieren von virtuellen Switches und Netzwerkisolierung zusammengefasst. Virtuelle Switches ermöglichen in Hyper-V die Verbindung zwischen der VM und Hyper-V, abhängig vom Verbindungstyp des Switches. Die Netzwerkisolierung für eine VM konfigurieren Sie in den Einstellungen von Netzwerkadapter und Switch. Sie haben drei Optionen zur Auswahl, wenn Sie einen virtuellen Switch erstellen:

Extern Verbindet den virtuellen Switch mit dem ausgewählten Hardwarenetzwerkadapter des Hyper-V-Hosts. Dieser Hardwareadapter kann exklusiv für die VMs reserviert werden, die auf dem Host laufen, oder auch vom Hostbetriebssystem parallel genutzt werden.

Abb. 3–23   Manager für virtuelle Switches

- **Intern**   Verbindet die VM nur mit dem Hyper-V-Host und anderen VMs, die einen Netzwerkadapter mit diesem Switch verbunden haben. Die VM hat keinen Zugriff auf den Hardwareadapter im Host.
- **Privat**   Stellt einfach eine Verbindung zur VM her, über die aber keine Kommunikation mit dem Host oder anderen VMs möglich ist, die auf anderen Hyper-V-Hosts laufen.

Abbildung 3–23 zeigt die Konfigurationsoptionen für einen virtuellen Switch im Manager für virtuelle Switches.

In der PowerShell steht das Cmdlet New-VMSwitch zur Verfügung, um virtuelle Switches hinzuzufügen. Zum Beispiel erstellt der folgende Befehl einen neuen internen virtuellen Switch:

```
New-VMSwitch -Name Internal1 -SwitchType Internal
```

Netzwerkleistung optimieren

Die Netzwerkleistung können Sie einerseits von der Seite des Hyper-V-Hosts her optimieren, aber andererseits auch von der Seite der einzelnen VMs. Wenn Sie sich auf die Prüfung vorbereiten, sollten Sie unter anderem die Bedeutung der folgenden Leistungsoptionen kennen:

- **Synthetische Netzwerkadapter**   Der Hyper-V-spezifische Netzwerkadapter ist darauf optimiert, die CPU-Last auf dem Hyper-V-Host zu verringern und die Netzwerkleistung für die VM zu erhöhen. Für die Leistungsüberwachung stehen Leistungsindikatoren unter der Kategorie *Virtuelle Hyper-V-Netzwerkadapter* zur Verfügung.
- **Offload-Hardware**   Sie können Offloading (auch als Abladung bezeichnet) konfigurieren, um die CPU-Last im Hyper-V-Host zu verringern. Hyper-V unterstützt LargeSend-Offload und TCP-Prüfsummen-Offload, sofern die entsprechenden Fähigkeiten in den Treibern des Hardwarenetzwerkadapters aktiviert sind.
- **Netzwerk-Switch-Topologie**   Ähnlich wie bei der Topologie für physische Umgebungen kann es auch in großen virtuellen Umgebungen passieren, dass die Konfiguration der Netzwerk-Switches einen Engpass verursacht. Sie können den NIC-Teamvorgang bei mehreren Hardwareadaptern aktivieren, um die Netzwerkleistung von VMs zu steigern.
- **VLAN-Leistung**   Der synthetische Hyper-V-Netzwerkadapter unterstützt VLAN-Tagging. Sofern der Hardwarenetzwerkadapter NDIS_ENCAPSULATION_IEEE_802_3_P_AND_Q_IN_OOB unterstützt, kann der Hyper-V-Host auch Hardware-Offloading nutzen, um die Netzwerkleistung für VMs zu steigern.
- **Dynamisches VMQ**   Mithilfe dynamischer Warteschlangen für virtuelle Computer (Virtual Machine Queue, VMQ) können Sie abhängig vom Umfang des Netzwerksverkehrs automatisch skalieren, wie viele Prozessoren für eine VMQ genutzt werden.
- **MAC-Spoofing**   In der Standardeinstellung sind VMs so konfiguriert, dass keine Kollision bei MAC-Adressen auftritt. Falls Sie eine VM so einrichten wollen, dass sie ihre MAC-Adresse selbst festlegen darf, müssen Sie MAC-Adressen-Spoofing für diese VM aktivieren.

■ **Virtual Receive Side Scaling (vRSS)** Ermöglicht es, die Verarbeitung des bei einer VM eingehenden Netzwerkverkehrs über mehrere Prozessoren auf dem Host und dem virtuellem Computer zu verteilen. Mithilfe von vRSS kann der Host die Verarbeitung des eingehenden Netzwerkverkehrs dynamisch ausbalancieren.

> **WEITERE INFORMATIONEN** Leistungsoptimierung
>
> Weitere Informationen über die Leistungsoptimierung finden Sie unter:
>
> *https://msdn.microsoft.com/en-us/library/windows/hardware/dn567656(v=vs.85).aspx*

MAC-Adressen konfigurieren

In der Standardeinstellung verwendet der Netzwerkadapter in einer VM eine dynamisch zugewiesene MAC-Adresse, die er aus dem Pool von MAC-Adressen auf dem Hyper-V-Host erhält. Diesen Pool mit MAC-Adressen können Sie im Manager für virtuelle Switches konfigurieren (Abbildung 3–24).

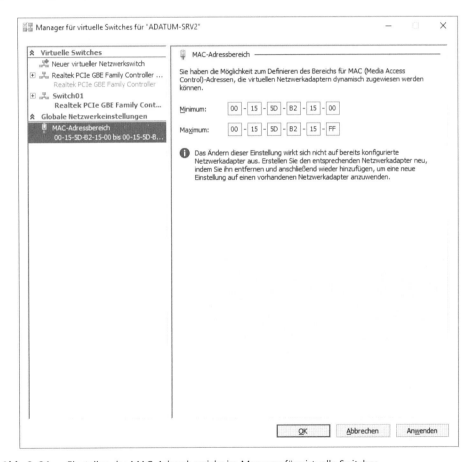

Abb. 3–24 Einstellen des MAC-Adressbereichs im Manager für virtuelle Switches

Neben dem Manager für virtuelle Switches können Sie auch die PowerShell verwenden, um den Bereich der MAC-Adressen zu konfigurieren. Rufen Sie dazu das Cmdlet Set-VMHost auf:

```
Set-VMHost -MacAddressMinimum 00155DA7E700 -MacAddressMaximum 00155DA7E7FF
```

Die MAC-Adresse für einen einzelnen Netzwerkadapter legen Sie in den Einstellungen der VM fest (Abbildung 3–25).

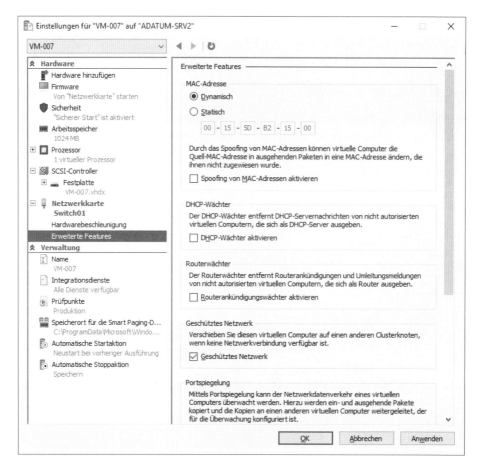

Abb. 3–25   Zuweisen der MAC-Adresse in den erweiterten Features der VM-Einstellungen

In der PowerShell steht das Cmdlet Set-VMNetworkAdapter zur Verfügung, um die MAC-Adresseinstellungen für einen virtuellen Netzwerkadapter zu konfigurieren. Zum Beispiel weist der folgende Befehl eine statische MAC-Adresse zu:

```
Set-VMNetworkAdapter -VMName 743-01 -StaticMacAddress 00155DA7E73B
```

NIC-Teamvorgang in VMs konfigurieren

Wenn Sie einer VM mehrere Netzwerkadapter zur Verfügung stellen, können Sie festlegen, dass sie innerhalb der VM zu einem Team zusammengefasst werden. Als Vorbereitung müssen Sie aber auch die entsprechenden Netzwerkadapter im Hyper-V-Host zu Teammitgliedern machen. Abbildung 3–26 zeigt die erweiterten Features für einen Netzwerkadapter, bei dem der NIC-Teamvorgang aktiviert wurde.

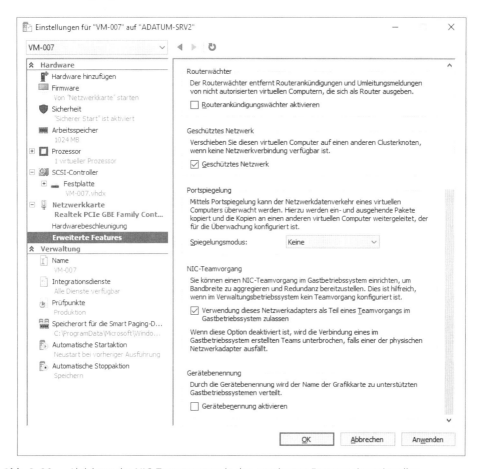

Abb. 3–26 Aktivieren des NIC-Teamvorgangs in den erweiterten Features eines virtuellen Netzwerkadapters

In der PowerShell aktivieren Sie den NIC-Teamvorgang für einen virtuellen Netzwerkadapter mit dem Cmdlet Set-VMNetworkAdapter. Beachten Sie, dass der Parameter *AllowTeaming* zwar einen booleschen Wert erwartet, die gültigen Werte aber *On* und *Off* lauten, nicht *$True* oder *$False*. Hier ein Beispiel:

```
Set-VMNetworkAdapter -VMName 743-01 -AllowTeaming On
```

Remote Direct Memory Access (RDMA) auf Netzwerkadaptern aktivieren, die mit Switch Embedded Teaming (SET) an einen virtuellen Hyper-V-Switch gebunden sind

In älteren Versionen von Windows Server und Hyper-V konnten Sie RDMA (Remote Direct Memory Access) nicht bei Netzwerkadaptern konfigurieren, die Mitglied eines NIC-Teams oder an einen virtuellen Switch angeschlossen waren. In Windows Server 2016 können Sie RDMA auf Netzwerkadaptern aktivieren, die mit einem virtuellen Switch verknüpft sind, unabhängig davon, ob Switch Embedded Teaming (SET) konfiguriert ist oder nicht. Bevor Sie RDMA mit SET konfigurieren können, müssen Sie Data Center Bridging aktivieren. Anschließend können Sie einen virtuellen Switch mit einem RDMA-vNIC und SET erstellen. Der Aufruf sieht zum Beispiel so aus:

```
New-VMSwitch -Name SETvSwitch -NetAdapterName "SLOT 2","SLOT 3"
   -EnableEmbeddedTeaming $True
```

Sobald Sie den virtuellen Switch erstellt haben, können Sie die Netzwerkadapter zur VM hinzufügen und RDMA aktivieren:

```
Add-VMNetworkAdapter -SwitchName SETswitch -Name SMB_1 -managementOS
Add-VMNetworkAdapter -SwitchName SETswitch -Name SMB_2 -managementOS
Enable-NetAdapterRDMA "vEthernet (SMB_1)","vEthernet (SMB_2)"
```

> **WEITERE INFORMATIONEN** **RDMA in Kombination mit SET**
>
> Weitere Informationen zu RDMA mit SET finden Sie unter:
> *https://technet.microsoft.com/en-us/library/mt403349.aspx*

Zusammenfassung des Kapitels

- Voraussetzungen und Vorgehensweise bei der Installation von Hyper-V
- Durchführen eines Upgrades von älteren Hyper-V-Versionen
- Verwaltungstools und Remoteverwaltung für Hyper-V
- Konfigurationsversionen und Generationstypen einzelner virtueller Computer
- Geschachtelte Virtualisierung mit Hyper-V nutzen
- Arbeitsspeicher für einen virtuellen Computer verwalten
- Dynamischen Arbeitsspeicher, NUMA und Smart Paging konfigurieren
- Ressourcenmessung und Integrationsdienste nutzen
- Linux unter Hyper-V ausführen
- VMs verschieben, konvertieren, importieren und exportieren
- VHD- und VHDX-Datenträgerdateien erstellen und verwalten

- Datenträger mit Differenzierung, fester Größe oder dynamisch erweiterbarer Größe konfigurieren
- Standard- und Produktionsprüfpunkte verwalten
- Virtuelle Netzwerkadapter hinzufügen und verwalten
- Netzwerkleistung optimieren

Gedankenexperiment

Ein Unternehmen will zwei Server anschaffen, die Hyper-V in einer Arbeitsgruppe ausführen. Die Server dürfen nur die unbedingt erforderlichen Ressourcen verbrauchen und müssen im Remotezugriff verwaltet werden. Auf einem der Hyper-V-Server muss eine VM laufen, die ihrerseits die Hyper-V-Rolle übernimmt.

Nachdem die Hosts bereitgestellt wurden, will das Unternehmen sowohl Windows als auch Linux als Gastbetriebssysteme betreiben. Beide Betriebssysteme brauchen Treiber für Hardware, die den VMs zur Verfügung gestellt wird.

Die Datenträger der VMs müssen als dünner Bereitstellungstyp konfiguriert sein, um die Kapazität der Hosts optimal auszunutzen. Prüfpunkte, die mithilfe von VSS angefertigt werden, müssen konsistente Snapshots aufzeichnen.

Beantworten Sie anhand dieser Informationen die folgenden Fragen:

1. Wie sollte das Unternehmen Hyper-V installieren?
2. Wie sollten die Verwaltungsrollen konfiguriert sein?
3. Nennen Sie ein Linux-Betriebssystem, das dieses Unternehmen einsetzen kann.
4. Welchen Typ von Datenträger müssen die VMs nutzen?
5. Welchen Typ von Prüfpunkten müssen die VMs nutzen?

Antworten zum Gedankenexperiment

1. Beim beschriebenen Szenario sollte Hyper-V auf einem Nano Server installiert werden. Der Ressourcenverbrauch für die Umgebung ist dann so gering wie möglich.
2. Weil die Hosts in einer Arbeitsgruppe liegen, müssen für die Remoteverwaltung WSMAN-vertrauenswürdige Hosts konfiguriert werden.
3. Red Hat, CentOS, Ubuntu oder SUSE
4. Die Datenträger müssen dynamisch erweiterbar sein, damit die Forderung nach einem dünnen Bereitstellungstyp erfüllt ist.
5. Nur Produktionsprüfpunkte greifen auf VSS zurück, um konsistente Snapshots anzufertigen.

KAPITEL 4

Windows-Container implementieren

In diesem Kapitel beschäftigen wir uns damit, wie Sie mithilfe von Containern virtualisierte Images auf einem Server hosten. Container werden sowohl in Windows Server als auch in Hyper-V unterstützt, allerdings verhalten sie sich in beiden etwas unterschiedlich und reagieren auch nicht auf genau dieselbe Weise. Sie können Container isolieren, um sicherzustellen, dass sie unabhängig von allen anderen Containern oder dem Host arbeiten, auf dem sie laufen. Im ersten Abschnitt dieses Kapitels geht es um die Bereitstellung von Containern, danach um ihre grundlegende Verwaltung.

In diesem Kapitel abgedeckte Prüfungsziele:

- Windows-Container bereitstellen
- Windows-Container verwalten

Prüfungsziel 4.1: Windows-Container bereitstellen

In diesem Abschnitt beschreiben wir, wie die Bereitstellung von Containern auf Windows Server, Nano Server oder Hyper-V im Prinzip abläuft. Außerdem erfahren Sie, wie Sie die Startkonfiguration für den Docker-Daemon anpassen und Details von Images beispielsweise durch Tags konfigurieren.

> **Dieser Abschnitt deckt folgende Prüfungsziele ab:**
> - Installationsanforderungen und geeignete Szenarien für Windows-Container beschreiben
> - Windows Server-Containerhost in physischen oder virtualisierten Umgebungen installieren und konfigurieren
> - Windows Server-Containerhost unter Windows Server Core oder Nano Server in einer physischen oder virtualisierten Umgebung installieren und konfigurieren
> - Docker auf Windows Server und Nano Server installieren
> - Startoptionen für den Docker-Daemon konfigurieren
>
> →

- Ein Basisbetriebssystem installieren
- Ein Image markieren
- Ein Betriebssystem-Image deinstallieren
- Windows Server-Container erstellen
- Hyper-V-Container erstellen

Installationsanforderungen und geeignete Szenarien für Windows-Container beschreiben

Windows-Container sind ein neues Feature, das nur in Windows Server 2016, Nano Server und Windows 10 Professional- und sowie Enterprise-Anniversary Update-Editionen zur Verfügung steht. Wenn Sie Hyper-V-Container einsetzen wollen, muss außerdem die Hyper-V-Rolle auf dem Computer oder Server installiert sein. Für den Einsatz von Windows-Containern wird vorausgesetzt, dass das Betriebssystem auf dem Laufwerk C installiert ist. Sofern Sie sich auf Hyper-V-Container beschränken, kann das Betriebssystem auf jedem beliebigen Laufwerk installiert sein.

Was die Hardwareanforderungen betrifft, greifen Windows-Container mit Hyper-V auf eine geschachtelte Virtualisierung zurück. Geschachtelte Virtualisierung stellt folgende Anforderungen:

- mindestens 4 GB RAM auf dem Hyper-V-Host
- ein Prozessor mit Intel VT-x

Außerdem müssen Sie der Container-Host-VM mindestens zwei virtuelle Prozessoren zuweisen und den dynamischen Arbeitsspeicher für diese VM deaktivieren. Zum Zeitpunkt, als dieses Buch geschrieben wurde, stellte Windows Server 2016 zwei Container-Images zur Verfügung: Server Core und Nano Server. Ist das Hostbetriebssystem ein Nano Server, steht nur das Nano Server-Image zur Verfügung.

Container installieren und konfigurieren

In diesem Abschnitt fassen wir die beiden folgenden Prüfungsziele zusammen:

- Windows Server-Containerhost in physischen oder virtualisierten Umgebungen installieren und konfigurieren
- Windows Server-Containerhost unter Windows Server Core oder Nano Server in einer physischen oder virtualisierten Umgebung installieren und konfigurieren

Im Betriebssystem des Hosts – unabhängig davon, ob es sich um einen Hardware- oder einen virtuellen Host handelt – werden Container als Windows-Feature bereitgestellt. Bei Servern mit GUI können Sie die Installation im Assistenten zum Hinzufügen von Rollen und Features erledigen. Stattdessen können Sie Container aber auch in der Windows PowerShell mit dem Cmdlet Install-WindowsFeature installieren. Der entsprechende Aufruf sieht so aus:

```
Install-WindowsFeature Containers
```

Abbildung 4–1 zeigt, wie das Container-Feature mit dem Cmdlet Install-WindowsFeature installiert wurde.

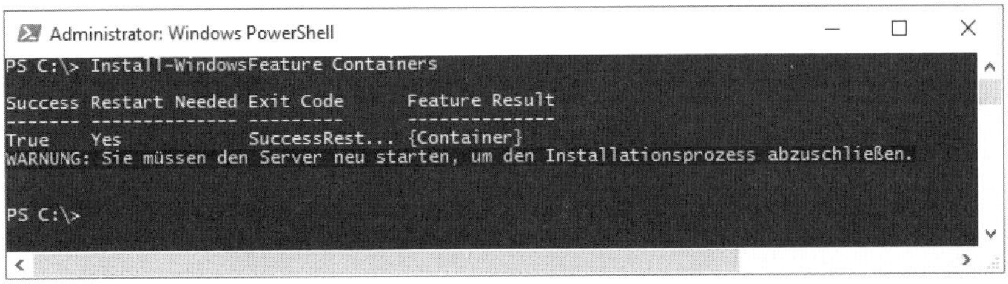

Abb. 4–1   Installieren des Container-Features in der PowerShell

Falls Sie Nano Server einsetzen, müssen Sie zuerst das Nano Server-Paket installieren, anschließend können Sie das Container-Feature installieren. Das sieht beispielsweise so aus:

```
Install-PackageProvider NanoServerPackage
Install-NanoServerPackage -Name Microsoft-NanoServer-Containers-Package
```

Docker auf Windows Server und Nano Server installieren

Damit Sie Container unter Windows Server 2016 oder Nano Server verwalten können, müssen Sie zusätzlich den Docker-Dienst installieren. Zu fast allen Docker-Installations- und Konfigurationsoptionen gibt es sowohl ein PowerShell-Cmdlet als auch einen Docker-Befehlszeilenparameter. Um Docker unter Windows Server 2016 zu installieren, müssen Sie es von der Docker-Website herunterladen. Das können Sie von Hand erledigen oder mit der PowerShell, zum Beispiel so:

```
Invoke-WebRequest "https://aka.ms/tp5/b/dockerd"
  -OutFile "$env:TEMP\docker-1.12.0.zip" -UseBasicParsing

Expand-Archive -Path "$env:TEMP\docker-1.12.0.zip"
  -DestinationPath $env:ProgramFiles

[Environment]::SetEnvironmentVariable(
  "Path", $env:Path + ";C:\Program Files\Docker",
  [EnvironmentVariableTarget]::Machine)

& $env:ProgramFiles\docker\dockerd.exe --register-service

Start-Service Docker

docker tag windowsservercore:10.0.14300.1000 windowsservercore:latest
```

Abbildung 4–2 zeigt, wie Docker heruntergeladen und die Umgebung für die Ausführung des Docker-Dienstes konfiguriert wird.

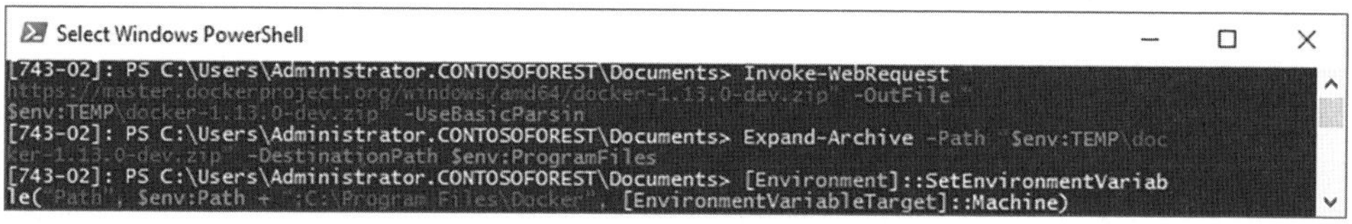

Abb. 4–2 Docker herunterladen und installieren

> **HINWEIS** **Docker-Daemon**
>
> Der Aufruf von `Invoke-WebRequest` in diesem Beispiel greift auf die Technical Preview 5 zu, weil diese Version zum Zeitpunkt, als dieses Kapitel geschrieben wurde, aktuell war. Suchen Sie auf der Docker-Website nach der neuesten Version und passen Sie den Befehl entsprechend an, bevor Sie ihn in einer Testumgebung eintippen.

Sobald die Installation abgeschlossen ist, sollten Sie den Befehl *docker info* ausführen. Abbildung 4–3 zeigt einen Teil der Ausgabe.

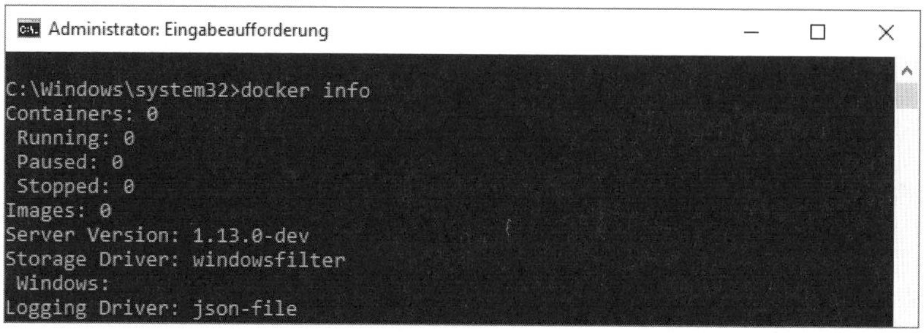

Abb. 4–3 Informationen über die installierte Docker-Version

Die obigen Beispielbefehle führen folgende Aktionen aus:

1. Zuerst werden die Docker-Engine und der Client von der Docker-Website heruntergeladen.
2. Der komprimierte Ordner wird in das *Programme*-Verzeichnis entpackt.
3. Der Installationsordner wird zur Systemvariablen des Ausführungspfads hinzugefügt, dann wird der Dienst erstellt und gestartet.
4. Und schließlich muss das Docker-Image als neueste (engl. latest) Version markiert werden.

Bei der Installation von Docker auf Nano Server gehen Sie im Prinzip genauso vor. Allerdings bietet Nano Server momentan keine Unterstützung für das Cmdlet `Invoke-WebRequest`. Daher müssen Sie die Docker-Dateien von Hand herunterladen und in das Nano Server-System kopieren. Anschließend können Sie die Umgebungsvariable konfigurieren, den Dienst erstellen und ihn starten. Beim Nano Server müssen Sie außerdem die Firewallregel *FPS-SMB-In-TCP* aktivieren. Dafür können Sie diesen Befehl ausführen:

```
Set-NetFirewallRule -Name FPS-SMB-In-TCP -Enabled True
```

Startoptionen für den Docker-Daemon konfigurieren

Docker wird über die Datei daemon.json konfiguriert. Wird Docker unter Windows Server 2016 benutzt, steht nur ein Teil der Konfigurationsoptionen zur Verfügung. Wenn Sie die JSON-Datei erstellen, brauchen Sie nur die benötigten Konfigurationsänderungen in die Datei einzutragen. Zum Beispiel können Sie die folgenden Zeilen in die Datei daemon.json einfügen, um die Docker-Engine so zu konfigurieren, dass sie Verbindungen auf Port 2375 entgegennimmt:

```
{
    "hosts": ["tcp://0.0.0.0:2375"]
}
```

Sie können Docker auch über den Befehl *sc config* konfigurieren. Beim Aufruf von *sc config* verändern Sie die Konfigurations-Flags der Docker-Engine direkt im Docker-Dienst. Ein Beispiel:

```
sc config docker binpath= "\"C:\Program Files\docker\dockerd.exe\" --run-service
   -H tcp://0.0.0.0:2375"
```

Abbildung 4–4 zeigt, wie Sie den Befehl *sc config* ausführen, um den Docker-Dienst zu konfigurieren.

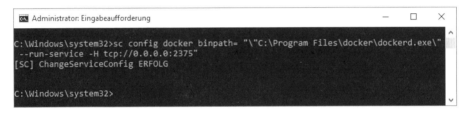

Abb. 4–4   Konfigurieren des Docker-Dienstes mit dem Befehl *sc config*

> **WEITERE INFORMATIONEN**   **Docker-Daemon**
>
> Weitere Informationen zum Konfigurieren des Docker-Daemons finden Sie unter:
>
> *https://msdn.microsoft.com/de-de/virtualization/windowscontainers/docker/configure_docker_daemon*

Ein Basisbetriebssystem installieren

Bevor Sie einen Container bereitstellen können, müssen Sie ein Image für ein Basisbetriebssystem herunterladen. Der Ablauf ist derselbe, unabhängig davon, ob Sie Server Core- oder Nano Server-Basis-Images verwalten wollen. Sie rufen ein Image ab, indem Sie zwei PowerShell-Cmdlets ausführen: Install-PackageProvider und Install-ContainerImage. Ein Beispiel:

```
Install-PackageProvider <Container-Image> -Force
Install-ContainerImage -Name WindowsServerCore
```

Dieser Vorgang kann einige Minuten erfordern, weil dabei das Server Core-Container-Image heruntergeladen wird. Nachdem Sie das Image installiert haben, müssen Sie den Docker-Dienst neu starten, zum Beispiel mit diesem Befehl:

```
Restart-Service Docker
```

Sie können auch den Befehl *docker* verwenden, um das Basis-Image herunterzuladen. Ein Beispiel:

```
docker pull microsoft/windowsservercore
```

Wenn Sie die gewünschten Images heruntergeladen haben, können Sie sich mit dem Befehl *docker* ansehen, welche Images verfügbar sind. Der Befehl lautet:

```
docker images
```

Abbildung 4–5 zeigt, wie ein Image heruntergeladen und die Liste der verfügbaren Images angezeigt wird.

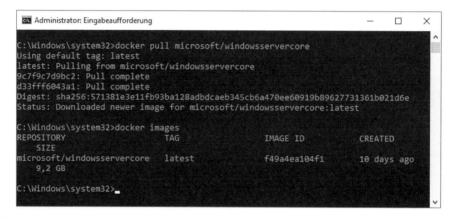

Abb. 4–5   Herunterladen von Images

Ein Image markieren

Wenn Sie ein Image in das Repository herunterladen, müssen Sie ihm ein Tag zuweisen. Anders ausgedrückt: Sie müssen das Image markieren. Auf diese Weise können Sie dem Image eine Version zuweisen, was nützlich ist, wenn Sie mit unterschiedlichen Versionen hantieren wollen. Microsoft empfiehlt, ein Image nach dem Herunterladen als das neueste (engl. latest) zu markieren, zum Beispiel so:

```
docker tag windowsservercore:10.0.14300.1000 windowsservercore:latest
```

Das Docker-Tag kann Groß- und Kleinbuchstaben, Ziffern, Unterstriche, Punkte und Bindestriche umfassen. Es darf allerdings nicht mit einem Punkt oder Bindestrich beginnen. Die Länge darf höchstens 128 Zeichen betragen.

> **WEITERE INFORMATIONEN** Docker-Tags
>
> Weitere Informationen zur Verwendung von Docker-Tags finden Sie unter:
>
> *https://docs.docker.com/engine/reference/commandline/tag*

Ein Betriebssystem-Image deinstallieren

Wie bereits erwähnt, können Sie die meisten Konfigurationsaufgaben beim Einsatz von Docker sowohl mit der PowerShell als auch mit dem Docker-Daemon erledigen. Um ein Container-Image aus dem Repository zu deinstallieren, müssen Sie das Cmdlet Uninstall-ContainerOSImage verwenden:

```
Uninstall-ContainerOSImage -FullName CN=Microsoft_NanoServer_10.0.14304.1003
```

Windows Server-Container erstellen

Sie können einen Container mithilfe des Docker-Daemons bereitstellen. Bevor Sie das tun, ist es sinnvoll, sich eine Liste der verfügbaren Container-Images anzeigen zu lassen. Zum Beispiel listet der folgende Befehl die verfügbaren Microsoft-Images auf:

```
docker search Microsoft
```

Tabelle 4–1 zeigt einige Images, die dieser Befehl auflistet.

Name	Beschreibung
microsoft/aspnet	ASP.NET ist ein serverseitiges Open-Source-Webanwendungs-Framework.
microsoft/dotnet	Offizielle Images für die Arbeit mit .NET Core
mono	Mono ist eine Open-Source-Implementierung von Microsoft .NET.
microsoft/azure-cli	Docker-Image für die Microsoft Azure-Befehlszeilenschnittstelle
microsoft/iis	Installation der Internetinformationsdienste (Internet Information Services, IIS)

Tab. 4–1 Eine kleine Auswahl der Images für Container

Wenn Sie also das ASP.NET-Image brauchen, weisen Sie den Docker-Daemon folgendermaßen an, dieses Image abzurufen:

```
docker pull microsoft/aspnet
```

Hyper-V-Container erstellen

Windows Server-Container und Hyper-V-Container werden auf dieselbe Weise erstellt und verwaltet, auch im Funktionsumfang unterscheiden sie sich nicht. Beide Containertypen verwenden auch dieselben Container-Images. Der wesentliche Unterschied zwischen einem Windows Server-Container und einem Hyper-V-Container ist der Grad der Isolierung zwischen dem Container und dem Host beziehungsweise anderen Containern, die auf demselben Host laufen. Welchen Typ Sie verwenden, legen Sie dadurch fest, dass Sie beim Erstellen des Containers den Parameter *--isolation* angeben:

```
docker run -it --isolation=hyperv nanoserver cmd
```

Um die Auswirkung der Isolierung in einem Hyper-V-Container zu demonstrieren, betrachten wir einen Windows Server-Container, der bereitgestellt wurde. Sie starten in diesem Container einen Ping-Prozess:

```
docker run -d windowsservercore ping localhost -t
```

Mit dem Docker-Daemon können Sie sich den Aufgabenthread ansehen, der die Ping-Operation ausführt:

```
docker top windowservercore
4369 ping
```

In diesem Beispiel lautet die Prozess-ID innerhalb des Containers 4369. Auch innerhalb des Containers können Sie sich den Thread ansehen:

```
Get-Process -Name ping
```

Die Ausgabe sieht zum Beispiel so aus:

```
Handles  NPM(K)    PM(K)    WS(K) VM(M)   CPU(s)     Id  SI ProcessName
-------  ------    -----    ----- -----   ------     --  -- -----------
     67       5      820     3836 ...71     0,03   4369   3 PING
```

Wenn Sie bei einem Hyper-V-Container genauso vorgehen, erhalten Sie ein anderes Ergebnis. Sie können den Prozess wieder mit dem Docker-Daemon auf dem Host erstellen und anzeigen lassen:

```
docker run -d --isolation=hyperv nanoserver ping -t localhost
docker top nanoserver
2371 ping
```

Wenn Sie nun aber versuchen, sich den Prozess im Container-Host anzusehen, wird der Unterschied deutlich:

```
Get-Process -Name ping
Get-Process : Es kann kein Prozess mit dem Namen "ping" gefunden werden. Überprüfen
Sie den Prozessnamen, und rufen Sie das Cmdlet erneut auf.
In Zeile:1 Zeichen:1
+ Get-Process -Name ping
```

```
    +   ~~~~~~~~~~~~~~~~~~~~
    + CategoryInfo          : ObjectNotFound: (ping:String) [Get-Process],
                             ProcessCommandException
    + FullyQualifiedErrorId : NoProcessFoundForGivenName,
                             Microsoft.PowerShell.Commands.GetProcessCommand
```

Die Ursache ist der Prozessname. Wenn Sie einen Hyper-V-Container einsetzen, wird der Prozess von vmwp ausgeführt. vmwp ist der Prozess für virtuelle Computer auf dem Host, und er schirmt den Prozess gegenüber dem Hostbetriebssystem ab:

```
Get-Process -Name vmwp

Handles  NPM(K)    PM(K)     WS(K) VM(M)   CPU(s)     Id  SI ProcessName
-------  ------    -----     ----- -----   ------     --  -- -----------
   1737      15    39452     19620 ...61     5,55   2376   0 vmwp
```

Prüfungsziel 4.2: Windows-Container verwalten

In diesem Abschnitt erfahren Sie, wie Sie Container verwalten, nachdem sie bereitgestellt wurden. Dazu gehört, dass Sie Images mit dem Docker-Daemon beziehungsweise der Windows PowerShell verwalten. Außerdem beschäftigen wir uns damit, Portzuordnungen und Netzwerkoptionen für die Verwendung durch Windows-Container zu verwalten.

> **Dieser Abschnitt deckt folgende Prüfungsziele ab:**
> - Windows- oder Linux-Container mit dem Docker-Daemon verwalten
> - Windows- oder Linux-Container mit Windows PowerShell verwalten
> - Netzwerke für Container verwalten
> - Datenvolumes für Container verwalten
> - Ressourcensteuerung verwalten
> - Neue Container-Images mit Dockerfile erstellen
> - Öffentliche und private Container-Images im Docker Hub-Repository verwalten
> - Container-Images mit Microsoft Azure verwalten

Windows- oder Linux-Container mit dem Docker-Daemon verwalten

Wenn Sie den gewünschten Imagetyp heruntergeladen haben, können Sie sich mit dem Daemon ansehen, welche Images verfügbar sind:

```
docker images
```

Die Ausgabe sieht beispielsweise so aus:

```
REPOSITORY          TAG         IMAGE ID        CREATED         SIZE
microsoft/aspnet    latest      accd044753c1    11 days ago     7,907 GB
```

Sie können den Docker-Daemon auch verwenden, um einen Container bereitzustellen:

```
docker run -d -p 80:80 microsoft/iis ping -t localhost
```

Wenn Sie den Docker-Daemon mit dem Parameter *commit* aufrufen, erstellen Sie ein neues Image:

```
docker commit 475059caef8f windowsservercoreiis
```

Um ein Image zu entfernen, rufen Sie den Docker-Daemon mit dem Parameter *rmi* auf. Der Befehl schlägt allerdings fehl, falls irgendwelche anderen Container von dem Image abhängen, das Sie entfernen wollen. Nach dem Parameter *rmi* geben Sie entweder den Namen oder die ID des Images an:

```
docker rmi windowsservercoreiis
```

Mit dem Parameter *history* können Sie sich eine Liste der Abhängigkeiten in Docker anzeigen lassen:

```
docker history windowsservercoreiis
```

Sie erhalten zum Beispiel die folgende Ausgabe:

```
IMAGE           CREATED         CREATED BY      SIZE        COMMENT
2236b49aaaef    3 minutes ago   cmd             171,2 MB
6801d964fda5    2 weeks ago                     0 B
```

Windows- oder Linux-Container mit Windows PowerShell verwalten

Zum Zeitpunkt, als dieses Kapitel geschrieben wurde, war das PowerShell-Modul für Docker noch in Entwicklung. Das Team, das dieses Modul entwickelt, fühlt sich dem Microsoft Open Source Code of Conduct verpflichtet und freut sich über Beiträge zum Projekt, sei es in Form von Bug-Meldungen, Anregungen, Vorschlägen oder Pull-Anforderungen über das GitHub-Repository. Sie finden das Projekt auf GitHub unter der Adresse:

https://github.com/Microsoft/Docker-PowerShell

Das PowerShell-Modul für Docker ist lediglich eine Alternative zum Docker-Daemon. Sie können das Modul als Ersatz für den Docker-Daemon nutzen oder ihn lediglich ergänzen. Das PowerShell-Modul kann alle Betriebssysteme steuern, die unter Windows oder Linux die Docker-Engine ausführen.

Um das Projekt zu kompilieren, brauchen Sie das .NET Core SDK und die .NET-SDKs für die Versionen 4.5 und 4.6. Der Docker-Endpunkt, zu dem Sie eine Verbindung herstellen, muss die API-Version 1.24 unterstützen.

Die neueste Release-Version des PowerShell-Moduls für Docker können Sie ebenfalls von GitHub herunterladen, und zwar unter der Adresse:

https://github.com/Microsoft/Docker-PowerShell/releases

Laden Sie den komprimierten Ordner herunter, entpacken Sie ihn und rufen Sie dann das Cmdlet `Import-Modul` auf, dem Sie den extrahierten Ordner übergeben. Anschließend stehen die Docker-Cmdlets auf dem Computer zur Verfügung.

Netzwerke für Container verwalten

Netzwerke für Container ähneln den virtuellen Netzwerken in Hyper-V. Jeder Container hat einen virtuellen Netzwerkadapter, der an einen virtuellen Switch angeschlossen ist. Um Isolierung zwischen Containern zu erzwingen, die auf demselben Host laufen, wird jeder Container von den anderen abgeschottet. Ein Windows Server-Host verwendet Host-vNICs, um die Verbindung zum virtuellen Switch herzustellen, während Hyper-V-Container über einen synthetischen VM-NIC an den virtuellen Switch angebunden werden.

Container unterstützen vier unterschiedliche Netzwerkmodi:

- **Netzwerkadressübersetzung (Network Address Translation, NAT)** Jeder Container erhält eine IP-Adresse aus einem privaten Adresspool. Sie können Portweiterleitung oder Portzuordnung konfigurieren, damit Daten vom Host an den Container übertragen werden können.

- **Transparent** Jeder Containerendpunkt hat eine direkte Verbindung zum Hardwarenetzwerk, das der Host benutzt. Entweder wird der IP-Adressbereich, der für das Hardwarenetzwerk benutzt wird, als statische Adresse auch für den Container verwendet oder die Adresse wird dynamisch zugewiesen.

- **L2-Bridge** Jeder Containerendpunkt liegt im selben Subnetz wie der Host, auf dem der Container läuft. Der Container bekommt seine IP-Adresse statisch aus demselben Präfix wie der Host zugewiesen. Alle Containerendpunkte auf dem Host verwenden dieselbe MAC-Adresse.

- **L2-Tunnel** Dieser Modus sollte nur in einem Microsoft Cloud-Stack benutzt werden.

In der Standardeinstellung erstellt die Docker-Engine ein NAT-Netzwerk, sobald der Docker-Dienst zum ersten Mal ausgeführt wird. Das Netzwerk belegt standardmäßig den Adressbereich 172.16.0.0/12. Sie können das Netzwerkpräfix ändern, indem Sie die Konfigurationsdatei daemon.json bearbeiten. Die Endpunkte im Container werden mit diesem Netzwerk verbunden und bekommen eine IP-Adresse aus dem privaten Netzwerk zugewiesen. Tabelle 4–2 listet die Verbindungstypen für eine Single-Host-Umgebung auf.

Einzelhost	Container zu Container	Container zu extern
NAT	Verbindung über einen virtuellen Hyper-V-Switch	Mit Adressübersetzung durch WinNAT geleitet
Transparent	Verbindung über einen virtuellen Hyper-V-Switch	Direkter Zugriff auf das Hardwarenetzwerk
L2-Bridge	Verbindung über einen virtuellen Hyper-V-Switch	Zugriff auf das Hardwarenetzwerk mithilfe einer MAC-Adressübersetzung

Tab. 4–2   Verbindungstypen bei einem einzigen Host

Tabelle 4–3 führt auf, welche Verbindungstypen in einer Multi-Host-Umgebung zur Verfügung stehen.

Multi-Host	Container zu Container	Container zu extern
NAT	Greift auf die externe Container-Host-IP und den entsprechenden Port zu, weitergeleitet durch WinNAT mit Adressübersetzung.	Greift auf die externe Container-Host-IP und den entsprechenden Port zu, weitergeleitet durch WinNAT mit Adressübersetzung.
Transparent	Greift direkt auf den Container-IP-Endpunkt zu.	Direkter Zugriff auf das Hardwarenetzwerk
L2-Bridge	Greift direkt auf den Container-IP-Endpunkt zu.	Zugriff auf das Hardwarenetzwerk mithilfe einer MAC-Adressübersetzung

Tab. 4–3   Verbindungstypen in einer Multi-Host-Umgebung

NAT-Netzwerke

In der Standardeinstellung wird ein neu erstellter Endpunkt mit dem NAT-Netzwerk verbunden. Mit dem Parameter --*network* legen Sie fest, an welches Netzwerk ein Container angeschlossen werden soll:

```
docker run -it --network=NatNetwork <Image>
```

Um auf Anwendungen zugreifen zu können, die innerhalb eines Containers laufen, müssen Sie die Ports des Hosts dem gewünschten Endpunkt zuweisen:

```
docker run -it -p 80:80 <Image>
docker run -it -p 8082:80 windowsservercore cmd
```

Der erste Befehl erstellt eine Portzuordnung zwischen TCP-Port 80 auf dem Host und TCP-Port 80 im Containerendpunkt. Der zweite Befehl leitet Port 8082 auf dem Host an den Port 80 des Endpunkts weiter.

PRÜFUNGSTIPP

Portzuordnungen müssen entweder direkt beim Erstellen des Endpunkts konfiguriert werden oder dann, wenn der Endpunkt gestoppt wurde. Sie können Container-Portzuordnung nicht verändern, während der Endpunkt läuft.

Transparente Netzwerke

Um ein transparentes Netzwerk zu nutzen, müssen Sie erst einmal das Netzwerk erstellen:

```
docker network create -d transparent TransparentNetwork
```

Sofern Sie einen virtualisierten Container-Host einsetzen und DHCP für die IP-Adresszuweisung nutzen, müssen Sie außerdem MAC-Adressen-Spoofing beim VM-Netzwerkadapter aktivieren. Ohne MAC-Adressen-Spoofing blockiert der Hyper-V-Host den Netzwerkverkehr von Containern innerhalb der VM, die identische MAC-Adressen haben.

```
Get-VMNetworkAdapter -VMName ContainerHost | Set-VMNetworkAdapter
   -MacAddressSpoofing On
```

L2-Bridge-Netzwerke

Um ein L2-Bridge-Netzwerk zu benutzen, müssen Sie ein Containernetzwerk erstellen, das den Treiber l2bridge verwendet. Subnetz und Gateway für das Netzwerk müssen Sie beim Erstellen ebenfalls angeben:

```
docker network create -d l2bridge --subnet=10.10.0.0/16 --gateway=10.10.0.1
   BridgeNetwork
```

PRÜFUNGSTIPP

Wenn Sie ein L2-Bridge-Netzwerk erstellen, werden nur statische IP-Adressen unterstützt.

Optionen für alle Netzwerktypen

Sie können sich mithilfe des Docker-Daemons eine Liste aller verfügbaren Netzwerke anzeigen lassen:

```
docker network ls
```

Die Ausgabe sieht zum Beispiel so aus:

```
NETWORK ID      NAME      DRIVER    SCOPE
0a297065f06a    nat       nat       local
d42516aa0250    none      null      local
```

Um ein Netzwerk zu entfernen, geben Sie den Parameter *network rm* an:

```
docker network rm "nat"
```

Abbildung 4–6 zeigt die Netzwerke auf einem Docker-Host.

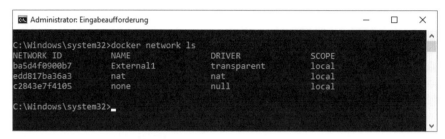

Abb. 4–6   Auflisten der Netzwerke

Datenvolumes für Container verwalten

Datenvolumes (engl. data volumes) sind Speicherorte, die sowohl für den Container-Host als auch den Containerendpunkt sichtbar sind. Die Daten, die in einem solchen Volume abgelegt sind, können zwischen den beiden Systemen sowie mit anderen Containern auf demselben Host geteilt werden. Ein neues Volume legen Sie mit dem Parameter *run* des Docker-Daemons an:

```
docker run -it -v c:\volume1 windowsservercore cmd
```

In der Standardeinstellung werden neue Datenvolumes im Ordner *C:\Program-Data\Docker\Volumes* auf dem Container-Host erstellt. In diesem Beispielbefehl legt der Parameter *C:\Volume1* fest, dass der Zugriff auf das Volume innerhalb des Containerendpunkts unter diesem Pfad erfolgt.

Nachdem Sie ein Volume erstellt haben, können Sie es für einen anderen Container zugänglich machen, indem Sie mit denselben Parametern die Quell- und Zielpfade angeben:

```
docker run -it -v c:\source:c:\destination windowsservercore cmd
```

Sie können auch eine einzelne Datei vom Container-Host an den Endpunkt durchreichen. Die Syntax ist praktisch dieselbe wie beim Angeben eines vorhandenen Volumes:

```
docker run -it -v c:\container-share\config.ini windowsservercore cmd
```

Ganz ähnlich können Sie ein vollständiges Laufwerk des Container-Hosts für einen Endpunkt zugänglich machen. Wenn Sie ein vollständiges Laufwerk bereitstellen, dürfen Sie kein Backslashzeichen an den Laufwerkbuchstaben anhängen:

```
docker run -it -v d: windowsservercore cmd
```

Und schließlich können Datenvolumes von anderen Endpunkten geerbt werden. Verwenden Sie dazu die Parameter *run --volumes-from*. Das ist nützlich, wenn sich Anwendungen in mehreren Containern dieselben Daten teilen:

```
docker run -it --volumes-from Volume1 windowsservercore cmd
```

Ressourcensteuerung verwalten

Docker bietet die Fähigkeit zu verwalten, wie viele CPU-, Datenträger-E/A-, Netzwerk- und Arbeitsspeicherressourcen ein Endpunkt verbraucht. Auf diese Weise können Sie die Ressourcen des Container-Hosts effizient verwalten und gleichzeitig sicherstellen, dass alle Dienste, die auf dem Host laufen, optimale Leistung bieten.

In der Standardeinstellung wird die CPU gleichmäßig zwischen allen Endpunkten aufgeteilt, die auf einem Container-Host laufen. Um zu ändern, welcher Anteil einem Endpunkt zusteht, verwenden Sie die Parameterkombination *run --cpu-shares*. Im Parameter *--cpu-shares* geben Sie einen Wert zwischen 1 und 10000 an. Die Standardgewichtung aller Endpunkte ist 5000.

```
docker run -it --cpu-shares 2 --name dockerdemo windowsservercore cmd
```

> **WEITERE INFORMATIONEN**   **CPU-Ressourcen**
>
> Wie Sie CPU-Ressourcen für einen Endpunkt verwalten, wird ausführlich beschrieben unter:
>
> *https://docs.docker.com/engine/reference/run/#cpu-share-constraint*

Neue Container-Images mit Dockerfile erstellen

Docker gibt Ihnen die Möglichkeit, automatisch Images zu erstellen, indem Sie die entsprechenden Anweisungen in eine Datei, das sogenannte Dockerfile, legen. Ein Dockerfile ist ein Textdokument, das alle Befehle enthält, die Sie in der Befehlszeile eingeben würden, wenn Sie von Hand ein Image erstellen. Sobald Sie das Dockerfile erstellt haben, brauchen Sie nur noch den Docker-Daemon mit dem Parameter *build* aufzurufen, um das Image automatisch erstellen zu lassen:

```
docker build -f C:\Dockerfile .
```

Der Docker-Daemon wertet nacheinander jede Zeile der Datei aus, bevor er die Image-ID für den von Ihnen erstellten Endpunkt ausgibt.

> **WEITERE INFORMATIONEN**   **Dockerfile**
>
> Weitere Informationen zu Dockerfile finden Sie unter:
>
> *https://docs.docker.com/engine/reference/builder*

Öffentliche und private Container-Images im Docker Hub-Repository verwalten

Der Docker Hub ist ein Repository mit fertigen Images. Diese Images können Sie auf einen Host herunterladen und in einer Entwicklungs- oder Produktivumgebung einsetzen. Sie können die

Images auch als Basis für Windows-Containeranwendungen nutzen. Eine Liste aller Images, die in Docker Hub zur Verfügung stehen, erhalten Sie, wenn Sie den Docker-Daemon mit dem Parameter *search* aufrufen:

```
docker search *
```

Hier ein ganz kurzer Ausschnitt der Ausgabe:

```
NAME                        DESCRIPTION                                STARS  OFFICIAL  AUTOMATED
microsoft/sample-django     Django installed in a Windows Server Core ... 1    [OK]
microsoft/dotnet35          .NET 3.5 Runtime installed in a Windows Se... 1    [OK]      [OK]
microsoft/sample-golang     Go Programming ...
```

Der Download eines Images aus Docker Hub läuft genauso ab wie das Abrufen eines Basis-Images. Rufen Sie einfach den Docker-Daemon mit dem Parameter *pull* auf:

```
docker pull microsoft/aspnet
```

Die Ausgabe sieht beispielsweise so aus:

```
Using default tag: latest
latest: Pulling from microsoft/aspnet
f9e8a4cc8f6c: Pull complete
b71a5b8be5a2: Download complete
```

Sobald das Image heruntergeladen wurde, listet der Docker-Daemon es unter den verfügbaren Images auf:

```
docker images
```

Die Ausgabe führt nun das neue Image auf:

```
REPOSITORY            TAG        IMAGE ID       CREATED       SIZE
microsoft/aspnet      latest     b3842ee505e5   5 hours ago   101,7 MB
```

Sie können ein Image auch in den Docker Hub hochladen. Verwenden Sie dazu im Docker-Daemon den Parameter *push*. Vorher müssen Sie sich allerdings mit Ihrer Docker-ID anmelden, damit Sie die Erlaubnis für den Zugriff auf den Hub erhalten:

```
docker login

Login with your Docker ID to push and pull images from Docker Hub. If you don't have
a Docker ID, head over to https://hub.docker.com to create one.
Username: username
Password:
Login Succeeded

docker push username/containername
The push refers to a repository [docker.io/username/containername]
4341be770beb: Pushed
fed398573696: Pushed
```

```
latest: digest:
sha256:ae3a2971628c04d5df32c3bbbfc87c477bb814d5e73e2787900da13228676c4f size: 2410
```

Container-Images mit Microsoft Azure verwalten

Sie haben unterschiedliche Möglichkeiten, Docker auf Microsoft Azure einzusetzen:

- Container-Hosts mit dem Docker Machine Azure-Treiber bereitstellen
- die Docker-VM-Erweiterung in Azure-VMs nutzen
- die Docker-VM-Erweiterung mit Docker Compose einsetzen
- einen Docker-Swarm-Cluster auf Azure Container Services bereitstellen

Die Azure Docker-VM-Erweiterung installiert und konfiguriert den Docker-Daemon, den Client sowie Docker Compose in einer Linux-VM unter Azure. So können Sie Containeranwendungen mithilfe von Docker Compose und Docker Machine definieren und bereitstellen.

Wenn Sie die Erweiterung mit dem Azure-Ressourcenmonitor kombinieren, können Sie Vorlagen für praktisch alle Aspekte Ihrer Azure-Umgebung erstellen und bereitstellen.

> **WEITERE INFORMATIONEN** **Docker-VM-Erweiterung**
>
> Weitere Informationen über die Docker-VM-Erweiterung finden Sie unter:
>
> *https://azure.microsoft.com/de-de/documentation/articles/virtual-machines-linux-dockerextension*

Zusammenfassung des Kapitels

- Virtualisierte Images mithilfe von Containern ausführen
- Docker auf Windows Server und Nano Server installieren
- Startoptionen für den Docker-Daemon konfigurieren
- Ein Basisbetriebssystem installieren
- Ein Image für den Einsatz mit Containern markieren
- Container für Windows Server und Hyper-V erstellen
- Container mit dem Docker-Daemon und Windows PowerShell verwalten
- NAT-, transparente und L2-Bridge-Netzwerke für Container erstellen
- Datenvolumes für die Nutzung durch mehrere Containerendpunkte erstellen und verwalten
- Ressourcen des Container-Hosts mithilfe der Ressourcensteuerung verwalten
- Build-Prozess für ein Image mit Dockerfile automatisieren
- Nutzen der Azure Docker-VM-Erweiterung

Gedankenexperiment

Ein Unternehmen testet Container und Images in seiner Entwicklungsumgebung. Die Docker-Engine wurde auf einem Windows Server-Host installiert und es wurde ein Basis-Image bereitgestellt, das mit dem Standardnetzwerk verbunden ist. Das Unternehmen möchte die Images direkt mit dem Hardwarenetzwerk verbinden. Außerdem sollen künftige Images automatisch erstellt und im Docker Hub gespeichert werden.

Beantworten Sie anhand dieser Informationen die folgenden Fragen:

1. Was sollte geändert werden, um die Docker-Daemon-Startoptionen zu konfigurieren?
2. Mit welchem Netzwerk ist das Image verbunden, das bereitgestellt wurde?
3. Welchen Netzwerktyp muss das Unternehmen erstellen, um das beschriebene Ziel zu erreichen?
4. Welche Art von Datei ist das Dockerfile?
5. Welcher Docker-Daemon-Befehl speichert Images im Docker Hub-Repository?

Antworten zum Gedankenexperiment

1. Die JSON-Konfigurationsdatei muss erstellt oder geändert werden, um die Startoptionen des Docker-Daemons zu ändern.
2. In der Standardeinstellung sind Images mit einem Standard-NAT-Netzwerk verbunden.
3. Das Unternehmen muss ein transparentes Netzwerk erstellen, damit die Images direkt auf das Hardwarenetzwerk zugreifen können.
4. Das Dockerfile-Skript ist eine Klartextdatei, die alle Aktionen enthält, mit denen ein Image erstellt wird.
5. Der Befehl *docker push* lädt das angegebene Image in den Docker Hub hoch. Vorher muss sich der Benutzer bei dem Dienst anmelden.

KAPITEL 5

Hochverfügbarkeit implementieren

Dieses Kapitel behandelt eine wesentliche Komponente der Upgradeprüfung. Neben verschiedenen Fähigkeiten, die hier beschrieben werden, gibt es auch viele Features vorzustellen, die neu eingeführt oder verbessert wurden. Diese Features sind:

- paralleles Cluster-Betriebssystemupgrade
- Speicherreplikation
- Cloudzeuge
- Resilienz für virtuelle Computer
- standortabhängige Cluster
- Arbeitsgruppen- und Mehrdomänencluster
- Knotenfairness für virtuelle Computer
- Startreihenfolge für virtuelle Computer

Neben diesen Features sehen wir uns auch andere Details der Hochverfügbarkeit wie Hyper-V, Failoverclustering und direkte Speicherplätze (Storage Spaces Direct) an.

In diesem Kapitel abgedeckte Prüfungsziele:

- Hochverfügbarkeits- und Notfallwiederherstellungsoptionen in Hyper-V implementieren
- Failovercluster implementieren
- Direkte Speicherplätze implementieren
- Failovercluster verwalten
- VM-Verschiebung in Clusterknoten verwalten

Prüfungsziel 5.1: Hochverfügbarkeits- und Notfallwiederherstellungsoptionen in Hyper-V implementieren

Dieser Abschnitt beschreibt die grundlegenden Hochverfügbarkeits- und Notfallwiederherstellungsfunktionen, die in Hyper-V zur Verfügung stehen. Diese Funktionen erfordern keine zusätzlichen Verwaltungskomponenten oder Failovercluster. Hyper-V enthält integrierte Redundanz- und Failoverfunktionen.

> **Dieser Abschnitt deckt folgende Prüfungsziele ab:**
> - Hyper-V-Replikat implementieren
> - Livemigration implementieren
> - Livemigration zwischen völlig unterschiedlichen Hosts implementieren
> - CredSSP- oder Kerberos-Authentifizierungsprotokoll für die Livemigration konfigurieren
> - Speichermigration implementieren

Hyper-V-Replikat implementieren

Mit einem Hyper-V-Replikat können Sie virtuelle Computer von einem Hyper-V-Host auf einen anderen Host replizieren, der entweder im selben physischen Standort oder an einem anderen Standort betrieben wird. Die Replikationsdaten können dabei mithilfe von Zertifikaten verschlüsselt werden. Das verwendete Zertifikat kann lokal, selbstsigniert oder von einer Zertifizierungsstelle ausgestellt sein.

Windows Server 2012 R2 führte erweiterte Replikation ein, bei der Sie einen virtuellen Computer auf mehrere Standorte replizieren können. Zum Beispiel können Sie die VM in einen sekundären Failover-Standort sowie einen dritten Reservestandort replizieren. Es sind einige weitere Faktoren zu beachten, wenn Sie ein erweitertes Replikat einsetzen wollen:

- Sie können keine anwendungskonsistente Replikation nutzen.
- Sie können bei Bedarf ein Failover auf den dritten Standort vornehmen.
- Sie können ein Testfailover auf einen der anderen Standorte ausführen, ohne dass eine Unterbrechung eintritt.

Ein Failover mit Hyper-V-Replikat ist kein automatischer Prozess. Es gibt drei unterschiedliche Failovertypen, die Sie auslösen können:

- **Testfailover**   Sie können testen, ob die replizierte VM im zweiten oder dritten Standort startet. Bei diesem Prozess wird eine duplizierte VM erstellt und dann gestartet. Auf die VM in der Produktivumgebung hat das keine Auswirkung. Sobald Sie den Failoverprozess abschließen, wird die duplizierte VM wieder gelöscht.

- **Geplantes Failover**   Mit dieser Methode können Sie ein Failover während einer geplanten Wartungs- oder Ausfallzeit für ausgewählte Standorte durchführen. Dazu muss zuerst die Quell-VM ausgeschaltet werden. Die Failoverprozessreplikation findet weiterhin statt, aber in umgekehrter Richtung vom sekundären Standort zum vorher primären Standort. So ist sichergestellt, dass beide Standorte ihre Daten synchronisiert halten.

- **Ungeplantes Failover**   Gibt es einen unerwarteten Ausfall, können Sie ein ungeplantes Failover durchführen. Diesen Failovertyp sollten Sie nur nutzen, wenn die Quell-VM ausfällt und in einem sekundären Standort neu gestartet werden muss. Wird der Wiederherstellungsverlauf eingesetzt, können Sie auch einen vorher angefertigten Snapshot wiederherstellen.

Ein Hyper-V-Replikat zu konfigurieren, erfordert mehrere Schritte. Sie müssen dafür Netzwerk-, Speicher- und Serververwaltungsaspekte planen. Gehen Sie nach dem folgenden Schema vor, um ein Hyper-V-Replikat zu implementieren:

1. **Richten Sie die Hyper-V-Server ein.**   Das umfasst den primären Quellserver und mindestens ein Replikationsziel. Zusätzliche Komponenten, die bei Bedarf konfiguriert werden müssen, sind Netzwerk und Speicher.
2. **Richten Sie die Replikation ein.**   Machen Sie beide Hyper-V-Server zu Teilnehmern der Replikation. So ist sichergestellt, dass die Replikation im Fall eines Failovers sowohl in der Richtung vom primären zum sekundären Server als auch in der Gegenrichtung stattfinden kann.
3. **Testen Sie die Bereitstellung.**   Führen Sie ein Testfailover durch, nachdem Sie alle VM-Einstellungen konfiguriert haben. Dadurch stellen Sie sicher, dass Kommunikation und Replikation für den Produktiveinsatz bereit sind. Stellen Sie im Rahmen des Tests sicher, dass im Replikat ein VM-Duplikat erstellt wird.
4. **Führen Sie ein geplantes Failover durch.**   Führen Sie ein geplantes Failover aus, um den Prozess abzuschließen, bei dem die aktive VM vom primären ins sekundäre Replikat verschoben wird. Das wird später möglicherweise während geplanter Wartungs- oder Ausfallzeiten notwendig. Ein geplantes Failover können Sie auch ausführen, um zu prüfen, ob ein ungeplantes Failover erfolgreich sein wird.
5. **Reagieren Sie auf ein ungeplantes Failover.**   Ungeplante Failover übertragen eine VM nicht automatisch, sobald die primäre VM nicht verfügbar ist. Sie müssen von Hand ein Failover der VM auf das sekundäre Replikat auslösen.
6. **Richten Sie die erweiterte Replikation ein.**   Konfigurieren Sie die erweiterte Replikation, um eine zusätzliche Failoverschicht mithilfe eines dritten Replikatstandorts bereitzustellen. Sie können den dritten Standort einfach als weiteren Replikatstandort nutzen oder Arbeitsauslastungen auf ausgewählte Server verschieben, falls ein geplantes oder ungeplantes Failover durchgeführt werden muss.

> **WEITERE INFORMATIONEN**
>
> Erklärungen und Anleitungen zu jedem Schritt, den Sie beim Bereitstellen eines Hyper-V-Replikats durchführen müssen, finden Sie unter:
>
> *https://technet.microsoft.com/library/jj134207.aspx*

Livemigration implementieren

Livemigration ist die Fähigkeit, VMs oder VM-Speicher ohne einen Failovercluster zu verschieben. Sie können eine VM oder ihren Speicher im Hyper-V-Manager oder mit der Windows PowerShell verschieben.

Bevor Sie eine Livemigration ausführen können, müssen Sie dieses Feature in den Einstellungen des Hyper-V-Hosts aktivieren. Voraussetzung dafür ist, dass der Computer ein Domänenmitglied ist. In einer Hyper-V-Arbeitsgruppe steht die Livemigration nicht zur Verfügung. Abbildung 5–1 zeigt die Einstellungen im Hyper-V-Manager.

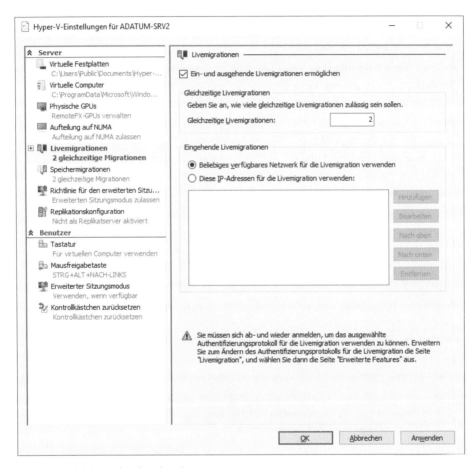

Abb. 5–1   Aktivieren der Livemigration

Wenn Sie eine Migration mit dem Hyper-V-Manager durchführen wollen, klicken Sie zuerst mit der rechten Maustaste auf die VM, die Sie migrieren wollen, und wählen den Befehl *Verschieben*. Daraufhin öffnet sich der Assistent zum Verschieben (Abbildung 5–2). Auf der ersten Seite wählen Sie aus, ob Sie den virtuellen Computer oder nur den Speicher des virtuellen Computers verschieben. In diesem Beispiel verschieben wir den virtuellen Computer.

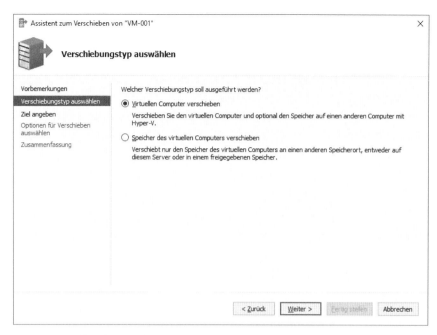

Abb. 5–2 Auswählen des Verschiebungstyps im Assistenten zum Verschieben einer VM

Auf der nächsten Seite tragen Sie das Ziel für den Verschiebevorgang ein. Das kann irgendein anderer Hyper-V-Host sein, auf dem Sie Administrationsberechtigungen haben. Abbildung 5–3 zeigt, wie Sie den Zielhost angeben.

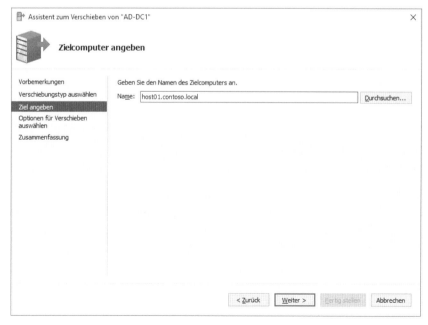

Abb. 5–3 Eintragen des Verschiebungsziels

Sie werden nun aufgefordert, weitere Optionen zum Migrationstyp auszuwählen. Die verfügbaren Optionen während einer VM-Migration sehen Sie in Abbildung 5–4:

- **Daten des virtuellen Computers in einen einzelnen Speicherort verschieben** Diese Option verschiebt alle VM-Dateien, darunter Datenträger, Snapshots und Konfigurationsinformationen, an einen einzelnen angegebenen Speicherort.
- **Daten des virtuellen Computers unter Angabe des Ziels für die zu verschiebenden Elemente verschieben** Diese Option stellt zusätzliche Einstellungen für das Verschieben des VM-Speichers bereit. Wir kommen in einem späteren Abschnitt darauf zurück.
- **Nur den virtuellen Computer verschieben** Diese Option verschiebt nur die Konfiguration der VM, aber nicht ihren Speicher. Der Speicher der VM muss für Quell- und Ziel-Hyper-V-Hosts freigegeben sein.

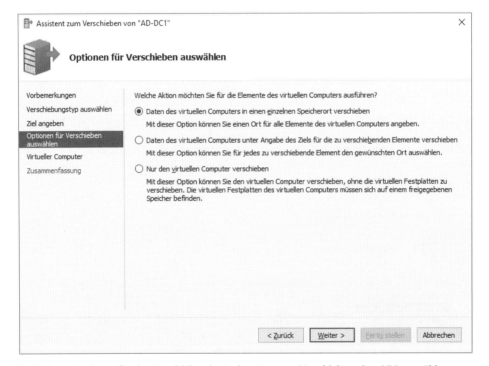

Abb. 5–4   Optionen für das Verschieben im Assistenten zum Verschieben einer VM auswählen

Wenn Sie nur den virtuellen Computer verschieben, werden keine weiteren Optionen angezeigt und Sie können den Assistenten direkt abschließen. Wollen Sie alle VM-Dateien an einen einzelnen Speicherort verschieben, erscheint eine weitere Assistentenseite, in der Sie auswählen, in welchem Zielverzeichnis die VM und ihre Dateien abgelegt werden. Abbildung 5–5 zeigt, wie Sie das Zielverzeichnis eintragen.

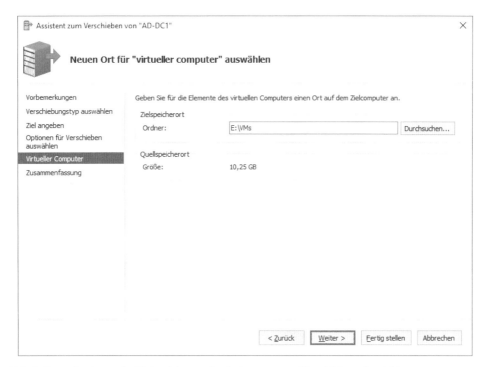

Abb. 5–5   Festlegen des Zielspeicherorts im Assistenten zum Verschieben einer VM

Sie können eine VM auch mithilfe der Windows PowerShell und des Cmdlets Move-VM verschieben. Zum Beispiel verschiebt der folgende Befehl eine VM namens VM1 auf einen Hyper-V-Server namens Host2:

```
Move-VM "VM1" Host2
```

Sie müssen außerdem ein Netzwerk konfigurieren, das vom Livemigrationsdienst benutzt wird. Das erledigen Sie mit dem Cmdlet Set-VMHost:

```
Set-VMHost -UseAnyNetworkForMigration $true
```

Livemigration zwischen völlig unterschiedlichen Hosts implementieren

Eine Migration zwischen »völlig unterschiedlichen Hosts« bedeutet einfach, dass Sie eine VM zwischen Hosts migrieren können, die nichts gemeinsam haben und nicht zu einem Failovercluster gehören. In der Standardeinstellung wird eine Migration, die Sie im Assistenten zum Verschieben einer VM einleiten, auch dann abgeschlossen, wenn die Hyper-V-Hosts sich nicht denselben Speicher teilen.

Ein wichtiger Faktor bei der Migration von VMs ist die Prozessorkompatibilität. Falls Sie eine VM zwischen Hyper-V-Hosts migrieren, die sich nicht dieselben Hardwarefeatures teilen, können Sie bestimmte VM-Features abschalten, um sicherzustellen, dass die Migration gelingt. Wenn Sie zum Beispiel eine VM von einem Hyper-V-Server mit Intel-CPU auf einen mit AMD-

CPU verschieben, sollten Sie die Prozessorkompatibilität aktivieren, bevor Sie die Migration abschließen. Diese Einstellungen nehmen Sie für jede VM individuell im Zweig *Prozessor* vor (Abbildung 5–6).

Abb. 5–6 Aktivieren der Prozessorkompatibilität

CredSSP- oder Kerberos-Authentifizierungsprotokoll für die Livemigration konfigurieren

Unter Windows Server 2016 kommuniziert der Hyper-V-Manager mithilfe des WS-MAN-Protokolls mit den Hosts. Daher ist es möglich, CredSSP(Credential Security Support Provider)-, Kerberos- oder HTML-Authentifizierung zu nutzen. CredSSP ist jetzt die Standardmethode für die Authentifizierung bei Livemigrationen, Sie brauchen dafür keine eingeschränkte Delegierung in Active Directory zu aktivieren. Abbildung 5–7 zeigt die erweiterten Features zum Konfigurieren von Livemigrationen, hier können Sie CredSSP auswählen.

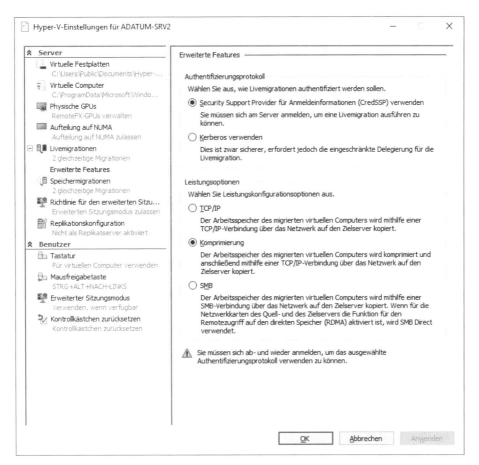

Abb. 5–7 Erweiterte Features für die Livemigration

Kerberos können Sie auch in der PowerShell mit dem Cmdlet `Set-VMHost` aktivieren:

```
Set-VMHost -VirtualMachineMigrationAuthenticationType Kerberos
```

Es gibt auf dieser Einstellungsseite noch weitere Optionen, mit denen Sie die Leistung einer Livemigration steigern können:

- **TCP/IP** Bei dieser Einstellung wird der Arbeitsspeicher der VM während der Migration mithilfe des verfügbaren Netzwerks über eine typische TCP/IP-Verbindung übertragen.
- **Komprimierung** Der Arbeitsspeicher der VM wird zuerst komprimiert und dann über eine TCP/IP-Verbindung an das Ziel gesendet.
- **SMB** Der Arbeitsspeicher der VM wird über eine SMB-Verbindung ins Ziel kopiert. Sofern sowohl die Quell- als auch die Zielnetzwerkkarten RDMA (Remote Direct Memory Access) beherrschen, wird SMB Direct für den Kopiervorgang genutzt.

Wenn Sie Kerberos als Authentifizierungsprotokoll einsetzen wollen, müssen Sie in Active Directory die eingeschränkte Delegierung für jeden Hyper-V-Host konfigurieren. Dazu ändern Sie die Eigenschaften des Computerobjekts für den Host in Active Directory. Fügen Sie bei jedem Host in der Umgebung zwei Dienste hinzu, die sich auf andere Hyper-V-Hosts in der Umgebung beziehen: *cifs* und *Microsoft Migrationsdienst für das virtuelle System*.

Nehmen wir an, Sie haben vier Hyper-V-Hosts namens Host1 bis Host4. Die Delegierungseinstellungen auf Host1 müssen dann jeden Dienst für Host2, Host3 und Host4 enthalten. Abbildung 5–8 zeigt, wie Sie die beiden Dienste zu einem Computerobjekt hinzufügen.

Abb. 5–8   Bearbeiten der Delegierungseigenschaften

Speichermigration implementieren

Um eine Migration durchzuführen, brauchen Sie lediglich im Hyper-V-Manager mit der rechten Maustaste auf eine VM zu klicken und *Verschieben* zu wählen. Daraufhin startet der Assistent zum Verschieben einer VM und führt Sie durch die Auswahl der verfügbaren Optionen, um die VM oder nur ihren Speicher zu verschieben. Abbildung 5–9 zeigt die zweite Seite im Assistenten zum Verschieben einer VM.

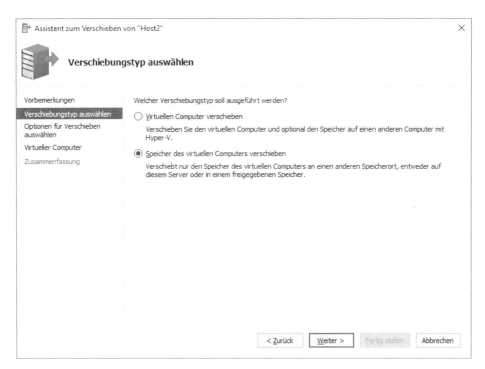

Abb. 5–9   Auswählen des Verschiebungstyps im Assistenten zum Verschieben einer VM

Wenn Sie den Speicher eines virtuellen Computers verschieben, bietet Ihnen der Assistent drei Optionen an (Abbildung 5–10):

- **Alle Daten des virtuellen Computers an einen einzelnen Ort verschieben**   Diese Option verschiebt alle VM-Daten, unabhängig von ihrem aktuellen Speicherort, in ein einziges Ziel.
- **Daten des virtuellen Computers in andere Speicherorte verschieben**   Bei dieser Option können Sie zuerst auswählen, welche Elemente Sie verschieben wollen, und dann das Ziel für jedes Element festlegen. Elemente, die verschoben werden können, sind zum Beispiel VHD-Dateien, Konfigurationsdateien, Prüfpunkte und Smart Paging-Dateien.
- **Nur die virtuellen Festplatten des virtuellen Computers verschieben**   Verschiebt nur die VHDs, die für die VM benutzt werden.

Abb. 5–10 Optionen zum Verschieben von VM-Speicher

Je nachdem, welche Option Sie ausgewählt haben, fordert der Assistent weitere Informationen an. Wenn Sie beispielsweise die Daten des virtuellen Computers in andere Speicherorte verschieben, werden weitere Assistentenseiten für jedes verschobene Element eingeblendet. Abbildung 5–5 zeigt die Seite, in der Sie das Ziel für die VM angeben.

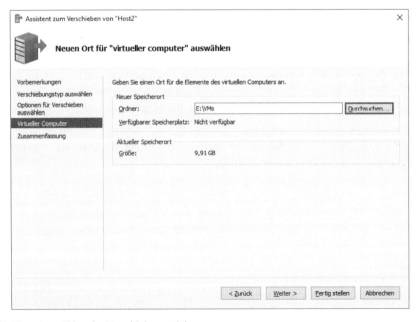

Abb. 5–11 Auswählen des Verschiebungsziels

Sie können auch das Cmdlet Move-VM verwenden, um den Speicher einer VM zu verschieben. Zum Beispiel verschiebt der folgende Befehl eine VM namens VM1 auf Host02 im Verzeichnis *E:\VMs*:

```
Move-VM "VM1" Host02 -IncludeStorage -DestinationStoragePath E:\VMs
```

Prüfungsziel 5.2: Failovercluster implementieren

In diesem Abschnitt stellen wir verschiedene Fähigkeiten vor, die Sie beherrschen oder zumindest kennen müssen, wenn Sie einen Failovercluster erstellen. Dazu gehören das Auswählen eines geeigneten Typs für den implementierten Cluster sowie Clusterdetails wie Quorum, Netzwerk oder Speicher. Außerdem stellen wir Clusterverwaltungsfunktionen vor, zum Beispiel clusterfähiges Aktualisieren und das parallele Cluster-Betriebssystemupgrade. Schließlich sehen wir uns an, mit welchen Features Sie Failovercluster optimieren können, zum Beispiel CSVs, Speicherreplikation und virtualisierte Cluster.

> **Dieser Abschnitt deckt folgende Prüfungsziele ab:**
> - Arbeitsgruppen-, Einzeldomänen- und Mehrdomänencluster implementieren
> - Quorum konfigurieren und Cloudzeuge implementieren
> - Clusternetzwerke konfigurieren
> - Konfiguration einzelner Knoten oder des Clusters wiederherstellen
> - Clusterspeicher konfigurieren
> - Clusterfähiges Aktualisieren implementieren
> - Paralleles Cluster-Betriebssystemupgrade implementieren
> - Freigegebene Clustervolumes konfigurieren und optimieren
> - Cluster ohne Netzwerknamen konfigurieren
> - Dateiserver mit horizontaler Skalierung implementieren
> - Szenarien für den Einsatz von SoFS und Clusterdateiservern erkennen
> - Nutzungsszenarien für die Implementierung von Gastclustern beschreiben
> - Eine Clusterspeicherplatzlösung mit Shared-SAS-Speichergehäusen implementieren
> - Speicherreplikation implementieren
> - VM-Resilienz implementieren
> - Eine freigegebene VHDX als Speicherlösung für Gastcluster implementieren

Arbeitsgruppen-, Einzeldomänen- und Mehrdomänencluster implementieren

In älteren Windows Server-Versionen mussten die Knoten eines Clusters in derselben Domäne liegen. Dagegen dürfen sich Clusterknoten in Windows Server 2016 auf unterschiedliche Domänen verteilen und sogar Mitglieder einer Arbeitsgruppe sein. Die herkömmliche Methode, bei der alle Clusterknoten zur selben Domäne gehören, wird als Einzeldomänencluster (engl. single-domain cluster) bezeichnet. In diesem Abschnitt konzentrieren wir uns aber auf Arbeitsgruppen- und Mehrdomänencluster.

Es müssen einige Anforderungen erfüllt sein, damit Sie Arbeitsgruppen- oder Mehrdomänencluster implementieren können:

- Auf allen Knoten muss ein lokales Benutzerkonto vorhanden sein.
- Dieses Benutzerkonto muss auf allen Knoten denselben Namen und dasselbe Kennwort haben.
- Das Benutzerkonto muss Mitglied der lokalen Gruppe *Administratoren* sein.
- Der Registrierungsschlüssel *LocalAccountTokenFilterPolicy* im Zweig *HKLM\SOFTWARE\Microsoft\Windows\CurrentVersion\Policies\System* muss vorhanden und auf den Wert 1 gesetzt sein.
- Wenn der Cluster erstellt wird, muss er als von Active Directory getrennter Cluster konfiguriert werden.
- Der Zugriffspunkt für die Clusterverwaltung muss auf DNS gesetzt sein.

Der erste Schritt beim Erstellen eines Failoverclusters (egal welchen Typs) besteht darin, das Feature *Failoverclustering* zu installieren. Das können Sie im Server-Manager mit dem Assistenten zum Hinzufügen von Rollen und Features oder mit dem Cmdlet `Install-WindowsFeature` erledigen.

Abb. 5–12   Hinzufügen eines Servers zu einem Cluster

Sobald das Feature *Failoverclustering* installiert ist, können Sie in der PowerShell oder mit dem Failovercluster-Manager einen Cluster erstellen. Zuerst wählen Sie dabei die Server aus, die zum Cluster gehören sollen. Der Failovercluster-Manager stellt sicher, dass auf dem Server das Feature *Failoverclustering* installiert ist und prüft die Einstellungen des jeweiligen Servers. Abbildung 5–12 zeigt, wie Sie einen neuen Server hinzufügen.

Der nächste Schritt, das Durchführen einer Überprüfung, ist optional. Die Überprüfung stellt sicher, dass die Server, die Sie in Ihren Failovercluster aufnehmen, alle Anforderungen erfüllen. Sofern Sie *Ja* wählen, wird aus dem Clustererstellungs-Assistenten heraus ein separater Assistent gestartet, und Sie müssen warten, bis er seine Arbeit abgeschlossen hat. Abbildung 5–13 zeigt die Seite, auf der Sie die Prüfung starten oder überspringen können.

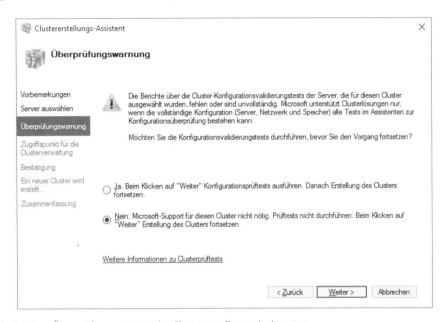

Abb. 5–13   Überprüfungswarnung im Clustererstellungs-Assistenten

Geben Sie auf der nächsten Seite einen Namen für den Cluster ein, die Länge ist auf 15 Zeichen beschränkt. Unter diesem Namen verwalten Sie den Cluster (Abbildung 5–14).

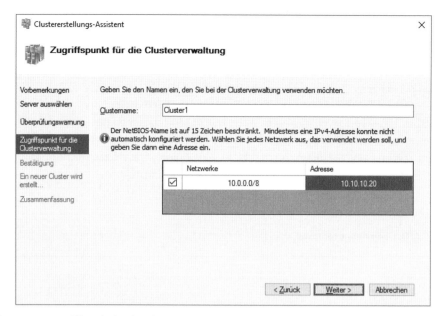

Abb. 5–14 Zugriffspunkt für die Clusteradministration festlegen

Schließlich fasst die Seite *Bestätigung* die Einstellungen für den Cluster zusammen. Wenn unter *Clusterregistrierung* nur *DNS* eingetragen ist, bedeutet das, dass der Cluster kein Mitglied einer Active Directory-Domäne, sondern ein Arbeitsgruppencluster ist.

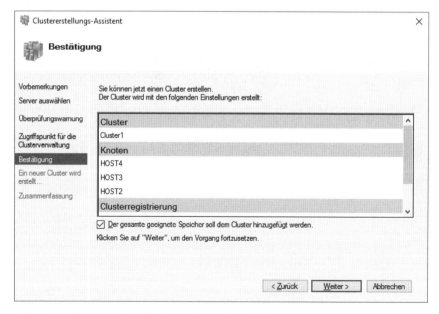

Abb. 5–15 Bestätigungsseite im Clustererstellungs-Assistenten

Quorum konfigurieren und Cloudzeuge implementieren

Die neueste Empfehlung von Microsoft besagt, immer einen Quorumzeugen zu konfigurieren, unabhängig davon, wie viele Knoten der Cluster umfasst. Wird das dynamische Quorum genutzt, verwaltet der Cluster automatisch die Stimme, die das Quorum entscheidet. Es stehen drei Quorumstypen zur Auswahl, wenn Sie einen Failovercluster konfigurieren:

- **Datenträgerzeuge** Diese Option wurde früher als Knoten- und Datenträgermehrheit bezeichnet. Der Datenträgerzeuge überwacht ein Speichervolume, um das Quorum zu entscheiden.
- **Dateifreigabenzeuge** Wurde früher als Knoten- und Dateifreigabemehrheit bezeichnet. Der Dateifreigabenzeuge überwacht einen UNC-Pfad für eine Dateifreigabe, um das Quorum zu entscheiden. Die Dateifreigabe darf nicht vom Cluster benutzt werden.
- **Cloudzeuge** Eine neue Option in Windows Server 2016. Der Cloudzeuge verwendet Azure-Blob-Speicher, um das Quorum zu entscheiden. Dieser Abschnitt konzentriert sich auf den Einsatz eines solchen Cloudzeugen.

Bei einem Cloudzeugen wird eine Blobdatei im Blobspeicher angelegt. Die Kosten für die Nutzung eines Cloudzeugen sind sehr gering, weil die Blobdatei nur dann aktualisiert wird, wenn sich der Zustand des Clusters ändert. Abbildung 5–16 zeigt den Aufbau eines üblichen Failoverclusters mit mehreren Standorten, der einen Cloudzeugen nutzt.

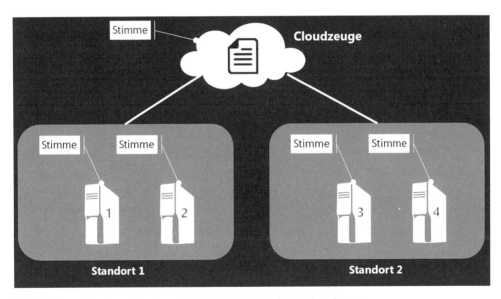

Abb. 5–16 Cloudzeuge in einem Failovercluster mit mehreren Standorten

Es erfordert vier allgemeine Schritte, einen Cloudzeugen für das Quorum einzurichten:

1. **Erstellen Sie ein Azure-Speicherkonto mit lokal redundanter Replikation.** Es ist wichtig, lokal redundant auszuwählen, um Konsistenz für die Clusterverwaltung zu gewährleisten.

2. **Kopieren Sie die Speicherzugriffsschlüssel für das Speicherkonto.** In der Standardeinstellung generiert jedes Speicherkonto zwei Zugriffsschlüssel, die den Zugriff auf das Speicherkonto freischalten. Der Schlüssel ist erforderlich, um die Verbindung zwischen dem lokalen Cluster und Azure aufzubauen.

3. **Kopieren Sie die Blob-URL.** Es sind drei URLs mit dem Speicherkonto verknüpft: Blobs, Tabellen und Warteschlangen. Ein Cloudzeuge greift auf Blobspeicher zurück, daher wird die Verbindung zu dieser URL hergestellt. Beachten Sie, dass sich die URL abhängig vom Land oder der Region ändern kann. Dokumentieren Sie deshalb unbedingt die URL für jedes Speicherkonto, das Sie anlegen.

4. **Schließen Sie die Quorumskonfiguration im Cluster mit dem Assistenten oder der PowerShell ab.** Der Assistent zum Konfigurieren des Clusterquorums führt Sie durch die Schritte zum Erstellen eines Cloudzeugen. Sie können das Clusterquorum auch mit dem Cmdlet Set-ClusterQuorum konfigurieren.

Sie starten den Assistenten zum Konfigurieren des Clusterquorums im Menü *Weitere Aktionen* des Failovercluster-Managers. Wählen Sie im Assistenten die Option *Quorumzeugen auswählen*, um einen Quorumzeugen einzurichten (Abbildung 5–17).

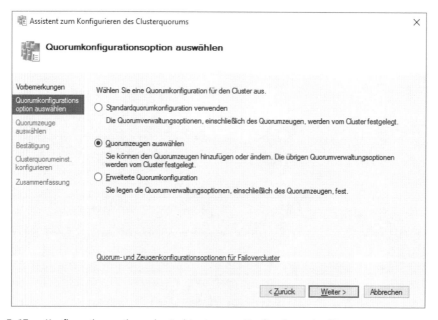

Abb. 5–17 Konfigurationsoptionen im Assistenten zum Konfigurieren des Clusterquorums

Auf der nächsten Seite legen Sie fest, welcher Quorumzeugentyp konfiguriert wird (Abbildung 5–18). Wählen Sie hier die Option *Cloudzeugen konfigurieren*.

Abb. 5–18 Auswählen des Quorumzeugen

Der Assistent fordert Sie auf, den Namen des Speicherkontos, in dem der Blobcontainer erstellt wurde, einen der Zugriffsschlüssel für das Speicherkonto und die Endpunkt-URL für den Container einzugeben. Abbildung 5–19 zeigt die entsprechende Seite des Assistenten.

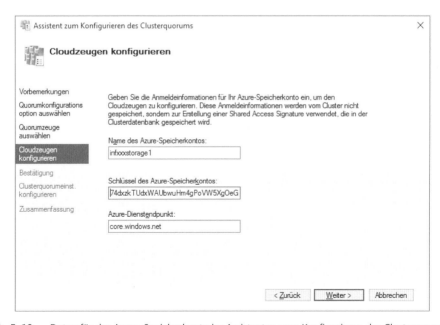

Abb. 5–19 Daten für das Azure-Speicherkonto im Assistenten zum Konfigurieren des Clusterquorums

Alle erforderlichen Konfigurationsdaten finden Sie im Azure-Portal, wo das Speicherkonto konfiguriert wurde. Abbildung 5–20 zeigt einen Ausschnitt aus dem Azure-Portal, der den Namen des Speicherkontos und den Zugriffsschlüssel für den Container enthält. Der Dienstendpunkt auf der Assistentenseite wird automatisch eingetragen, Sie brauchen ihn nicht zu verändern.

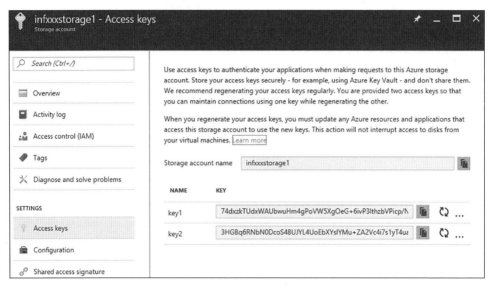

Abb. 5–20 Angaben zu einem Speicherkonto im Azure-Portal

Im obigen Beispiel trägt das Speicherkonto den Namen infxxxstorage1. Der Zugriffsschlüssel ist die Zeichenfolge, die mit den Ziffern 74 beginnt. Um den Quorumzeugen in der PowerShell zu konfigurieren, brauchen Sie das Cmdlet Set-ClusterQuorum. Der folgende Befehl verwendet ebenfalls die gezeigten Zugriffsdaten:

```
Set-ClusterQuorum -CloudWitness -AccountName infxxxstorage1 -AccessKey
    74dxzkTUdxWAUbwuHm4gPoVW5XgOeG+6ivP3lthzbVPicp/NEK6ivjGdA1JOoVcUuNRfLtaeYQ6WHZSwzq3/9Q==
```

Abbildung 5–21 zeigt, wie der Befehl erfolgreich ausgeführt wurde.

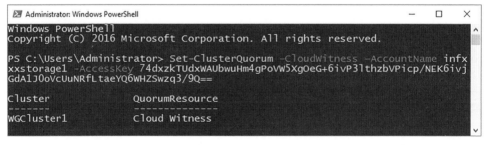

Abb. 5–21 Ausführen des Cmdlets Set-ClusterQuorum

Clusternetzwerke konfigurieren

Wenn Sie den Cluster konfiguriert und die Knoten hinzugefügt haben, erkennt der Failovercluster-Manager automatisch, welche Netzwerke auf den Knoten verfügbar sind. Abbildung 5–22 zeigt die Standardkonfiguration nach dem Hinzufügen von drei Hosts zum Cluster, wobei alle Hosts Zugriff auf dasselbe Netzwerk haben.

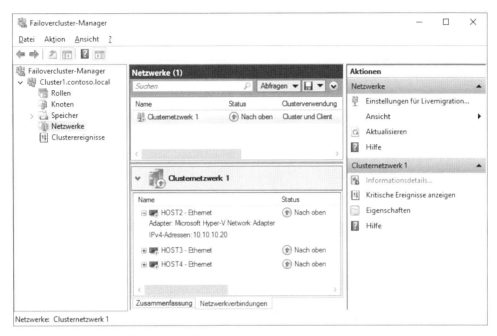

Abb. 5–22   Verwalten der Netzwerke im Failovercluster-Manager

Sie können jedes Netzwerk so konfigurieren, dass es Clusternetzwerkkommunikation entweder zulässt oder verbietet. Diese Kommunikation betrifft Clusteroperationen, Clientverkehr zählt nicht dazu. Sollen Clientverbindungen erlaubt sein, muss das explizit für das Netzwerk zugelassen sein. Abbildung 5–23 zeigt die Eigenschaften eines Clusternetzwerks, bei dem beide Kommunikationstypen erlaubt sind.

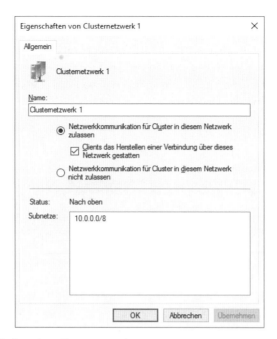

Abb. 5–23   Eigenschaften eines Clusternetzwerks

Konfiguration einzelner Knoten oder des Clusters wiederherstellen

Eine Wiederherstellung für einen einzelnen Knoten in einem Cluster oder für die gesamte Clusterkonfiguration unterscheidet sich nicht vom Durchführen einer Datensicherung und -wiederherstellung für jeden anderen Dienst oder jede Komponente auf einem Windows Server. Es ist unwahrscheinlich, dass in der Prüfung Fragen zur Kombination aus Failovercluster und Windows Server-Sicherung auftauchen; auf jeden Fall sollten Sie aber die Standardsicherungsoptionen in Windows Server 2016 kennen.

Clusterspeicher konfigurieren und eine Clusterspeicherplatzlösung mit Shared-SAS-Speichergehäusen implementieren

Es stehen drei unterschiedliche Speichertypen zur Auswahl, die Sie für Failovercluster konfigurieren können:

- **Datenträger**   Datenträger, die für mehrere Knoten freigegeben sind, können zu einem freigegebenen Clustervolume hinzugefügt oder einer bestimmten Failoverclusterrolle zugewiesen werden.
- **Pools**   Dies sind Gruppen aus Datenträgern, die logisch kombiniert werden und ein einziges Volume bilden. Clusterpools greifen auf die Technologie der Speicherplätze (storage spaces) zurück, um auf der Gruppe physischer Datenträger in den Knoten einen virtuellen Datenträger aufzubauen.

- **Gehäuse** Direkt angeschlossene Datenträgergehäuse, die mehrere Hardwaredatenträger enthalten.

Sie sollten die Konfiguration des Clusters überprüfen, bevor Sie versuchen, Speicher zu konfigurieren. So ist sichergestellt, dass der Cluster richtig konfiguriert ist und auf allen Knoten Clusterspeicher unterstützt wird. Als Beispiel erstellen wir einen Speicherpool für den Cluster. Wählen Sie im Failovercluster-Manager den Eintrag *Pools* aus und klicken Sie auf *Neuer Speicherpool*. Abbildung 5–24 zeigt den Assistenten für neue Speicherpools.

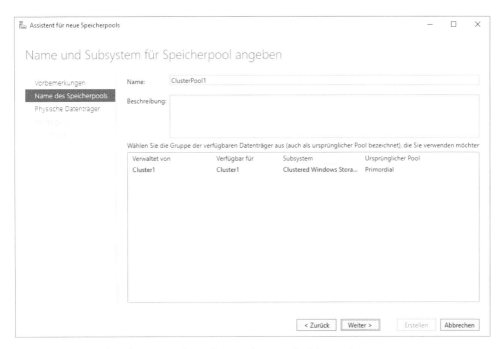

Abb. 5–24   Eingeben des Namens im Assistenten für neue Speicherpools

Anschließend werden Sie aufgefordert, die Datenträger auszuwählen, die für den Speicherpool verwendet werden. Sie brauchen mindestens drei Datenträger, um einen Speicherpool für den Einsatz mit einem Failovercluster anzulegen. Abbildung 5–25 zeigt die verfügbaren Datenträger für den Speicherpool.

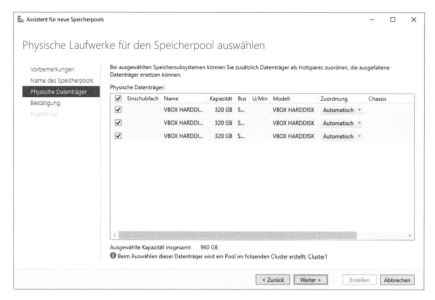

Abb. 5–25   Auswählen der physischen Datenträger im Assistenten für neue Speicherpools

Clusterfähiges Aktualisieren implementieren

Clusterfähiges Aktualisieren (Cluster-Aware Updating, CAU) wurde in Windows Server 2012 eingeführt, um Aufwand und Komplexität von Softwareupdates auf Clusterknoten zu verringern. CAU hat sich in Windows Server 2016 nicht wesentlich verändert. Damit Sie CAU nutzen können, muss der Cluster zu einer Active Directory-Domäne gehören. In Arbeitsgruppenclustern steht CAU nicht zur Verfügung.

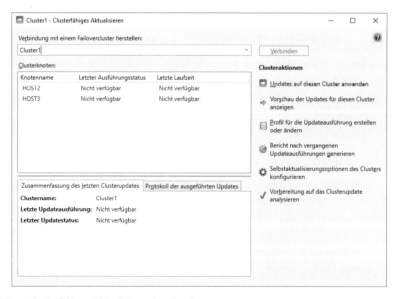

Abb. 5–26   Clusterfähiges Aktualisieren konfigurieren

Beim Ausführen von Windows Update muss ein System gelegentlich neu gestartet werden, nachdem das Update eingespielt wurde. CAU hilft dabei, den Prozess zum Durchführen der Updates für alle Knoten eines Clusters zu automatisieren. Abbildung 5–26 zeigt das CAU-Tool für einen Cluster namens Cluster1. Keiner der Knoten in diesem Cluster wurde aktualisiert.

Sie können Updates nicht ausführen, ohne die CAU-Selbstaktualisierungsrolle zu aktivieren. Diese Rolle aktivieren Sie, indem Sie aus der CAU-Übersichtsseite heraus die Selbstaktualisierungsoptionen konfigurieren. Abbildung 5–27 zeigt die Seite im Assistenten zum Konfigurieren der Selbstaktualisierungsoptionen, auf der Sie die CAU-Clusterrolle aktivieren.

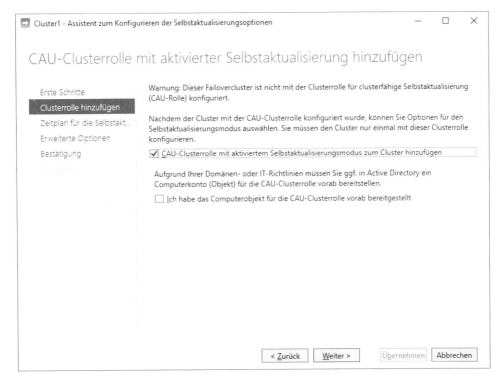

Abb. 5–27   Aktivieren der CAU-Clusterrolle

Wenn Sie das Kontrollkästchen für die Rolle aktiviert haben, können Sie den Zeitplan festlegen, nach dem der Selbstaktualisierungsprozess ausgeführt wird. Auf der nächsten Seite haben Sie Gelegenheit, erweiterte Optionen für den Cluster zu konfigurieren. Unter diesen erweiterten Optionen finden Sie Einstellungen für Zeitlimits, Wiederholungsversuche und Skripts, die vor und nach dem Updatevorgang ausgeführt werden müssen. Abbildung 5–28 zeigt einen Ausschnitt aus den erweiterten Optionen.

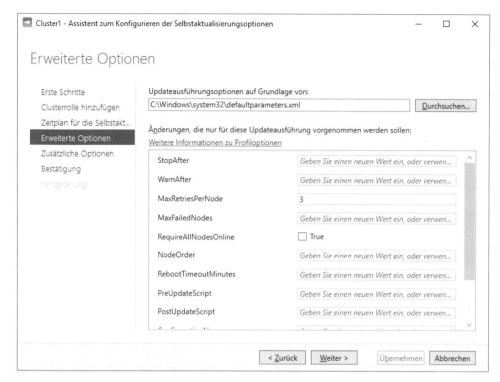

Abb. 5–28 Erweiterte Einstellungen innerhalb der Selbstaktualisierungsoptionen

In der Standardeinstellung legt das CAU-Tool fest, dass nur wichtige Updates installiert werden. Eine zusätzliche Option legt fest, ob auch empfohlene Updates im Cluster eingespielt werden. Sobald Sie die Selbstaktualisierungsoptionen festgelegt haben, kann der Cluster mithilfe von CAU aktualisiert werden.

Paralleles Cluster-Betriebssystemupgrade implementieren

Das parallele Cluster-Betriebssystemupgrade (engl. cluster operating system rolling upgrade) ist ein neues Feature von Failoverclustern in Windows Server 2016. Sofern ein Windows Server 2012 R2-Failovercluster die Rollen Hyper-V oder Dateiserver mit horizontaler Skalierung ausführt, können Sie Windows Server 2016-Knoten hinzufügen, ohne den Failovercluster offline nehmen zu müssen.

Sie müssen die Schritte zum Betriebssystemupgrade auf jedem Knoten im Cluster in der richtigen Reihenfolge abarbeiten. So stellen Sie sicher, dass der Cluster keine Ausfallzeit benötigt, um das Upgrade abzuschließen. Gehen Sie folgendermaßen vor, um das Upgrade durchzuführen:

1. Halten Sie den Knoten an und leiten Sie bei Bedarf einen Ausgleich für die virtuellen Computer ein.
2. Stellen Sie sicher, dass alle virtuellen Computer auf andere Knoten im Cluster migriert wurden.

3. Halten Sie den Knoten im Cluster an und entfernen Sie ihn aus dem Cluster.
4. Installieren Sie Windows Server 2016 auf dem Knoten und fügen Sie ihn wieder zum Cluster hinzu.
5. Wiederholen Sie die Schritte 1 bis 4 für jeden Knoten im Cluster.
6. Führen Sie das Cmdlet `Update-ClusterFunctionalLevel` aus, nachdem alle Knoten aktualisiert wurden.

Bis zu dem Punkt, an dem Sie das Cmdlet `Update-ClusterFunctionalLevel` starten, können Sie den Prozess abbrechen oder rückgängig machen. Sie können auch Windows Server 2012 R2-Hosts hinzufügen, bevor die Funktionsebene hochgestuft wurde. Das Cmdlet `Get-Cluster` ermittelt die aktuelle Funktionsebene:

```
Get-Cluster | Select ClusterFunctionalLevel
```

Sofern *ClusterFunctionalLevel* den Wert 8 hat, arbeitet der Cluster auf der Ebene *Windows Server 2012 R2*. Ist der Wert 9, hat der Cluster die Ebene *Windows Server 2016*. Außerdem wird empfohlen, dass Sie das clusterfähige Aktualisieren deaktivieren, bevor Sie versuchen, ein paralleles Cluster-Betriebssystemupgrade auszuführen. Obwohl die Bezeichnung dieser Funktion ein Upgrade des Betriebssystems nahelegt, wird empfohlen, das Betriebssystem neu zu installieren. Bei Clusterknoten wird von einem direkten Upgrade abgeraten.

Freigegebene Clustervolumes konfigurieren und optimieren

Freigegebene Clustervolumes (Clustered Shared Volumes, CSVs) wurden in Windows Server 2008 R2 eingeführt und haben sich seitdem zu einem viel genutzten Feature von Failoverclustern entwickelt. CSVs können Cluster-VHDs für Hyper-V-VMs oder Dateifreigaben der Rolle *Dateiserver mit horizontaler Skalierung* (Scale-Out File Server, SoFS) sein. Für VMs können Sie NTFS und ReFS (Resilient File System) verwenden, für SoFS wird ReFS allerdings nicht unterstützt.

CSVs können aus einem Cluster-verfügbaren Datenträger in den Knoten des Clusters erstellt werden. Sie können dazu entweder den Assistenten im Failovercluster-Manager oder die Windows PowerShell nutzen. Das Cmdlet `Get-ClusterAvailableDisk` liefert eine Liste aller Datenträger, die in einem Cluster benutzt werden können. Und mit dem Cmdlet `Add-ClusterDisk` fügen Sie einen Datenträger hinzu. Sie können diese beiden Cmdlets in einem einzigen Befehl kombinieren:

```
Get-ClusterAvailableDisk | Add-ClusterDisk
```

Sobald Sie die verfügbaren Datenträger hinzugefügt haben, können Sie mit dem Cmdlet `Add-ClusterSharedVolume` ein CSV erstellen:

```
Add-ClusterSharedVolume -Name "CSV1"
```

Cluster ohne Netzwerknamen konfigurieren

Ein Failovercluster ohne Netzwerkname ist einfach ein von Active Directory getrennter Cluster (engl. Active Directory-detached cluster). Das ist allerdings etwas anderes als ein Arbeitsgruppencluster, dessen Knoten nicht Mitglieder einer Domäne sind. Bei einem von Active Directory getrennten Cluster müssen die einzelnen Knoten zu einer Domäne gehören. Wie bei einem Arbeitsgruppencluster ist der administrative Zugriffspunkt DNS. Ohne Active Directory verwendet der Failovercluster NTLM als Authentifizierungsmethode, nicht Kerberos.

Sie können einen von Active Directory getrennten Cluster mit dem Cmdlet New-Cluster erstellen, aber nicht mit dem Failovercluster-Manager. Ein Beispiel:

```
New-Cluster Cluster1 -Node Server1,Server2 -StaticAddress 10.0.0.10 -NoStorage
    -AdministrativeAccessPoint Dns
```

Dateiserver mit horizontaler Skalierung implementieren

Der Dateiserver mit horizontaler Skalierung (Scale-Out File Server, SoFS) gehört zur Dateiserverrolle, auch wenn er mit einem Failovercluster eingesetzt wird. SoFS setzt voraus, dass CSVs für den Speicher konfiguriert wurden. SoFS ist nützlich für Hochleistungsanwendungen, die Zugriff auf Daten eines beliebigen Knotens brauchen. Abbildung 5–29 zeigt, wie Sie die SoFS-Rolle zu einem Failovercluster hinzufügen.

Abb. 5–29 Konfigurieren eines Dateiservers mit horizontaler Skalierung im Assistenten für hohe Verfügbarkeit

Szenarien für den Einsatz von SoFS und Clusterdateiservern erkennen

SoFS wurde nicht für den Einsatz in einer universellen Dateifreigabeumgebung entwickelt. Er soll vielmehr Anwendungen unterstützen, die Dateien lange Zeit geöffnet halten und zusätzliche Ressourcen benötigen, um diese Dateien zu verarbeiten und zu ändern. SoFS verteilt die Clientverbindungen auf alle Knoten im Cluster, um die Leistung zu steigern. Dies kann die Komplexität und Fehleranfälligkeit für allgemeine Dateifreigaben erhöhen. Außerdem verwendet SoFS ausschließlich CSVs als Speicher, er kann keine einzelnen Datenträger nutzen. SoFS ist nicht kompatibel zu anderen Dateifreigabetechnologien wie Deduplizierung, DFS und BranchCache.

Nutzungsszenarien für die Implementierung von Gastclustern beschreiben

Dank Fortschritten im Bereich der Pass-Through-Technologien von Hyper-V sind Gastcluster in Windows Server 2016 nicht mehr so komplex. Ein Gastcluster (engl. guest cluster) ist ein Failovercluster, der nicht aus Hardwarehosts, sondern aus VMs erstellt wird. Weil Hyper-V Verbindungen zu virtuellen SANs zur Verfügung stellt, können Clusterspeicher und -netzwerk bei VMs genauso konfiguriert werden wie bei Hardwarehosts.

Speicherreplikation implementieren

Wie in Kapitel 2 beschrieben, können Speicherreplikate für Replikation auf Blockebene zwischen Servern oder Clustern eingesetzt werden, was eine Notfallwiederherstellung ermöglicht. Sie können die Speicherreplikation auch nutzen, um einen Failovercluster über mehrere Standorte zu verteilen. Mithilfe synchroner Replikation können Sie absturzkonsistente Volumes einrichten. Dagegen ermöglicht asynchrone Replikation die Nutzung langer oder langsamer Verbindungen.

Im Bereich von Failoverclustern können Sie die Speicherreplikation verwenden, um Daten von einem Cluster in einen anderen zu replizieren oder einen Cluster zu erstellen, der sich über mehrere Standorte erstreckt. Mit Cluster-zu-Cluster-Replikation gewähren Sie der Speicherreplikation Zugriff auf den Clusternamen statt auf einzelne Knoten. Ein Beispiel:

```
Grant-SRAccess -ComputerName SR-SRV01 -Cluster SR-SRVCLUSB
```

Abbildung 5–30 zeigt die Cluster-zu-Cluster-Speicherreplikation.

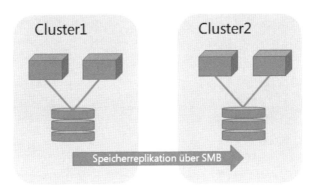

Abb. 5–30 Cluster-zu-Cluster-Speicherreplikation

> **WEITERE INFORMATIONEN**
>
> Details und Anleitungen zum Einrichten der Cluster-zu-Cluster-Speicherreplikation finden Sie unter:
>
> *https://technet.microsoft.com/de-de/windows-server-docs/storage/storage-replica/cluster-to-cluster-storage-replication*

Sie können die Speicherreplikation auch in einem Stretched-Cluster einsetzen. Ein Stretched-Cluster ist ein einzelner Failovercluster, der mehrere Standorte überspannt. Wird die Speicherreplikation genutzt, verwenden die Standorte aber jeweils andere Hardwarespeicher. Die Speicherreplikation stellt sicher, dass die Daten zwischen den Standorten gespiegelt werden.

> **WEITERE INFORMATIONEN**
>
> Details und Anleitungen zum Einsatz eines Stretched-Clusters mit Speicherreplikation finden Sie unter:
>
> *https://technet.microsoft.com/de-de/windows-server-docs/storage/storage-replica/stretch-cluster-replication-using-shared-storage*

Abbildung 5–31 zeigt einen Stretched-Cluster, für den Speicherreplikation genutzt wird.

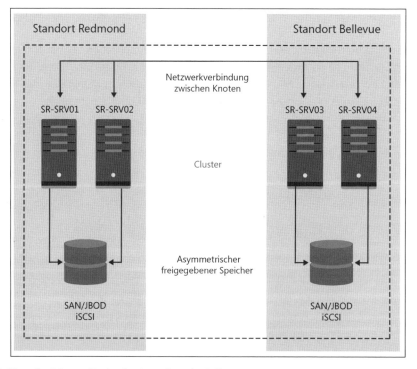

Abb. 5–31 Speicherreplikation in einem Stretched-Cluster

VM-Resilienz implementieren

Windows Server 2016 verbessert die Resilienz für Hyper-V-Failovercluster. Im Bereich der Resilienz gibt es zwei wesentliche Verbesserungen:

- **Compute-Resilienz** Es stehen neue Optionen zur Verfügung, die Sie bei Hyper-V-VMs konfigurieren können, um die clusterinterne Kommunikation zu verringern.
- **Speicherresilienz** VMs bieten höhere Resilienz für vorübergehende Speicherausfälle.

Neue Optionen für die Compute-Resilienz sind zum Beispiel:

- **Resilienzebene** Legt fest, wie Ausfälle verarbeitet werden.
- **Resilienzzeitraum** Gibt an, wie lange VMs weiterlaufen, wenn sie isoliert sind.

Sie können auch eine Quarantäne für Knoten konfigurieren, die als fehlerhaft eingestuft werden. Diese Knoten können einem Cluster nicht beitreten, und solche Knoten können keine anderen Knoten im Cluster behindern.

Sollte bei einer VM der zugrundeliegende Speicher ausfallen, wird die VM angehalten. Im angehaltenen Zustand behält die VM den Anwendungskontext für etwaig vorhandene E/A bei. Sofern sich der Speicher erholt und der VM wieder zur Verfügung gestellt wird, setzt die VM ihre Ausführung fort.

> **WEITERE INFORMATIONEN**
>
> Weitere Informationen zur VM-Resilienz in Kombination mit Failoverclustern finden Sie unter:
>
> https://blogs.msdn.microsoft.com/clustering/2015/06/03/virtual-machine-compute-resiliency-in-windows-server-2016

Eine freigegebene VHDX als Speicherlösung für Gastcluster implementieren

Eine andere Methode zum Konfigurieren des Speichers für virtualisierte Cluster ist der Einsatz von VHDX-Freigaben. Windows Server 2012 R2 führte die Fähigkeit ein, einen virtuellen Datenträger freizugeben. Abbildung 5–32 zeigt, wie Sie in den Einstellungen einer VM ein freigegebenes Laufwerk erstellen.

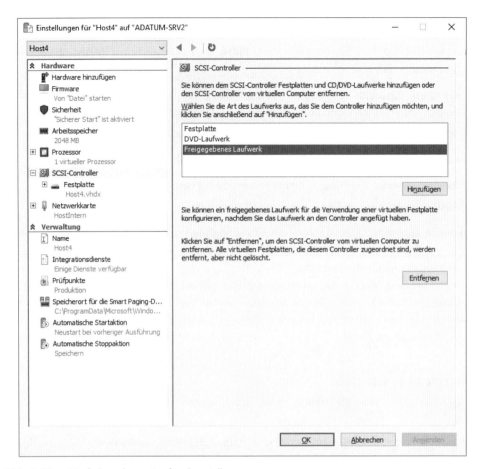

Abb. 5-32 Ein freigegebenes Laufwerk erstellen

In Windows Server 2012 war die Freigabe eine erweiterte Option für eine VHDX-Datei. In Windows Server 2016 benutzt ein freigegebenes Laufwerk das Dateiformat VHDS und kann von mehreren virtuellen Computern parallel verwendet werden. Die VHDS-Datei kann nur mit fester Größe oder dynamisch erweiterbar erstellt werden, eine differenzierende Festplatte ist nicht möglich. Abbildung 5–33 zeigt das Erstellen eines VHD-Satzes im Assistenten für neue virtuelle Festplatten.

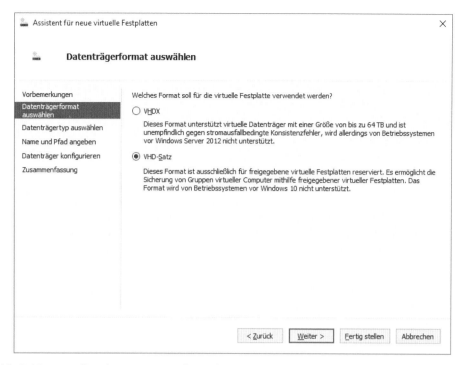

Abb. 5–33 Erstellen eines VHD-Satzes für ein freigegebenes Laufwerk

Den freigegebenen Speicher können Sie zu mehreren virtuellen Computern hinzufügen. Auf diese Weise können Sie einen virtualisierten Cluster erstellen, ohne ihm zugrunde liegenden Speicher direkt zugänglich zu machen.

Prüfungsziel 5.3: Direkte Speicherplätze implementieren

Dieser Abschnitt deckt folgende Prüfungsziele ab:

- Anforderungen für die Implementierung von direkten Speicherplätzen in verschiedenen Szenarien beschreiben
- Direkte Speicherplätze mit der Windows PowerShell aktivieren
- Ein verteiltes Szenario mit direkten Speicherplätzen in einem Cluster implementieren
- Ein hyperkonvergentes Szenario mit direkten Speicherplätzen in einem Cluster implementieren

Anforderungen für die Implementierung von direkten Speicherplätzen in verschiedenen Szenarien beschreiben

Das Feature »direkte Speicherplätze« (Storage Spaces Direct) baut auf der bewährten Technologie der »Speicherplätze« (Storage Spaces) auf. Dabei wird lokaler Speicher genutzt, um Hochverfügbarkeit und Skalierbarkeit zu gewährleisten. Direkte Speicherplätze erfordern keine freigegebene SAS- oder Fibre-Channel-Umgebung. Die Netzwerkverbindungen zwischen den Servern arbeiten mit SMB 3.0 und SMB Direct (Remote Direct Memory Access), um den Speicher effizient anzubinden und zu benutzen. Direkte Speicherplätze können für Dateiserver mit horizontaler Skalierung, freigegebene Clustervolumes und Failoverclustering eingesetzt werden.

Es gibt zwei Szenarien, in denen der Einsatz von direkten Speicherplätzen unterstützt wird:

- **Verteilte Bereitstellung (engl. disaggregated deployment)** Der Compute-Cluster ist von den Direkte-Speicherplätze-Servern getrennt, die den Speicher hosten. Der Speicher für die virtuellen Computer ist auf einem Dateiserver mit horizontaler Skalierung konfiguriert, der Zugriff erfolgt über SMB 3.0.
- **Hyperkonvergente Bereitstellung (engl. hyper-converged deployment)** Die Compute- und Speicherkomponenten liegen im selben Cluster. Der VM-Speicher ist als lokaler Speicher konfiguriert, der mit freigegebenen Clustervolumes arbeitet. Ein Dateiserver mit horizontaler Skalierung ist nicht erforderlich.

Direkte Speicherplätze mit der Windows PowerShell aktivieren

Der Datenträger, den Sie für direkte Speicherplätze einsetzen, braucht noch keine Partitionen oder Daten zu enthalten. Sind bereits Partitionen oder Daten vorhanden, werden die Daten nicht in den direkten Speicherplätzen verfügbar gemacht. Sie aktivieren direkte Speicherplätze mit einem einzigen Befehl:

```
Enable-ClusterStorageSpacesDirect -CimSession Cluster1
```

Wenn dieser Befehl ausgeführt wird, erledigen die direkten Speicherplätze automatisch mehrere Aufgaben:

1. Einen Speicherpool aus den verfügbaren Datenträgern erstellen.
2. Bei Bedarf einen Cache konfigurieren. Dies geschieht nur, wenn unterschiedliche Medientypen verfügbar sind.
3. Zwei Hierarchieebenen erstellen. Die erste Hierarchieebene heißt Kapazität (engl. capacity), die zweite Leistung (engl. performance). Die Hierarchieebenen werden mit einer Mischung aus Gerätetypen und Resilienz konfiguriert.

Wichtige andere PowerShell-Cmdlets für die Arbeit mit direkten Speicherplätzen sind:

- **Test-Cluster** Prüft, ob die Konfiguration alle Anforderungen erfüllt.
- **Enable-ClusterS2D** Konfiguriert einen Cluster für die direkten Speicherplätze unter Verwendung von lokalen SATA- oder NVMe-Geräten.

- **Optimize-StoragePool**   Balanciert die Speicheroptimierung neu aus, falls sich etwas am zugrunde liegenden Speicher ändert.
- **Debug-StorageSubsystem**   Zeigt Fehler an, die sich auf den Speicher auswirken könnten.

Ein verteiltes Szenario mit direkten Speicherplätzen in einem Cluster implementieren

Wie im Abschnitt »Anforderungen für die Implementierung von direkten Speicherplätzen in verschiedenen Szenarien beschreiben« bereits erklärt, ist die Speicherumgebung bei einem verteilten Szenario von der Compute-Umgebung getrennt. In diesem Fall konfigurieren Sie den Hyper-V-Failovercluster wie üblich. Anschließend konfigurieren Sie die Speicherplatzumgebung auf einem separaten Servercluster. Abbildung 5–34 zeigt diese Trennung der Rollen.

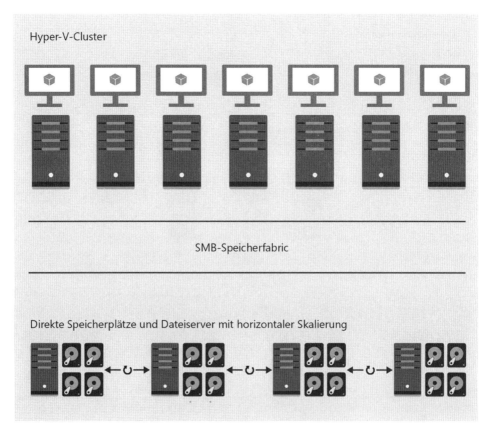

Abb. 5–34   Verteiltes Bereitstellungsszenario mit direkten Speicherplätzen

Ein hyperkonvergentes Szenario mit direkten Speicherplätzen in einem Cluster implementieren

Wie im Abschnitt »Anforderungen für die Implementierung von direkten Speicherplätzen in verschiedenen Szenarien beschreiben« bereits erklärt, sind bei einem hyperkonvergenten Szenario die Compute- und die Speicherumgebung im selben Servercluster zusammengelegt. Dieser Bereitstellungstyp erfordert keinen Dateiserver mit horizontaler Skalierung. Abbildung 5–35 zeigt ein hyperkonvergentes Bereitstellungsszenario.

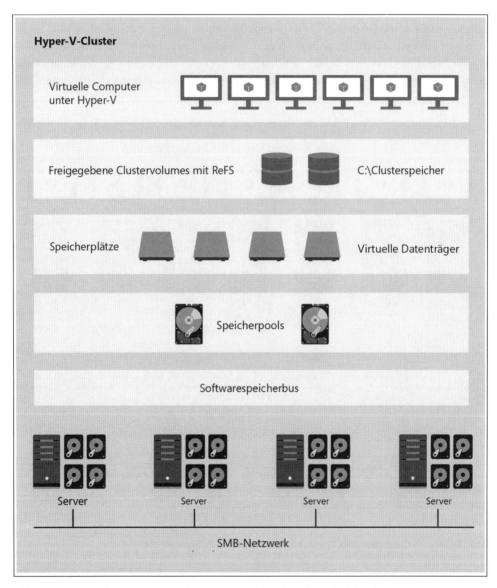

Abb. 5–35 Hyperkonvergentes Bereitstellungsszenario mit direkten Speicherplätzen

> **WEITERE INFORMATIONEN**
>
> Eine Schritt-für-Schritt-Anleitung zum Einrichten einer hyperkonvergenten Bereitstellung mit direkten Speicherplätzen finden Sie unter:
>
> https://technet.microsoft.com/de-de/windows-server-docs/storage/storage-spaces/hyper-converged-solution-using-storage-spaces-direct

Prüfungsziel 5.4: Failovercluster verwalten

In diesem Abschnitt beschreiben wir, wie Sie einen Failovercluster überwachen und verwalten, nachdem Sie ihn erstellt haben. Dazu gehören das Konfigurieren von Rollen im Cluster und das Überwachen von VMs, die im Cluster laufen. Anschließend sehen wir uns an, wie Sie Failover, Vorrang und Starteinstellungen für Dienste und Rollen im Cluster konfigurieren. Und schließlich stellen wir standortabhängige Failovercluster vor und erklären, wie Sie bevorzugte Cluster und Gruppen für Cluster konfigurieren.

Dieser Abschnitt deckt folgende Prüfungsziele ab:

- Rollenspezifische Einstellungen konfigurieren, zum Beispiel ständig verfügbare Freigaben
- Überwachung von VMs konfigurieren
- Failover- und Vorrangeinstellungen konfigurieren
- Stretched- und standortabhängige Failovercluster implementieren
- Knotenfairness aktivieren und konfigurieren

Rollenspezifische Einstellungen konfigurieren, zum Beispiel ständig verfügbare Freigaben

Es gibt etliche Rollen, die Sie mithilfe eines Failoverclusters konfigurieren können:

- **Allgemeine Anwendung** Stellt Hochverfügbarkeit für Anwendungen bereit, die normalerweise nicht für die Ausführung in einem Cluster entwickelt wurden.
- **Allgemeiner Dienst** Stellt Hochverfügbarkeit für einen Dienst bereit, der normalerweise nicht für die Ausführung in einem Cluster entwickelt wurde.
- **Allgemeines Skript** Stellt Hochverfügbarkeit für ein Skript bereit, das im Windows Script Host ausgeführt wird.
- **Anderer Server** Stellt nur einen Clientzugriffspunkt und Speicher zur Verfügung.
- **Dateiserver** Stellt einen zentralen Speicherort bereit, an dem der Zugriff auf Dateien durch den Failovercluster hindurch möglich ist.

- **DFS-Namespaceserver** Stellt ein Alias bereit, das für den Zugriff auf einen DFS-Namespace benutzt werden kann. Die Rolle *DFS-Namespaces* muss auf den Knoten des Clusters installiert sein.
- **DHCP-Server** Ermöglicht ein Failover des DHCP-Dienstes zwischen Knoten in einem Cluster.
- **Distributed Transaction Coordinator (DTC)** Unterstützt die Verteilung von Anwendungen, die Transaktionen ausführen.
- **Hyper-V-Replikatbroker** Ermöglicht dem Failovercluster, an der Replikation mit Hyper-V teilzunehmen.
- **iSCSI-Zielserver** Stellt SCSI-Speicher über TCP/IP im Failovercluster zur Verfügung.
- **iSNS-Server** Ein Internet Storage Name Service-Server, der die Ermittlung von iSCSI-Zielen anbietet.
- **Message Queuing** Ermöglicht es verteilten Anwendungen, die zu unterschiedlichen Zeiten laufen, über Netzwerke zu kommunizieren.
- **Virtueller Computer** Unterstützt VMs, die auf einem Hardwarehost laufen.
- **WINS-Server** Ermöglicht Benutzern, über NetBIOS-Namen auf Ressourcen zuzugreifen.

Sie können Dateiserver, die in einem Failovercluster laufen, mit dem Protokoll SMB 3 kombinieren, um einer Umgebung ständig verfügbare Dateifreigaben zur Verfügung zu stellen. SMB 3 bietet unter anderem die folgenden Vorteile:

- **Transparentes SMB-Failover** Ermöglicht es, eine Dateifreigabe für SMB 3-Clients ständig verfügbar zu halten. Wenn ein Failover stattfindet, schaltet der SMB 3-Client die Verbindung auf einen anderen Knoten im Cluster um.
- **SMB-Skalierung (SMB Scale-out)** Ermöglicht es, zusätzliche Bandbreite für mehrere Clusterknoten zu nutzen.
- **SMB-Multichannel** Verwendet mehrere Netzwerkschnittstellen, um die Leistung der SMB-Verbindung zu erhöhen.

Überwachung von VMs konfigurieren

Wenn VMs in einem Failovercluster zusammengefasst sind, kann der Hyper-V-Host neben der VM selbst auch die Anwendungen überwachen, die in der VM laufen. Die Gast-VM und der Hyper-V-Host müssen entweder zur selben Domäne gehören oder es muss eine Vertrauensstellung zwischen den Domänen bestehen. Außerdem müssen in der VM die vordefinierten Regeln aus der Gruppe *Überwachung für virtuelle Computer* aktiviert sein. Abbildung 5–36 zeigt, welche Firewallregeln aktiviert sein müssen. Dies sind:

- Überwachung für virtuelle Computer (DCOM eingehend)
- Überwachung für virtuelle Computer (Echoanforderung - ICMPv4 eingehend)
- Überwachung für virtuelle Computer (Echoanforderung - ICMPv6 eingehend)
- Überwachung für virtuelle Computer (NB-Sitzung eingehend)
- Überwachung für virtuelle Computer (RPC)

Abb. 5–36   Eingehende Regeln in der Windows-Firewall für die Überwachung virtueller Computer

Sobald Sie die Firewallregeln aktiviert haben, können Sie die Überwachung der VM im Failovercluster-Manager konfigurieren. Klicken Sie dazu mit der rechten Maustaste auf eine VM und wählen Sie im Menü *Weitere Aktionen* den Befehl *Überwachung konfigurieren*. Sie bekommen daraufhin eine Liste der Dienste angezeigt, die in der VM laufen.

Wenn Sie den Dienst ausgewählt haben, den Sie überwachen wollen, können Sie Wiederherstellungseinstellungen für den Dienst konfigurieren. In der Standardeinstellung versucht der Failovercluster die ersten beiden Male, wenn ein Dienst ausfällt, ihn neu zu starten. Gelingt der Start des Dienstes nicht, wird ein Failover ausgeführt. Wenn Sie stattdessen sofort ein Failover auslösen wollen (statt darauf zu warten, ob der Dienst neu startet), müssen Sie die erste Wiederherstellungsaktion auf *Keine Aktion durchführen* ändern. So ist sichergestellt, dass für die VM ein Failover ausgeführt wird, sobald der überwachte Dienst als ausgefallen eingestuft wird.

Failover- und Vorrangeinstellungen konfigurieren

Sie können die Eigenschaften einer Rolle ändern, um ihre Einstellungen zu konfigurieren (Abbildung 5–37):

- **Bevorzugte Besitzer**   Die sortierte Liste der Knoten, die versuchen, Clientanforderungen zu verarbeiten oder Verschiebungsaufträge anzunehmen.

- **Startpriorität**   Für eine Rolle können Sie die Startpriorität nach einem Ausfall auf die Einstellungen *Niedrig*, *Mittel*, *Hoch* oder *Kein automatischer Start* setzen. Falls *Kein automatischer Start* konfiguriert ist, wird für die Rolle erst nach allen anderen Rollen ein Failover durchgeführt, sie wird aber nicht automatisch gestartet. In der Standardeinstellung haben alle Rollen mittlere Priorität.

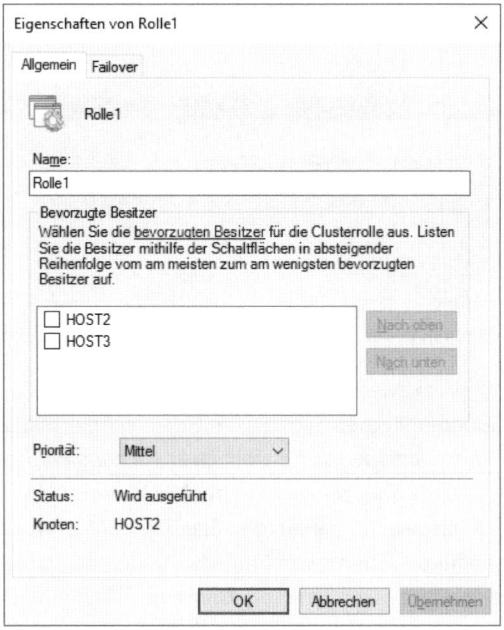

Abb. 5–37 Allgemeine Eigenschaften einer Rolle

Sie können auch einstellen, wie oft der Failoverclusterdienst versucht, eine Rolle neu zu starten oder ein Failover dafür auszuführen. Diese Einstellungen konfigurieren Sie auf der Registerkarte *Failover* (Abbildung 5–38).

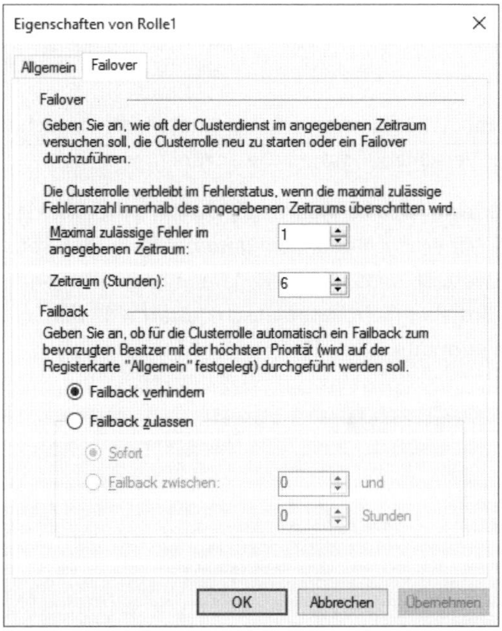

Abb. 5–38 Failovereigenschaften einer Rolle

Windows Server 2016 führt die neue Fähigkeit ein, die Startreihenfolge von VMs zu steuern. VMs können in Hierarchieebenen gruppiert werden, die dann ausgewertet werden, um Abhängigkeiten für die Startreihenfolge zu definieren. So wird sichergestellt, dass die wichtigsten virtuellen Computer vor den anderen gestartet werden. Zum Beispiel können Sie einstellen, dass die Domänencontroller zuerst gestartet werden.

Stretched- und standortabhängige Failovercluster implementieren

Den Einsatz eines Stretched-Clusters haben wir bereits weiter oben im Abschnitt »Speicherreplikation implementieren« beschrieben. Das standortabhängige Failover (engl. site-aware failover) ist neu in Windows Server 2016. Ein standortabhängiger Failovercluster basiert auf einem Stretched-Cluster, wobei sich die Knoten eines Clusters nicht alle am selben physischen Standort befinden. Standortabhängigkeit verleiht dem Cluster die Fähigkeit, Failover, Platzierung, Taktsignale zwischen Knoten und Quorum besser zu steuern.

Eine neue Konfigurationsoption ist die Möglichkeit, das standortübergreifende Taktsignal (engl. cross-site heartbeat) zu steuern. Diese Schwellenwerte legen Sie fest, indem Sie neue Clustereigenschaften verändern:

- **CrossSiteDelay** In der Standardeinstellung hat diese Eigenschaft den Wert 1000. Sie legt fest, nach wie vielen Millisekunden ein Taktsignal an Knoten in anderen Standorten gesendet wird.

- **CrossSiteThreshold** Diese Eigenschaft hat standardmäßig den Wert 20. Sie gibt an, wie viele Taktsignale unbeantwortet bleiben dürfen, bevor die Schnittstelle als ausgefallen eingestuft wird.

- **PreferredSite** Der Standort, in dem eine Rolle platziert wird. Die Knoten des Standorts müssen dem Standort erst zugewiesen sein, bevor er zum bevorzugten Standort werden kann. Bei einem Kaltstart werden VMs ebenfalls in den bevorzugten Standort gelegt. Der bevorzugte Standort wird außerdem zum aktiven Standort, falls ein Split-Quorum auftritt. Die Eigenschaft LowerQuorumPriorityNodeID sollte in Windows Server 2016 nicht mehr verwendet werden.

Bevorzugte Standorte können mithilfe von Clustergruppen noch detaillierter konfiguriert werden. Auf diese Weise können Sie die Standortplatzierung nicht nur auf Clusterebene, sondern auf Gruppenbasis steuern. Gruppen in einem Cluster werden anhand dieser Reihenfolge platziert:

1. Standort mit Speicheraffinität
2. In der Gruppe bevorzugter Standort
3. Im Cluster bevorzugter Standort

Knotenfairness aktivieren und konfigurieren

VM-Knotenfairness (engl. node fairness) ist ein weiteres neues Feature in Windows Server 2016. Knotenfairness ermöglicht Lastenausgleich zwischen Knoten in einem Cluster. Überlastete Knoten werden anhand der Arbeitsspeicher- und Prozessorauslastung in den Knoten erkannt. VMs werden dann automatisch auf Knoten migriert, die nicht so stark ausgelastet sind (sofern vorhanden). Der Schwellenwert für den Lastenausgleich kann konfiguriert und optimiert werden, um möglichst hohe Clusterleistung zu gewährleisten. In der Standardeinstellung ist die Knotenfairness in einem Windows Server 2016-Failovercluster aktiviert; sie wird allerdings deaktiviert, wenn System Center Virtual Machine Manager Dynamic Optimization aktiviert wird.

Prüfungsziel 5.5: VM-Verschiebung in Clusterknoten verwalten

Dieser Abschnitt beschreibt die grundlegenden Aufgaben beim Verwalten eines Failoverclusters. Dazu gehört das Durchführen einer Live-, Schnell- oder Speichermigration für einen virtuellen Computer. Weitere Aufgaben sind das Importieren, Exportieren und Kopieren dieser VMs. Und schließlich beschäftigen wir uns mit dem Schutz der VM-Netzwerkintegrität und dem Ausgleich eines Knotens beim Herunterfahren. Diese Themen werden relativ kurz abgehandelt, sie haben sich in Windows Server 2016 allerdings auch nicht verändert.

> **Dieser Abschnitt deckt folgende Prüfungsziele ab:**
> - Livemigration durchführen
> - Schnellmigration durchführen
> - Speichermigration durchführen
> - VMs importieren, exportieren und kopieren
> - Schutz der VM-Netzwerkintegrität konfigurieren
> - Ausgleich beim Herunterfahren konfigurieren

Livemigration durchführen

Eine Livemigration ähnelt dem Verschieben im Hyper-V-Manager. Im Kontext eines Failoverclusters bedeutet der Begriff Livemigration, dass der Arbeitsspeicher einer laufenden VM in den Zielknoten kopiert wird, bevor die Migration abgeschlossen wird. Wenn Sie CSVs einsetzen, geschieht die Migration praktisch verzögerungsfrei, weil kein Datenträgerbesitz übertragen werden muss. Eine Livemigration eignet sich im Rahmen einer geplanten Wartung oder Übertragung, aber nicht für ein ungeplantes Failover. Um eine Livemigration auszuführen, müssen Sie das Feature in den Hyper-V-Einstellungen aktivieren, wie weiter oben in diesem Kapitel beschrieben.

Schnellmigration durchführen

Wie bei einer Livemigration wird auch bei der Schnellmigration (engl. quick migration) der Arbeitsspeicher einer laufenden VM kopiert. Dieser Arbeitsspeicher wird allerdings nicht in den Zielknoten übertragen, sondern auf einem Datenträger gespeichert. Das Ergebnis ist eine immer noch schnelle Migration, aber auch diese Methode kann nicht für ein ungeplantes Failover genutzt werden.

Speichermigration durchführen

Eine Speichermigration kopiert die physischen Daten von dem Knoten, der sie momentan besitzt, in den Zielknoten. Wie lange es dauert, die Migration abzuschließen, hängt von der Größe der VM und der Speicheranbindungsmethode im Knoten ab.

VMs importieren, exportieren und kopieren

Das Importieren, Exportieren und Kopieren von VMs dient dazu, die VMs manuell von einem Knoten in einen anderen zu übertragen. Beim Export wird eine VM in Dateien zusammengefasst, die während des Exportprozesses angegeben werden. Anschließend können diese Dateien in einen anderen Knoten kopiert und dort importiert werden.

Schutz der VM-Netzwerkintegrität konfigurieren

Windows Server 2012 R2 führte eine neue Option namens geschütztes Netzwerk (engl. protected network) in den erweiterten Einstellungen von VM-Netzwerkadaptern ein.

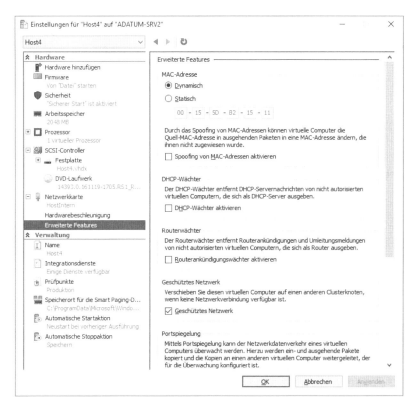

Abb. 5–39   Erweiterte Features für den Netzwerkadapter eines virtuellen Computers

Ein geschütztes Netzwerk ist nützlich, um eine hochverfügbare VM gegen den Ausfall der Netzwerkverbindung abzusichern. Während das geschützte Netzwerk aktiviert ist, überwacht der Hardwareknoten das Netzwerk auf Ausfälle. Fällt die Netzwerkverbindung aus, wird die VM in einen anderen physischen Knoten migriert, dessen Netzwerkverbindung funktioniert.

Ausgleich beim Herunterfahren konfigurieren

Der Ausgleich (engl. drain) beim Herunterfahren ist notwendig, um einen Knoten effizient außer Betrieb zu nehmen. Wenn ein Knoten aktiv ist, kann es noch mehrere Verbindungen zu den Rollen geben, die auf dem Knoten laufen. Indem Sie einen Knoten ausgleichen, legen Sie fest, dass er künftig keine Anforderungen im Cluster mehr bedient. Während vorhandene Verbindungen nach und nach beendet oder abgebrochen werden, wird der Knoten somit aus dem Cluster entfernt, ohne Auswirkungen auf vorhandene oder zukünftige Verbindungen zu haben.

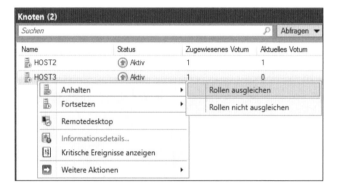

Abb. 5–40   Ausgleichen der Rollen für einen Failoverclusterknoten

Zusammenfassung des Kapitels

- Grundlegende VM-Verwaltungsaufgaben mit dem Hyper-V-Manager durchführen
- Migrations- und Authentifizierungsdetails für Hyper-V-Server konfigurieren
- Einen Failovercluster installieren und konfigurieren
- Quorumsoptionen konfigurieren, zum Beispiel einen Azure-Cloudzeugen
- Windows-Updates mithilfe des clusterfähigen Aktualisierens ausführen
- Cluster nahtlos von Windows Server 2012 R2 auf Windows Server 2016 aktualisieren
- Cluster mit Speichertechnologien wie CSVs und Speicherreplikation optimieren
- Mit direkten Speicherplätzen die Speicherleistung verbessern
- Failovercluster mithilfe von Failover- und Bevorzugungseinstellungen verwalten
- Grundlegende VM-Verwaltungsaufgaben mit dem Failovercluster-Manager durchführen

Gedankenexperiment

Ein Unternehmen betreibt momentan einen einzigen Standort mit zwei eigenständigen Hyper-V-Hosts. Jeder Hyper-V-Host ist mit einem externen iSCSI-Gehäuse verbunden. Das Speichergehäuse enthält die Daten für alle virtuellen Computer, die auf den Hosts laufen.

Das Unternehmen plant, eine Niederlassung in derselben Stadt zu eröffnen. Im Rahmen dieser Erweiterung soll die neue Niederlassung mit aktiven Verbindungen ausgestattet werden und als Backup für den Fall dienen, dass die Zentrale ausfällt. Beide Standorte sollen einen dritten Standort benutzen, um festzustellen, welcher Standort bei einem Ausfall zum primären Standort wird. Falls der dritte Standort von den beiden ersten aus nicht erreichbar ist, soll der bisherige primäre Standort die aktiven Clientanforderungen entgegennehmen.

Beantworten Sie zum geschilderten Szenario die folgenden Fragen:

1. Was sollte in der Zentrale bereitgestellt werden, um das beschriebene Ziel zu erreichen?
2. Was sollte in der neuen Niederlassung bereitgestellt werden, um das beschriebene Ziel zu erreichen?
3. Welche Technologie sollte eingesetzt werden, um sicherzustellen, dass die neue Niederlassung die aktuellsten verfügbaren Daten verwaltet?
4. Welche Technologie sollte eingesetzt werden, um sicherzustellen, dass bei einem Ausfall nur ein Standort aktiv ist?
5. Was sollte konfiguriert werden, um sicherzustellen, dass der primäre Standort benutzt wird, falls der dritte Standort ausfällt?

Antworten zum Gedankenexperiment

1. Die beiden Hyper-V-Server sollten in einem Failovercluster betrieben werden.
2. Zwei Hyper-V-Server sollten im selben Failovercluster bereitgestellt werden, um aktive Anforderungen zu bedienen, während sie online sind.
3. Die Speicherreplikation sollte eingesetzt werden, um Daten synchron von der Zentrale in die neue Niederlassung zu übertragen und umgekehrt, falls nötig.
4. Ein Cloudzeuge sollte konfiguriert werden, um sicherzustellen, dass bei einem Ausfall immer ein Standort aktiv ist.
5. Der primäre Standort sollte als bevorzugter Standort konfiguriert werden, um sicherzustellen, dass er aktiv ist, falls der Cloudzeuge nicht verfügbar ist.

KAPITEL 6

DNS implementieren

Dieses Kapitel beschäftigt sich nur mit einem einzigen Prüfungsziel: DNS-Server implementieren und konfigurieren. In Windows Server 2016 wurden einige neue Technologien im Bereich des DNS-Servers eingeführt:

- **DNS-Richtlinien** Sie können Richtlinien zusammenstellen, die steuern, wie DNS-Server auf Clientanforderungen reagieren.
- **Response Rate Limiting** Hilft bei der Abwehr von Denial-of-Service-Angriffen auf DNS.
- **DNS-basierte Authentifizierung für benannte Entitäten** Greift auf Transport Layer Security-Authentifizierung zurück, um Clients mitzuteilen, dass sie ein Zertifikat von einer Zertifizierungsstelle für die DNS-Zone erhalten.
- **Unterstützung für unbekannte Einträge** Windows Server-DNS bietet jetzt die Möglichkeit, Einträge hinzuzufügen, die nicht explizit unterstützt werden.
- **IPv6-Stammhinweise** Native IPv6-Stammhinweise wurden zu DNS hinzugefügt.

In diesem Kapitel stellen wir diese neuen Technologien vor, außerdem beschreiben wir wichtige Technologien, die schon länger in DNS vorhanden sind.

In diesem Kapitel abgedeckte Prüfungsziele:

- DNS-Server implementieren und konfigurieren

Prüfungsziel 6: DNS-Server implementieren und konfigurieren

Dieser Abschnitt erklärt, wie DNS in einer Windows Server-Umgebung eingesetzt wird. DNS umfasst mehrere Komponenten, darunter Weiterleitungen, Stammhinweise, Richtlinien oder Protokollierung. Wir stellen all diese Komponenten vor und beschreiben, wie Sie die jeweiligen Optionen in einer typischen Unternehmensumgebung konfigurieren.

> **Dieser Abschnitt deckt folgende Prüfungsziele ab:**
>
> - Voraussetzungen für die DNS-Installation beschreiben
> - Auf Nano Server unterstützte DNS-Bereitstellungsszenarien beschreiben
> - DNS installieren
> - Weiterleitungen konfigurieren
> - Stammhinweise konfigurieren
> - Delegierung konfigurieren
> - DNS-Richtlinien implementieren
> - DNS-Sicherheitserweiterungen konfigurieren
> - DNS-Socketpool konfigurieren
> - Cachesperrung konfigurieren
> - Response Rate Limiting (RRL) aktivieren
> - DNS-basierte Authentifizierung benannter Entitäten konfigurieren
> - DNS-Protokollierung konfigurieren
> - Delegierte Administration konfigurieren
> - Rekursionseinstellungen konfigurieren
> - DNS-Leistungsoptimierung implementieren
> - Globale DNS-Einstellungen mit Windows PowerShell konfigurieren

Voraussetzungen für die DNS-Installation beschreiben

Die DNS-Serverrolle kann auf allen Editionen oder Windows Server-Versionen installiert werden, auch auf Nano Server. Es gibt zwei wichtige Gründe, warum DNS auf einem Windows-Server ausgeführt wird:

- **Active Directory-Integration** Die Active Directory-Domänendienste (Active Directory Domain Services, AD DS) brauchen einen DNS-Server, damit das Verzeichnis einwandfrei funktioniert. Sobald die Integration abgeschlossen ist, können die DNS-Zonen, die auf dem Server konfiguriert werden, in Active Directory gespeichert werden, um die Sicherheit zu steigern.

- **DNS- und DHCP-Integration** Sie können einstellen, dass DNS-Einträge automatisch aktualisiert werden, sobald Geräte zum ersten Mal in das Netzwerk eingebunden werden oder sich ein Gerät im Netzwerk ändert. Dies funktioniert unabhängig von Active Directory.

Auf Nano Server unterstützte DNS-Bereitstellungsszenarien beschreiben

Sie können DNS auf Nano Server installieren. Es bietet dort dieselben Features, dieselbe Sicherheit und denselben Funktionsumfang wie bei der Installation auf Server Core oder Windows Server-Versionen mit GUI. Der einzige Unterschied beim Einsatz von Nano Server ist die Verwaltung der Serverrolle, nachdem sie bereitgestellt wurde.

Wenn Sie DNS auf Nano Server bereitstellen, können Sie es mithilfe von Windows PowerShell-Remoting verwalten. Bauen Sie dazu eine neue Sitzung mit dem Nano Server-Computer auf, indem Sie das Cmdlet Enter-PSSession aufrufen:

    Enter-PSSession -ComputerName "Nano1"

Sobald die Remoteverbindung zum Nano Server steht, können Sie mit dem Cmdlet Import-Module das PowerShell-Modul für DNS importieren:

    Import-Module DNSServer

Anschließend können Sie alle DNS-PowerShell-Cmdlets auf dem Nano Server ausführen. Stattdessen können Sie auch den DNS-Manager auf einem Administrationscomputer öffnen und eine Verbindung zum DNS-Dienst herstellen, der auf dem Nano Server läuft. So haben Sie die Möglichkeit, den DNS-Dienst in der grafischen Konsole des DNS-Managers zu verwalten, ganz als würde DNS auf einem Server mit grafischer Benutzeroberfläche laufen.

DNS installieren

Sie installieren DNS entweder mit dem Assistenten zum Hinzufügen von Rollen und Features, den Sie aus dem Server-Manager heraus starten, oder in der Windows PowerShell mit dem Cmdlet Install-WindowsFeature:

    Install-WindowsFeature DNS

Falls Sie das Paket in Nano Server hinzufügen, verwenden Sie das Cmdlet Install-NanoServer-Package:

    Install-NanoServerPackage -Package Microsoft-NanoServer-DNS-Package

Weiterleitungen konfigurieren

Wenn ein DNS-Server eine Anforderung empfängt, einen ihm unbekannten Domänennamen aufzulösen, nutzt er eine Weiterleitung (engl. forwarder), um die Anfrage an einen anderen DNS-Server weiterzureichen. DNS-Weiterleitungen führen rekursive Abfragen durch, während die Liste der Weiterleitungen abgearbeitet wird. Eine rekursive Abfrage liefert entweder einen Eintrag zurück, den sie zurückerhalten hat, oder meldet einen Fehler, falls kein passender Eintrag gefunden wurde. Als Antwort darf kein Verweis auf einen anderen DNS-Server zurückgegeben werden. Der nächste DNS-Server kann ein anderer DNS-Server innerhalb des Unternehmensnetzwerkes, ein DNS-Server beim Internetprovider oder ein öffentlicher DNS-Server sein. Abbildung 6–1 zeigt, wie bei einem DNS-Server Weiterleitungen auf die öffentlichen DNS-Server von Verisign und OpenDNS konfiguriert sind.

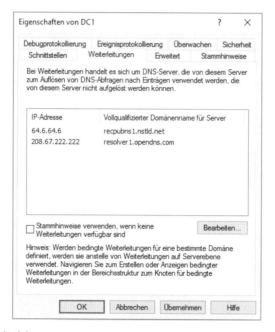

Abb. 6–1   DNS-Weiterleitungen

In Abbildung 6–1 sehen Sie auch das Kontrollkästchen *Stammhinweise verwenden, wenn keine Weiterleitungen verfügbar sind* als Option für Weiterleitungen. Das bedeutet, dass die konfigurierten Stammhinweise benutzt werden, falls die konfigurierten Weiterleitungen nicht verfügbar sind. In der Standardeinstellung ist diese Option deaktiviert. In der GUI verwalten Sie Weiterleitungen, indem Sie die Eigenschaften des DNS-Servers bearbeiten. In Windows PowerShell gibt es für Weiterleitungen dagegen separate Cmdlets. Mit dem Cmdlet Add-DnsServerForwarder richten Sie in PowerShell eine Weiterleitung ein:

```
Add-DnsServerForwarder 8.8.8.8
```

Um festzulegen, ob Stammhinweise benutzt werden, falls keine Weiterleitung verfügbar ist, rufen Sie das Cmdlet Set-DnsServerForwarder auf:

```
Set-DnsServerForwarder -UseRootHint $False
```

Bedingte Weiterleitung

Eine andere Art der Weiterleitung ist die bedingte Weiterleitung (engl. conditional forwarder). Diese ist nützlich für Partnerorganisationen oder andere DNS-Domänen, auf die eine Organisation unter Umständen Zugriff hat. Wenn Ihre Organisation beispielsweise eine Partnerschaft mit adatum.com eingeht, können Sie eine bedingte Weiterleitung konfigurieren. Statt unbekannte Ressourcen in der Domäne mithilfe einer globalen Weiterleitung oder von Stammhinweisen aufzulösen, leitet eine bedingte Weiterleitung DNS-Anforderungen, die adatum.com betreffen, an den angegebenen Server weiter. Abbildung 6–2 zeigt, wie Sie im DNS-Manager eine bedingte Weiterleitung einrichten.

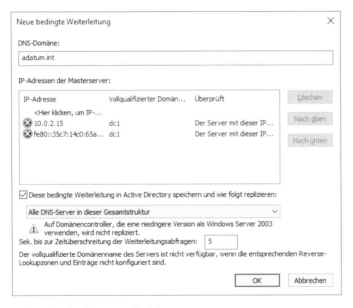

Abb. 6–2   Erstellen einer bedingten Weiterleitung

Wenn Sie die gewünschten Weiterleitungen konfiguriert haben, können Sie mithilfe von Nslookup prüfen, ob DNS einwandfrei funktioniert. Nslookup ist ein Befehlszeilenprogramm, mit dem Sie bestimmte Eintragstypen über DNS auflösen können. Abbildung 6–3 zeigt erfolgreiche Abfragen beispielsweise nach microsoft.com und der lokalen Domäne contosoforest.com.

In PowerShell erstellen Sie eine bedingte Weiterleitung mit dem Cmdlet Add-DnsServerConditionalForwarderZone:

```
Add-DnsServerConditionalForwarderZone -Name adatum.com -MasterServers 10.0.0.105
```

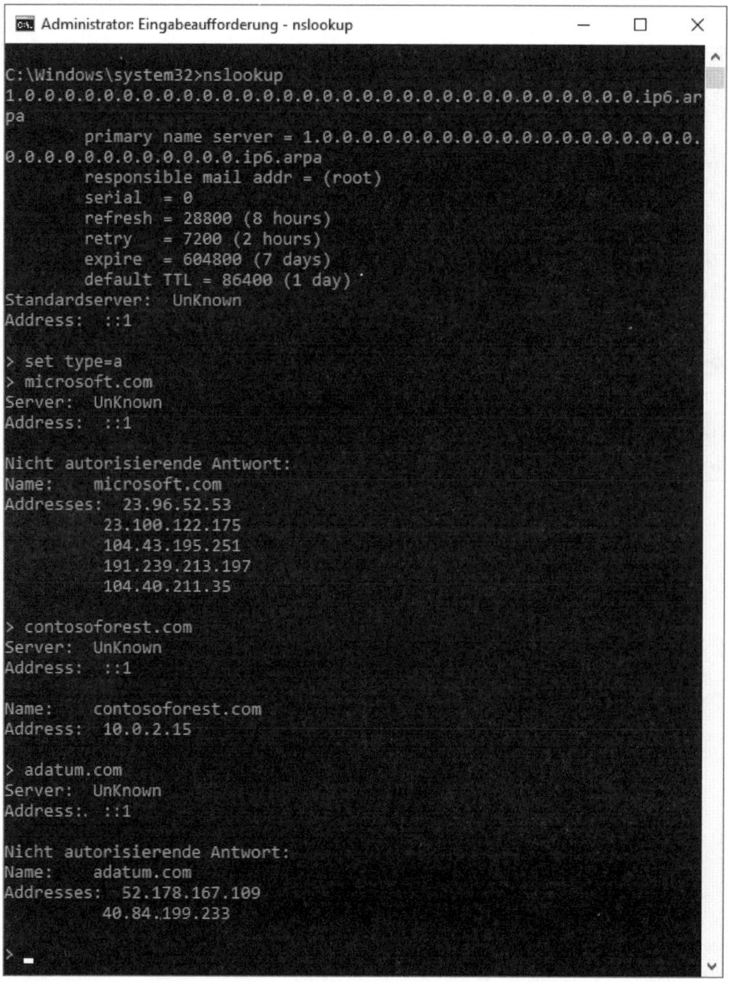

```
Administrator: Eingabeaufforderung - nslookup              -    □    ×

C:\Windows\system32>nslookup
1.0.0.0.0.0.0.0.0.0.0.0.0.0.0.0.0.0.0.0.0.0.0.0.0.0.0.0.0.0.ip6.ar
pa
        primary name server = 1.0.0.0.0.0.0.0.0.0.0.0.0.0.0.0.0.0.
0.0.0.0.0.0.0.0.0.0.0.0.ip6.arpa
        responsible mail addr = (root)
        serial  = 0
        refresh = 28800 (8 hours)
        retry   = 7200 (2 hours)
        expire  = 604800 (7 days)
        default TTL = 86400 (1 day)
Standardserver:  UnKnown
Address:  ::1

> set type=a
> microsoft.com
Server:  UnKnown
Address:  ::1

Nicht autorisierende Antwort:
Name:    microsoft.com
Addresses:  23.96.52.53
            23.100.122.175
            104.43.195.251
            191.239.213.197
            104.40.211.35

> contosoforest.com
Server:  UnKnown
Address:  ::1

Name:    contosoforest.com
Address:  10.0.2.15

> adatum.com
Server:  UnKnown
Address:  ::1

Nicht autorisierende Antwort:
Name:    adatum.com
Addresses:  52.178.167.109
            40.84.199.233
>
```

Abb. 6–3 Ergebnisse von Nslookup

Stammhinweise konfigurieren

Im Unterschied zur Weiterleitung, bei der rekursive Abfragen durchgeführt werden, führen Stammhinweise iterative Abfragen durch. Wenn ein DNS-Server in seiner lokalen Konfiguration keinen Eintrag für eine Abfrage findet, kann er einen DNS-Server im Internet fragen. Ein Stammserver antwortet mit einem Verweis auf den DNS-Server, der die autorisierende Zone für die entsprechende Toplevel-Domäne (.com, .net und so weiter) hostet. Der lokale Server fragt nun den Server, auf den er verwiesen wurde, nach dem Eintrag. Als Antwort erhält er einen weiteren Verweis auf den autorisierenden Server für die DNS-Domäne (zum Beispiel contoso.com). Dieser Abfrage- und Verweisprozess setzt sich so lange fort, bis der gesuchte Eintrag gefunden wurde oder der autorisierende Server mitteilt, dass es keinen passenden Eintrag gibt.

Windows Server 2016 führt Standardstammhinweise für IPv6-Abfragen ein, sodass IPv6-Einträge mithilfe iterativer Abfragen gesucht werden können, genauso wie IPv4-Adressen. Diese Stammhinweise wurden von der IANA (Internet Assigned Numbers Authority) bereitgestellt und können für IPv6-Abfragen genutzt werden. Abbildung 6–4 zeigt die Standardstammhinweise, die in Windows Server 2016 hinzugefügt wurden.

Abb. 6–4 Stammhinweise

Sie können Stammhinweise auch in PowerShell abrufen und konfigurieren. Dieselbe Liste wie in der GUI erhalten Sie mit einem Aufruf des Cmdlets Get-DnsServerRootHint. Mit dem Cmdlet Add-DnsServerRootHint können Sie zusätzliche Stammhinweise hinzufügen:

```
Add-DnsServerRootHint -NameServer a.root-servers.net -IPAddress 2001:503:ba3e::2:30
```

Delegierung konfigurieren

Die Zonendelegierung erlaubt es Ihnen, einen DNS-Namensraum in mehrere Zonen zu unterteilen. Diese neu entstandenen Teilzonen können gespeichert und auf andere DNS-Server repliziert werden. Das ist nützlich, wenn Sie die Verwaltung für einen Teil eines Namensraums delegieren oder die Netzwerktopologie optimieren, um große Zonen in kleinere Einheiten zu zerlegen.

Im DNS-Manager erstellen Sie eine neue Zonendelegierung, indem Sie mit der rechten Maustaste auf die Forward-Lookupzone klicken, die Sie unterteilen wollen, und den Befehl *Neue Delegierung* wählen. Daraufhin öffnet sich der Assistent zum Erstellen neuer Delegierungen. Auf der ersten Seite geben Sie an, welche Domäne Sie delegieren wollen. Im Beispiel aus Abbildung 6–5 wurde der vollqualifizierte Domänenname (Fully-Qualified Domain Name, FQDN) *emea.contosoforest.com* angegeben, damit die Administration dieser separaten Domäne delegiert werden kann.

Abb. 6–5   Assistent zum Erstellen neuer Delegierungen

Auf der nächsten Seite werden Sie aufgefordert, den FQDN des DNS-Servers einzugeben, der für die Zone autorisierend ist. Der FQDN muss direkt in die IP-Adressen des betreffenden Servers aufgelöst werden. Abbildung 6–6 zeigt, wie Sie den FQDN und die entsprechenden IP-Adressen für die Delegierung konfigurieren.

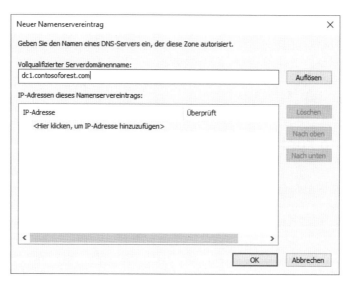

Abb. 6–6   Hinzufügen eines Namenservereintrags

Sobald Sie den Assistenten abgeschlossen haben, wird die Zonendelegierung in der Forward-Lookupzone erstellt. Sie können die Zonendelegierung auch mit dem Cmdlet Add-DnsServerZone-Delegation erstellen:

```
Add-DnsServerZoneDelegation -Name contosoforest.com
  -ChildZoneName emea.contosoforest.com
  -IPAddress 10.0.0.100 -NameServer DC1
```

DNS-Richtlinien implementieren

Windows Server 2016 führt DNS-Richtlinien ein, um die Verwaltung von Abfragen anhand konfigurierbarer Parameter zu ermöglichen. Es gibt etliche Szenarien, in denen sich DNS-Richtlinien als nützlich erweisen:

- **Hochverfügbarkeit für Anwendungen** DNS-Abfragen werden an den Endpunkt für eine Anwendung weitergeleitet, der am schnellsten reagiert.
- **Verkehrsaufteilung** Für Clientabfragen wird der am nächsten liegende verfügbare DNS-Server benutzt.
- **Split-Brain-DNS** Falls DNS-Einträge in interne und externe Adressen unterteilt werden, erhalten Clients abhängig von ihrem Standort die jeweils passende Antwort.
- **Filterung** Sie können eine Liste mit blockierten IP-Adressen pflegen, um böswillige Abfragen zu unterbinden.
- **Forensik** DNS-Clients, bei denen der Verdacht besteht, dass sie böswillig agieren, können umgeleitet werden.
- **Zeitabhängige Umleitungen** Abhängig von der Tageszeit können Sie unterschiedliche Antworten auf DNS-Abfragen zurückliefern.

Es gibt drei neue Objekte in DNS, mit denen DNS-Richtlinien verwaltet werden:

- **Clientsubnetz** Steht für ein IPv4- oder IPv6-Subnetz, aus dem Abfragen stammen.
- **Rekursionsbereich** Gruppen von Einstellungen, die die Rekursion für einen DNS-Server steuern.
- **Zonenbereich** Sätze aus DNS-Einträgen für Zonen im DNS-Server.

Zwei Richtlinien können Sie entweder auf Zonen- oder Serverebene konfigurieren, eine weitere nur auf Serverebene:

- **Abfrageauflösungsrichtlinie** Kann entweder auf einen DNS-Server oder eine bestimmte DNS-Zone angewendet werden. Abfrageauflösungsrichtlinien steuern eingehende Clientabfragen und definieren, wie der DNS-Server die Anforderungen verarbeitet.
- **Zonenübertragungsrichtlinie** Kann entweder auf einen DNS-Server oder eine bestimmte DNS-Zone angewendet werden. Zonenübertragungsrichtlinien steuern, ob bei einer Zonenübertragung die Zonenänderungen für eine DNS-Topologie abgewiesen oder ignoriert werden.

- **Rekursionsrichtlinie** Eine Rekursionsrichtlinie wird nur auf Serverebene angewendet. Sie steuert, ob Abfragen abgewiesen oder ignoriert werden, wenn eine Rekursion erforderlich ist. Sie können außerdem einen Satz von Weiterleitungen konfigurieren, die für die Abfragen genutzt werden.

Wenn Sie eine Richtlinie erstellen wollen, müssen Sie zuerst die Objekte erstellen und dann die Richtlinien. Zum Beispiel könnten Sie so vorgehen:

1. Erstellen Sie die Subnetzobjekte, aus denen DNS-Clients eine Verbindung herstellen.
2. Erstellen Sie die Zonenbereiche und Ressourceneinträge für jedes Netzwerk.
3. Erstellen Sie eine Richtlinie, um die Abfragen aus den definierten Subnetzen zu verwalten.

Zum Zeitpunkt, als dieses Kapitel geschrieben wurde, konnten Richtlinien ausschließlich in der PowerShell konfiguriert werden. Das Cmdlet Get-Command listet Ihnen alle Cmdlets auf, die für die Verwaltung von Richtlinien zur Verfügung stehen:

```
Get-Command -Module DNSServer *policy* | Select Name
```

Dieser Befehl gibt eine Liste der im DNS-PowerShell-Modul integrierten Cmdlets aus, das Ergebnis sieht etwa so aus:

```
Name
----
Add-DnsServerQueryResolutionPolicy
Add-DnsServerZoneTransferPolicy
Disable-DnsServerPolicy
Enable-DnsServerPolicy
Get-DnsServerQueryResolutionPolicy
Get-DnsServerZoneTransferPolicy
Remove-DnsServerQueryResolutionPolicy
Remove-DnsServerZoneTransferPolicy
Set-DnsServerQueryResolutionPolicy
Set-DnsServerZoneTransferPolicy
```

> **WEITERE INFORMATIONEN** **Konfigurieren von DNS-Richtlinien**
>
> Vertiefende Informationen und Anleitungen zum Konfigurieren einer DNS-Richtlinie finden Sie unter:
>
> https://technet.microsoft.com/en-us/windows-server-docs/networking/dns/deploy/dns-policies-overview

DNS-Sicherheitserweiterungen konfigurieren

Die Art und Weise, wie Sie DNSSEC nutzen, hat sich in Windows Server 2016 kaum gegenüber Windows Server 2012 oder Windows Server 2012 R2 verändert. Ist ein autorisierender DNS-Server für eine Zone vorhanden, können Sie diese mithilfe der Zonensignierung schützen.

Indem Sie die Zone mit DNSSEC signieren, bestätigen Sie die Gültigkeit der Zone, ohne irgendwelche DNS-Abfragen oder -Antworten zu verändern. Damit eine DNS-Antwort überprüft werden kann, muss sie eine digitale Signatur enthalten. Die Signaturen stehen in einem DNSSEC-Ressourceneintrag, der im Rahmen der Zonensignierung angelegt wird. Abbildung 6–7 zeigt, wie der Wechsel von herkömmlichen DNS-Einträgen auf den Einsatz von DNSSEC abläuft.

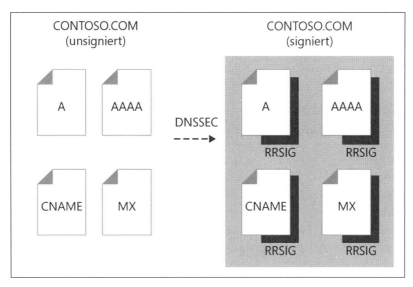

Abb. 6–7   Änderungen beim Wechsel auf DNSSEC

Um DNSSEC bereitzustellen, gehen Sie nach diesem Schema vor:

1. Bereitstellungsmethode auswählen
2. DNS-Zone signieren
3. Anchor für Vertrauensstellungen bereitstellen
4. DNS-Clientrichtlinien bereitstellen
5. IPsec-Richtlinien zum Schutz von Zonenübertragungen bereitstellen
6. Namensauflösung testen und verwalten

DNS-Socketpool konfigurieren

Der DNS-Socketpool wechselt nach dem Zufallsprinzip den Quellport, der für DNS-Abfragen benutzt wird. In Windows Server 2008 benutzt der DNS-Dienst eine vorhersagbare Quellportnummer. Wenn Sie einen Socketpool verwenden, wählt der DNS-Server eine zufällige Portnummer aus, um Angriffe auf den Server zu erschweren. Seit Windows Server 2012 R2 sind für den DNS-Socketpool standardmäßig 2500 zufällig ausgewählte Ports aktiviert, daher brauchen Sie im Normalfall keine Konfigurationsänderung vorzunehmen. Bei Bedarf können Sie die Zahl der Ports mit dem Dienstprogramm Dnscmd ändern:

```
dnscmd /Config /SocketPoolSize 3000
```

Cachesperrung konfigurieren

Wenn ein DNS-Server bei aktivierter Cachesperrung eine Abfrage empfängt und die Antwort zurückgibt, wird diese lokal zwischengespeichert, damit künftige Anforderungen schneller bedient werden können. Die Gültigkeitsdauer für den Cache wird durch den TTL-Wert (Time To Live) des jeweiligen DNS-Eintrags festgelegt. Die Cachesperrung verhindert, dass der Eintrag überschrieben wird, falls eine Aktualisierung empfangen wird, bevor die TTL abgelaufen ist. Die Cachesperrung wurde in Windows Server 2008 R2 eingeführt und hat sich seitdem nicht wesentlich verändert. In der Standardeinstellung beträgt der Prozentwert für die Cachesperrung 100. Mit Dnscmd können Sie den Prozentwert ändern:

```
dnscmd /Config /CacheLockingPercent 90
```

Response Rate Limiting (RRL) aktivieren

Response Rate Limiting (RRL) ist ein neues Feature, das in Windows Server 2016 eingeführt wird. Mit RRL können Sie Denial-of-Service-Angriffe (DoS-Angriffe) auf Clients verhindern, für die Ihr DNS-Server ausgenutzt wird. RRL stellt Konfigurationseinstellungen zur Verfügung, mit denen Sie steuern, wie auf Anforderungen reagiert wird, wenn zahlreiche Anforderungen in kurzer Zeit eintreffen. Das hilft dabei, einen DoS-Angriff abzuwehren, für den die DNS-Server missbraucht werden. Sie können für RRL folgende Einstellungen konfigurieren:

- **Antworten pro Sekunde** Die Höchstzahl von Antworten, die ein einzelner Client pro Sekunde erhält.

- **Fehler pro Sekunde** Die Höchstzahl von Fehlermeldungen, die pro Sekunde an einen bestimmten Client gesendet werden.

- **Fenster** Legt fest, wie viele Sekunden Antworten verzögert werden, falls der Server einen Client blockiert.

- **Leckrate** Steuert, wie oft ein DNS-Server auf Abfragen antwortet, während Anforderungen eingefroren sind. Wenn ein Server einen Client für 10 Sekunden einfriert, beträgt die Leckrate in der Standardeinstellung 5. Das bedeutet, dass der DNS-Server jede fünfte Anforderung beantwortet, die bei ihm eintrifft.

- **TC-Rate** Informiert den Client, dass DNS-Anforderungen eingefroren wurden. Wenn die TC-Rate wie in der Standardeinstellung 3 beträgt, schickt der Server bei jeder dritten Abfrage, die er erhält, eine Anforderung nach einer TCP-Verbindung. Die TC-Rate sollte einen kleineren Wert haben als die Leckrate, damit der Client über TCP eine Verbindung herstellen kann, bevor Antworten verworfen werden.

- **Maximale Antworten** Legt fest, wie viele Antworten der Server höchstens an Clients zurückgibt, während sie eingefroren sind.

- **Ausnahmeliste für Domänen** Die Liste der Domänen, auf die keine RRL-Einstellungen angewendet werden.

- **Ausnahmeliste für Subnetze** Die Liste der Subnetze, auf die keine RRL-Einstellungen angewendet werden.

- **Ausnahmeliste für Serverschnittstellen** Die Liste der DNS-Serverschnittstellen, auf die keine RRL-Einstellungen angewendet werden.

In der Standardeinstellung ist RRL deaktiviert. Sie können RRL entweder in den reinen Aufzeichnungsmodus schalten, um zu prüfen, welche Auswirkung eine Konfiguration hätte, oder die Konfiguration aktivieren. Um die RRL-Einstellungen zu aktivieren oder zu ändern, steht das Cmdlet `Set-DnsServerResponseRateLimiting` zur Verfügung. Sie können auch das Alias `Set-DnsServerRRL` verwenden, um auf das Cmdlet zu verweisen:

```
Set-DnsServerRRL -Mode LogOnly
```

Mit dem Cmdlet `Add-DnsServerResponseRateLimitingExceptionList` können Sie bei Bedarf Ausnahmelisten erstellen:

```
Add-DnsServerResponseRateLimitingExceptionList -Name "Whitelist1"
    -Fqdn "EQ,*.contoso.com"
```

DNS-basierte Authentifizierung benannter Entitäten konfigurieren

Die DNS-basierte Authentifizierung benannter Entitäten (DNS-based Authentication of Named Entities, DANE) ist ein weiteres neues Feature, das in Windows Server 2016 eingeführt wurde. DANE greift auf Transport Layer Security-Authentifizierung zurück, um DNS-Clients mitzuteilen, dass sie für die DNS-Zone ein Zertifikat von einer Zertifizierungsstelle erhalten. So wird verhindert, dass im Rahmen eines Man-in-the-Middle-Angriffs ein anderes Zertifikat vorgewiesen und DNS korrumpiert wird.

Nehmen wir an, die Website *www.contoso.com* verwendet ein Zertifikat, das von einer Zertifizierungsstelle namens SeriösZS ausgestellt wurde. Der DNS-Server prüft das Zertifikat und speichert ab, dass es tatsächlich von diesem Server ausgestellt wurde. Versucht nun ein Angreifer, durch eine Umleitung Benutzer an einen anderen Webserver zu verweisen, der ein von GaunerZS signiertes Zertifikat vorweist, wird die Verbindung abgebrochen. Das passiert, weil der Client dank DANE erkennt, dass das Zertifikat, obwohl es gültig zu sein scheint, nicht wirklich von der Zertifizierungsstelle stammt, die in DNS als vertrauenswürdig registriert ist.

DNS-Protokollierung konfigurieren

Windows Server 2016 bietet eine ausführlichere DNS-Protokollierung und -Diagnose als Windows Server 2012 R2. Allerdings kann die Leistung des Servers einbrechen, wenn diese zusätzliche Protokollierung aktiviert ist. Es gibt im Wesentlichen zwei Arten von Protokollierung:

- **Diagnoseprotokollierung**   Liefert detaillierte Daten über die Anforderungen, die der DNS-Server empfangen und gesendet hat. Protokolle können mithilfe von Paketaufzeichnungstools gesammelt werden. Nur für kurzzeitigen Einsatz empfohlen, wenn detaillierte Daten benötigt werden.
- **Überwachungs- und Analyseereignisprotokollierung**   DNS-Überwachungsereignisse werden standardmäßig aufgezeichnet, DNS-Analyseereignisse dagegen nicht.

In Windows Server 2016 ist die zusätzliche Protokollierung standardmäßig aktiviert. Sie können sich die aufgezeichneten Ereignisse in der Ereignisanzeige ansehen.

> **WEITERE INFORMATIONEN**   **DNS-Protokollierung**
>
> Weitere Informationen zur DNS-Protokollierung finden Sie unter:
>
> *https://technet.microsoft.com/en-us/library/dn800669(v=ws.11).aspx*

Delegierte Administration konfigurieren

Es gibt im Wesentlichen drei Methoden, den Zugriff auf DNS zu delegieren:

- **Die Active Directory-Sicherheitsgruppe DnsAdmins**   Die Sicherheitsgruppe *DnsAdmins* gibt ihren Mitgliedern die Berechtigung, alle DNS-Server in einer Active Directory-Domäne zu verwalten.
- **Ändern der DNS-Servereigenschaften**   Sofern der DNS-Server zu einer Arbeitsgruppe gehört oder Sie einigen ausgewählten Administratoren reine Leseberechtigungen gewähren wollen, können Sie die Eigenschaften des DNS-Servers verändern.
- **Ändern der Zoneneigenschaften**   Eine Zone erbt ihre Berechtigungen vom DNS-Server. Sie können die Vererbung aber unterbinden oder die Berechtigungen ändern, ähnlich wie beim Verwalten von Dateien und Verzeichnissen.

Abbildung 6–8 zeigt die Standardeinstellungen für die Sicherheitsgruppe *DnsAdmins* auf einem DNS-Server.

Wenn Sie ausgewählten Administratoren die Erlaubnis erteilen wollen, sich den DNS-Inhalt der Zonen anzusehen, können Sie eine neue Sicherheitsgruppe anlegen und ihr die Berechtigung *Lesen* zuweisen. Sie können auch eine separate Gruppe definieren, die DNS-Objekte erstellen und ändern, aber nicht löschen darf.

Abb. 6–8   Berechtigungen auf Ebene des DNS-Servers

Der Ablauf ist ähnlich, wenn die Eigenschaften einer Zone verändert werden sollen. Die Zone erbt die Berechtigungen, die auf Serverebene zugewiesen wurden. Sie können weitere Sicherheitsgruppen hinzufügen, denen erlaubt ist, eine individuelle Zone zu verwalten. Die Standardeigenschaften einer Forward-Lookupzone sind in Abbildung 6–9 zu sehen.

Abb. 6–9   Berechtigungen auf Zonenebene

Rekursionseinstellungen konfigurieren

Wie schon weiter oben im Abschnitt »Stammhinweise konfigurieren« beschrieben, arbeiten rekursive DNS-Abfragen mit Weiterleitung und Verweisen, um den richtigen DNS-Eintrag zu finden. Wenn Sie in DNS eine Weiterleitung nutzen, führt der DNS-Server standardmäßig rekursive Abfragen aus. So ist der Server in der Lage, die DNS-Abfrage nach einer unbekannten Domäne an den nächsten konfigurierten DNS-Server weiterzureichen. Sofern dieser nächste Server selbst keine Informationen über den gesuchten Namen hat, reicht er die Anforderung seinerseits an einen anderen DNS-Server weiter. Dieser Prozess kann sich mehrmals wiederholen, bis eine nichtautorisierende Antwort für die Abfrage gefunden wird. Sie können das Cmdlet Set-DnsServerRecursion oder den DNS-Manager benutzen, um die Rekursion auf Serverebene zu aktivieren oder zu deaktivieren. Sie sollten die Rekursion nur in kleineren Umgebungen deaktivieren, weil dies den Zugriff auf das Internet verhindern kann, wenn es nicht sehr sorgfältig konfiguriert wird. Abbildung 6–10 zeigt die entsprechenden Optionen auf der Registerkarte *Erweitert* in den Eigenschaften des DNS-Servers.

Abb. 6–10   Erweiterte Einstellungen des DNS-Servers

Das PowerShell-Cmdlet ist nicht darauf beschränkt, die Rekursion zu aktivieren oder zu deaktivieren, es kann auch diverse Rekursionseinstellungen konfigurieren. Zum Beispiel legen Sie mit dem Parameter *RetryInterval* fest, wie viele Sekunden ein DNS-Server wartet, bevor er Rekursion erneut nutzt. In der Standardeinstellung beträgt die Wartezeit drei Sekunden, möglich sind Werte von 1 bis 15. Ein anderer Parameter ist *AdditionalTimeout*. Sie geben damit an, wie viele Sekunden ein DNS-Server auf die Antwort des nächsten DNS-Servers wartet, nachdem er eine rekursive Anforderung verschickt hat. Die Standardeinstellung ist vier Sekunden, mögliche Werte reichen von 0 bis 15.

```
Set-DnsServerRecursion -RetryInterval 2
```

Mithilfe eines Rekursionsbereichs können Sie die Rekursion für ausgewählte Weiterleitungen aktivieren oder deaktivieren. Ein Bereich definiert eine oder mehrere Weiterleitungen, bei denen die Rekursion aktiviert oder deaktiviert wird. Sie nehmen diese Einstellung mit dem Cmdlet Set-DnsServerRecursionScope vor:

```
Set-DnsServerRecursionScope -Name "DisabledScope" -Forwarder 192.168.0.1
  -EnableRecursion $False
```

DNS-Leistungsoptimierung implementieren

Die Leistungsoptimierung ist ein komplexes Thema, das von vielen Faktoren abhängt, zum Beispiel von der Größe der Domäne, den Hardwarespezifikationen eines Servers, der Netzwerkleistung oder der Zahl der Anforderungen. Es wäre sehr schwierig, für die Prüfung eine Frage zum Thema Leistung zu formulieren, bei der es nur eine richtige Antwort gibt, zumindest wenn das Problem nicht deutlich genannt wird und die Antwort somit leicht erkennbar wäre. Einige simple Methoden, die DNS-Leistung zu steigern, sind:

- **Firewalleigenschaften ändern** Stellen Sie sicher, dass der UDP-Port 53 auf jedem DNS-Server geöffnet ist und eine ausschließlich lokale Zuordnung definiert ist.

- **Zahl der logischen Kerne erhöhen** Wie viele Threads der DNS-Dienst erstellt, hängt von der Gesamtzahl der logischen Kerne auf dem Server ab. Weisen Sie einem virtuellen Computer daher die höchstmögliche Zahl logischer Kerne zu.

- **Zahl der UDP-Empfangsthreads auf 8 setzen** Ändern Sie den DWORD-Wert *UdpRecvThreadCount* im Registrierungszweig *HKEY_LOCAL_MACHINE\System\CurrentControlSet\Services\DNS\Parameters*, um sicherzustellen, dass alle logischen Threads genutzt werden.

- **Netzwerkadapterpuffer maximieren** Setzen Sie die Empfangspuffer mit dem Cmdlet Set-NetAdapterAdvancedProperty auf *Maximum*.

> **WEITERE INFORMATIONEN** **Messergebnisse zur DNS-Leistung**
>
> Das Windows Server-Netzwerkteam hat die Leistung von DNS unter Windows Server 2012 R2 getestet. Die Ergebnisse können Sie sich ansehen unter:
>
> *https://blogs.technet.microsoft.com/networking/2015/08/13/name-resolution-performance-of-authoritative-windows-dns-server-2012-r2*

Globale DNS-Einstellungen mit Windows PowerShell konfigurieren

Das DNS-Modul für Windows PowerShell umfasst 130 Cmdlets, mit denen Sie verschiedene Komponenten eines DNS-Servers anzeigen oder konfigurieren können. Zwei Cmdlets, die in Windows Server 2016 neu hinzugekommen sind und in den bisherigen Abschnitten noch nicht erwähnt wurden, sind:

- **Add-DnsServerZoneTransferPolicy**   Erstellt eine neue Richtlinie für Zonenübertragungen und legt fest, ob eine Zonenübertragung zurückgewiesen oder ignoriert wird. Zugehörige Cmdlets sind Get-, Set- und Remove-DnsServerZoneTransferPolicy.
- **Add-DnsServerResourceRecord**   Dieses Cmdlet wurde dahingehend erweitert, dass es unbekannte Eintragstypen unterstützt. Zugehörige Cmdlets sind Get-, Set- und Remove-DnsServerResourceRecord.

Zusammenfassung des Kapitels

- Vorbereiten und Installieren der DNS-Serverrolle
- Weiterleitungen und bedingte Weiterleitung für Lookupzonen konfigurieren
- Verwenden von Stammhinweisen, um autorisierende DNS-Server zu ermitteln
- DNS-Delegierung konfigurieren
- Richtlinien für DNS-Server und -Clients implementieren
- Schützen von DNS mithilfe von Sicherheitserweiterungen
- Entschärfen von DNS-Angriffen mithilfe von Socketpool und Cachesperrung
- Aktivieren von Response Rate Limiting, um DNS-Angriffe zu entschärfen
- Delegieren der Administration, damit andere Administratoren DNS verwalten können
- Rekursive DNS-Abfragen aktivieren, deaktivieren und konfigurieren
- DNS-Server und -Einstellungen mit Windows PowerShell verwalten

Gedankenexperiment

Ein Unternehmen betreibt eine Produktivumgebung und eine Testumgebung. Die Produktivumgebung ist als Active Directory-Domäne konfiguriert, wobei DNS in die Domäne integriert ist. Die Testumgebung ist eine Arbeitsgruppe mit einem separaten DNS-Server. Das Unternehmen muss verhindern, dass die Testumgebung irgendwelche Namen in der Produktivumgebung auflöst. Als Namenserver für das Internet sollen die Produktivserver genutzt werden. Die Produktivserver müssen so konfiguriert sein, dass sie Antworten verzögern, falls eine Flutung mit DNS-Abfragen erkannt wird. Die Testumgebung muss ebenfalls 10 Sekunden warten, bevor sie auf nichtautorisierende DNS-Server zugreift. Und schließlich soll ein angehender Administrator in der Lage sein, alle Objekte und Einstellungen des DNS-Servers anzusehen; es darf ihm aber nicht möglich sein, Änderungen vorzunehmen.

Beantworten Sie zu diesem Szenario die folgenden Fragen:

1. Auf welche Weise sollte die Auflösung zwischen den Netzwerken verhindert werden?
2. Auf welche Weise sollten Abfragen verzögert werden, wenn eine Flutung erkannt wird?
3. Wie sollten dem Hilfsadministrator Berechtigungen gewährt werden?
4. Was muss in der Testumgebung konfiguriert werden, damit 10 Sekunden auf nichtautorisierende Antworten gewartet wird?

Antworten zum Gedankenexperiment

1. Sie können die Rekursion deaktivieren, um zu verhindern, dass der DNS-Server der Testumgebung die Weiterleitung nutzt. Definieren Sie einen Bereich, um die Rekursion für die entsprechende Weiterleitung zu konfigurieren.
2. Response Rate Limiting sollte konfiguriert werden, um Abfragen in einer Situation zu verzögern, wenn der DNS-Server mit Anforderungen überflutet wird.
3. An den Hilfsadministrator können Berechtigungen anhand einer benutzerdefinierten Sicherheitsgruppe delegiert werden, die über reine Leseberechtigung für den DNS-Server verfügt.
4. In der Testumgebung muss die Einstellung für die Wartezeit, bis Rekursion genutzt wird, so geändert werden, dass 10 Sekunden gewartet wird.

KAPITEL 7

IP-Adressverwaltung implementieren

Dieses Kapitel beschreibt, wie Sie die integrierte IP-Adressverwaltung (IP Address Management, IPAM) installieren, konfigurieren und nutzen. In früheren Prüfungen war IPAM stets ein wichtiges Thema. Sie sollten damit rechnen, dass dies so bleibt, und sich genau einprägen, wie Sie IPAM unter Windows Server 2016 installieren und konfigurieren.

Windows Server 2016 führt unter anderem die folgenden neuen Features in IPAM ein:

- erweiterte DNS-Dienstverwaltung
- Unterstützung für mehrere Active Directory-Gesamtstrukturen
- Löschen von Verwendungsdaten
- Windows PowerShell-Cmdlets für rollenbasierte Zugriffssteuerung

In Windows Server 2016 bietet IPAM außerdem Verbesserungen an der vorhandenen IP-Adressverwaltung und integriert DNS- und DHCP-Verwaltung in die IPAM-Konsole.

In diesem Kapitel abgedeckte Prüfungsziele:

- IPAM installieren und konfigurieren
- DNS und DHCP mithilfe von IPAM verwalten

Prüfungsziel 7.1: IPAM installieren und konfigurieren

In diesem Abschnitt erklären wir, wie Sie die grundlegende IPAM-Konfiguration installieren und konfigurieren. Dazu gehören die verwendete Standarddatenbank, die Bereitstellung von Server und Gruppenrichtlinieneinstellungen, das Konfigurieren von Serverermittlung und das Festlegen von IP-Adressen. Außerdem beschreiben wir, wie Sie eine IPAM-Datenbank sichern und wiederherstellen, was es Ihnen ermöglicht, diese Datenbank aus einer älteren Windows Server-Version auf Windows Server 2016 zu migrieren. Und schließlich erfahren Sie, wie Sie Microsoft SQL Server als Datenbankmodul einsetzen und IPAM mit System Center integrieren.

> **Dieser Abschnitt deckt folgende Prüfungsziele ab:**
>
> - IPAM von Hand oder mithilfe von Gruppenrichtlinien bereitstellen
> - Serverermittlung konfigurieren
> - IP-Adressblöcke und -bereiche erstellen und verwalten
> - Verwendung des IP-Adressraums überwachen
> - Vorhandene Arbeitsauslastungen auf IPAM migrieren
> - IPAM-Datenbank in SQL Server speichern
> - Szenarien für den Einsatz von IPAM mit System Center Virtual Machine Manager für die Verwaltung von physischen und virtuellen IP-Adressräumen beschreiben

IPAM von Hand oder mithilfe von Gruppenrichtlinien bereitstellen

IPAM ist ein Feature, das Sie mit dem Assistenten zum Hinzufügen von Rollen und Features oder mit dem Cmdlet `Install-WindowsFeature` hinzufügen. Sobald Sie das Feature installiert haben, besteht eine Ihrer ersten Aufgaben darin, den IPAM-Server bereitzustellen. Abbildung 7–1 zeigt den ersten Konfigurationsschritt beim Bereitstellen von IPAM, in dem Sie festlegen, welche Datenbank benutzt wird.

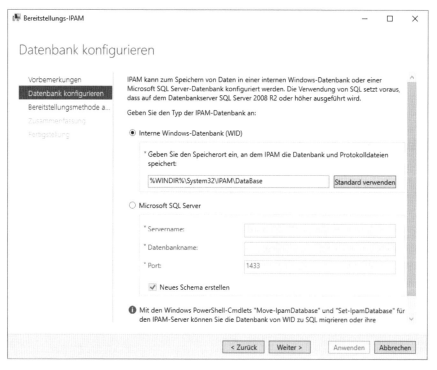

Abb. 7–1   Konfigurieren der IPAM-Datenbank

In der Standardeinstellung greift IPAM auf eine interne Windows-Datenbank zurück. Wie Sie stattdessen eine Microsoft SQL Server-Datenbank verwenden, beschreiben wir weiter unten in diesem Abschnitt. Wenn Sie die Datenbank konfiguriert haben, werden Sie aufgefordert, den Bereitstellungstyp auszuwählen. Hier stehen zwei Optionen zur Auswahl:

- **Manuell** Netzwerkfreigaben, Sicherheitsgruppen und Firewallregeln müssen auf jedem einzelnen Server erstellt und verwaltet werden.
- **Gruppenrichtlinienbasiert** Für die Verwaltung von IPAM werden in jeder Domäne Gruppenrichtlinienobjekte (Group Policy Objects, GPOs) erstellt. IPAM konfiguriert die GPOs nach Bedarf, woraufhin sie auf die Server in der jeweiligen Domäne angewendet werden. Wenn Sie Gruppenrichtlinien nutzen, fordert der Assistent Sie auf, ein Präfix einzugeben, das dem Namen aller GPOs vorangestellt wird. Wenn Sie zum Beispiel das Präfix *IPAM* eingeben, heißt ein GPO für die Verwaltung von DHCP-Servern *IPAM_DHCP*. Abbildung 7–2 zeigt, wie Sie die Bereitstellungsmethode auswählen.

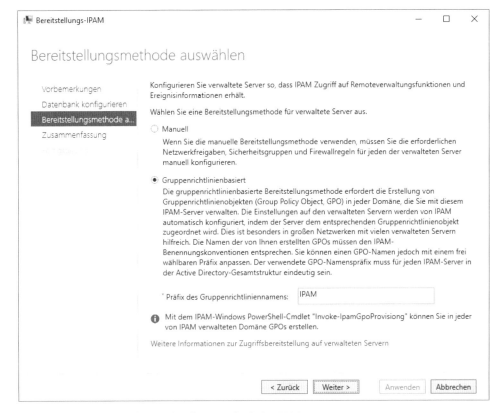

Abb. 7–2 Auswählen der Bereitstellungsmethode für IPAM

PRÜFUNGSTIPP

Wenn Sie eine gruppenrichtlinienbasierte Bereitstellung wählen, können Sie später nicht mehr auf eine manuelle Bereitstellung wechseln. Dagegen können Sie eine manuelle Bereitstellung in eine gruppenrichtlinienbasierte ändern, indem Sie das Cmdlet Set-IpamConfiguration aufrufen.

Sie können den Server mit dem Cmdlet Invoke-IpamServerProvisioning bereitstellen und dann die Gruppenrichtlinienobjekte mit dem Cmdlet Invoke-IpamGpoProvisioning:

```
Invoke-IpamServerProvisioning -ProvisioningMethod Automatic -GpoPrefix "IPAM-"
Invoke-IpamGpoProvisioning -Domain contosoforest.com -GpoPrefixName IPAM
  -IpamServerFqdn ipam.contosoforest.com
```

Wenn Sie die manuelle Bereitstellungsmethode auswählen, müssen Sie auf jedem verwalteten Server von Hand mehrere Optionen erstellen oder konfigurieren. Einige davon sind:

- Netzwerkfreigaben
- Sicherheitsgruppen
- Firewallregeln

DHCP-Server

Damit ein DHCP-Server verwaltet werden kann, müssen alle drei Optionen auf dem Server konfiguriert sein. Tabelle 7–1 fasst die Firewallregeln zusammen, die auf einem verwalteten DHCP-Server konfiguriert sein müssen.

Richtung	Name der Einstellung	Beschreibung
Eingehend	DHCP-Serververwaltung	Zugriff auf DHCP-Serverkonfigurationsdaten
Eingehend	Remotedienstverwaltung	Zugriff auf DHCP-Serverkonfigurationsdaten
Eingehend	Datei- und Druckerfreigabe	Zugriff auf DHCP-Serververwendungsdaten
Eingehend	Remote-Ereignisprotokollverwaltung	Zugriff auf DHCP-Serverprotokolle

Tab. 7–1 Firewallregeln für einen DHCP-Server

Außerdem müssen Sie in der Domäne eine universelle Sicherheitsgruppe namens *IPAMUG* anlegen. Die Computerkontoobjekte aller DHCP-Server müssen Mitglieder dieser Sicherheitsgruppe sein. Abbildung 7–3 zeigt die richtigen Einstellungen für die Gruppe.

Abb. 7–3 Eigenschaften der Sicherheitsgruppe *IPAMUG*

Wenn Sie die universelle Sicherheitsgruppe *IPAMUG* angelegt haben, fügen Sie die Gruppe auf jedem verwalteten Server als Mitglied zu den Sicherheitsgruppen *DHCP-Benutzer* und *Ereignisprotokollleser* hinzu. Abbildung 7–4 zeigt, wie *IPAMUG* zur lokalen Gruppe *Ereignisprotokollleser* auf dem DHCP-Server hinzugefügt wurde. Sofern es sich bei dem Server um einen Domänencontroller handelt, sollten Sie die Gruppe *Ereignisprotokollleser* im Container *Builtin* verwenden.

Abb. 7–4 Hinzufügen der Sicherheitsgruppe zur Gruppe *Ereignisprotokollleser*

Der dritte Konfigurationsschritt, den Sie auf einem verwalteten DHCP-Server durchführen, besteht darin, eine Netzwerkfreigabe für das Verzeichnis *%windir%\system32\dhcp* unter dem Namen *dhcpaudit* zu erstellen. Abbildung 7–5 zeigt die Eigenschaften dieses freigegebenen Verzeichnisses.

Abb. 7–5   Freigabe für das Verzeichnis *dhcp*

Ändern Sie die Berechtigungen für diese Freigabe so, dass die universelle Sicherheitsgruppe *IPAMUG* den Inhalt des Verzeichnisses lesen darf. Abbildung 7–6 zeigt, welche Freigabeberechtigungen auf das Verzeichnis angewendet werden.

Abb. 7–6   Freigabeberechtigungen für die Freigabe des Verzeichnisses *dhcp*

Nachdem Sie die erforderlichen Änderungen an den Gruppenmitgliedschaften vorgenommen haben, müssen Sie den DHCP-Dienst neu starten. So stellen Sie sicher, dass die neuen Berechtigungsstufen aktiviert werden.

DNS-Server

Ähnlich wie bei DHCP-Servern müssen Sie auch bei DNS-Servern mehrere Konfigurationsänderungen durchführen, wenn Sie IPAM von Hand bereitstellen. Folgende Änderungen sind erforderlich:

- eingehende Firewallregeln
- Änderungen an Sicherheitsgruppen
- DNS-Zugriff delegieren

Tabelle 7–2 fasst die Änderungen an den Firewallregeln eines DNS-Servers zusammen.

Richtung	Name der Einstellung	Beschreibung
Eingehend	DNS-Dienst	Netzwerkermittlung verwalteter DNS-Server
Eingehend	Remotedienstverwaltung	Verwalten von DNS-Servern
Eingehend	Remote-Ereignisprotokollverwaltung	DNS-Zonen und -Dienste überwachen

Tab. 7–2 Firewallregeln für einen DNS-Server

Genauso wie bei DHCP-Servern müssen Sie auch für DNS-Server die universelle Sicherheitsgruppe *IPAMUG* zur Sicherheitsgruppe *Ereignisprotokollleser* hinzufügen. Außerdem muss auf einem verwalteten DNS-Server die Ereignisprotokollüberwachung aktiviert sein. Gehen Sie dazu folgendermaßen vor:

1. Öffnen Sie eine PowerShell-Sitzung und führen Sie das Cmdlet `Get-ADComputer` aus:

    ```
    Get-ADComputer <Name des IPAM-Servers>
    ```

2. Kopieren Sie die SID des IPAM-Servers in die Zwischenablage (Abbildung 7–7).

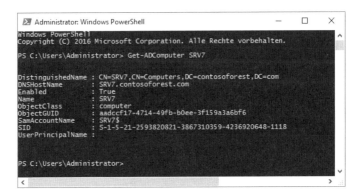

Abb. 7–7 Ermitteln der SID für den IPAM-Server

3. Öffnen Sie auf dem DNS-Server den Registrierungs-Editor.
4. Öffnen Sie den Zweig *HKLM\System\CurrentControlSet\Services\EventLog\DNS Server*.
5. Klicken Sie doppelt auf den Schlüssel *CustomSD*.
6. Fügen Sie am Ende des Wertfelds die folgende Zeichenfolge ein, wobei Sie den SID-Wert durch die SID Ihres Servers ersetzen:

    (A;;0x1;;; S-1-5-21-2593820821-3867310359-4236920648-1118)

    Abbildung 7–8 zeigt, wie die SID in den Schlüsselwert eingefügt wird.

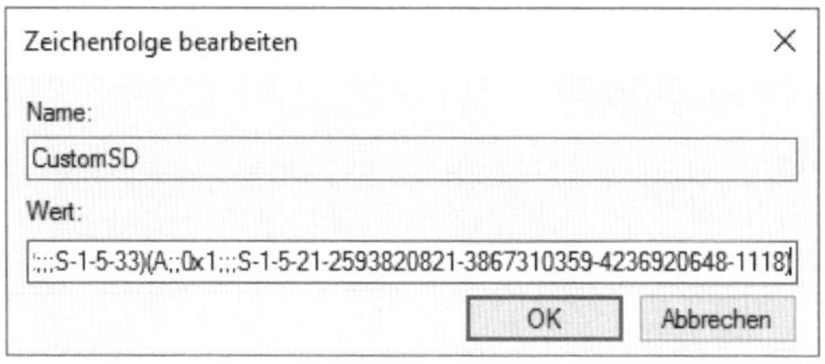

![Bearbeiten des Registrierungsschlüssels CustomSD]

Abb. 7–8   Bearbeiten des Registrierungsschlüssels *CustomSD*

7. Klicken Sie auf *OK* und schließen Sie den Registrierungs-Editor.

Der dritte Konfigurationsschritt für verwaltete DNS-Server besteht darin, den IPAM-Server zur Sicherheitsgruppe *DnsAdmins* hinzuzufügen. Damit stellen Sie sicher, dass der IPAM-Server auf dem DNS-Server administrative Aufgaben durchführen kann. Abbildung 7–9 zeigt, wie die Gruppe *IPAMUG*, deren Mitglied die Computerobjekte der IPAM-Server sind, zur Gruppe *Dns-Admins* hinzugefügt wurde. Somit wurden Rechte zum Konfigurieren des DNS-Servers an den IPAM-Server delegiert.

Abb. 7–9   Hinzufügen einer Gruppe zur Sicherheitsgruppe *DnsAdmins*

Domänencontroller und Netzwerkrichtlinienserver

Bei verwalteten Domänencontrollern und Netzwerkrichtlinienservern (Network Policy Server, NPS) müssen Sie ähnliche Konfigurationsänderungen vornehmen. Aktivieren Sie bei diesen Servern eingehende Firewallausnahmen für die Remote-Ereignisprotokollverwaltung. Fügen Sie auf den Domänencontrollern und Netzwerkrichtlinienservern außerdem die universelle Sicherheitsgruppe *IPAMUG* zur Sicherheitsgruppe *Ereignisprotokollleser* hinzu.

Serverermittlung konfigurieren

Sobald Sie den IPAM-Server bereitgestellt haben, besteht der nächste Schritt darin, die Serverermittlung zu konfigurieren und zu starten. Abbildung 7–10 zeigt, wie die Ermittlung für die Gesamtstruktur und ihre Stammdomäne eingerichtet wird. Um eine Domäne in die Ermittlung aufzunehmen, brauchen Sie lediglich auf *Hinzufügen* zu klicken.

Abb. 7–10   Konfigurieren der Serverermittlung

In Windows Server 2016 können Sie auch andere Active Directory-Gesamtstrukturen verwalten, sofern eine bidirektionale Gesamtstrukturvertrauensstellung eingerichtet wurde. Wenn Sie auf *Hinzufügen* geklickt haben, um eine Domäne auszuwählen, können Sie festlegen, ob die Domänencontroller, DHCP-Server und DNS-Server für die Domäne gesucht werden. Sie können die gewünschte Domäne auch mit dem Cmdlet Add-IpamDiscoveryDomain hinzufügen:

```
Add-IpamDiscoveryDomain -Name "contosoforest.com"
```

Sobald die Server in der Umgebung ermittelt wurden, wird ihr Verwaltbarkeitsstatus in der Standardeinstellung auf *Nicht angegeben* gesetzt. Um einen Server verwalten zu lassen, müssen Sie den entsprechenden Eintrag in der Liste der ermittelten Server ändern, indem Sie den Verwaltbarkeitsstatus auf *Verwaltet* setzen (Abbildung 7–11).

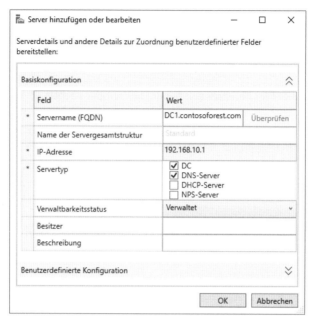

Abb. 7–11 Bearbeiten des Verwaltbarkeitsstatus für einen Server

IP-Adressblöcke und -bereiche erstellen und verwalten

IPAM-Adressblöcke definieren, welche IPv4- oder IPv6-Adressen verwaltet werden. IPAM markiert die IPv4-Blöcke automatisch als öffentliche oder private Blöcke, je nachdem, wie die Adressbereiche von der Internet Assigned Numbers Authority (IANA) definiert wurden. IP-Adressblöcke werden normalerweise in kleinere Einheiten zerlegt, die benannten Bereiche. IP-Adressbereiche können als DHCP-Bereich oder Pool statischer Adressen genutzt werden, die den Hosts zugewiesen werden. Bereiche setzen sich aus einzelnen IP-Adressen zusammen. Abbildung 7–12 zeigt, wie ein IPv4-Adressblock erstellt wird.

In der PowerShell können Sie das Cmdlet `Add-IpamBlock` verwenden, um einen Block aus IP-Adressen hinzuzufügen:

```
Add-IpamBlock -NetworkId "10.0.0.0/8"
```

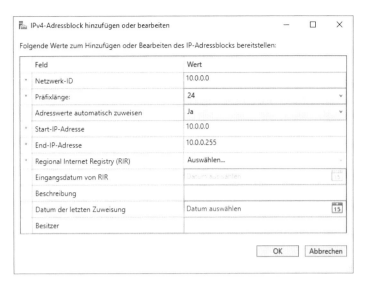

Abb. 7–12   Erstellen eines IPv4-Adressblocks

Einen Bereich aus IP-Adressen fügen Sie auf ähnliche Weise hinzu wie einen Block. Um einen Bereich zu definieren, müssen Sie die Netzwerk-ID und entweder das Subnetzpräfix oder die Subnetzmaske angeben. Abbildung 7–13 zeigt, wie ein IPv4-Adressbereich erstellt wird.

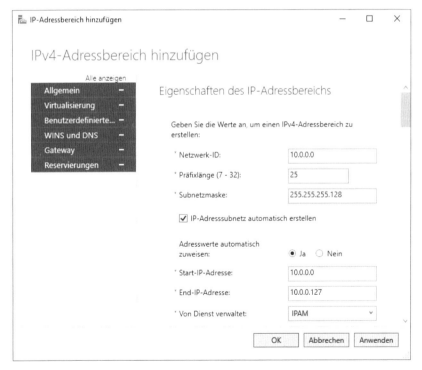

Abb. 7–13   Definieren eines IPv4-Adressbereichs

Prüfungsziel 7.1: IPAM installieren und konfigurieren   **KAPITEL 7**   **187**

Wie beim Erstellen eines IP-Adressblocks gibt es auch die Möglichkeit, einen Bereich in der PowerShell hinzuzufügen. Rufen Sie dazu das Cmdlet Add-IpamRange auf:

```
Add-IpamRange -NetworkId "192.168.0.0/24"
```

Verwendung des IP-Adressraums überwachen

Nachdem Sie die Blöcke und Bereiche zur IPAM-Konfiguration hinzugefügt haben, stehen Ihnen mehrere Wege zur Verfügung, verfügbare Adressen zu finden. Klicken Sie auf der Seite *IPAM* des Server-Managers mit der rechten Maustaste auf einen Bereich und wählen Sie den Befehl *Verfügbare IP-Adresse suchen und zuordnen*. Das Tool durchsucht den IP-Adressbereich anhand der festgelegten Kriterien nach der nächsten verfügbaren IP-Adresse (Abbildung 7–14).

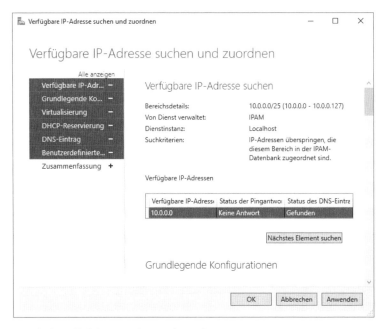

Abb. 7–14 Verfügbare IP-Adresse suchen und zuordnen

Sobald eine verfügbare IP-Adresse gefunden wurde, können Sie dasselbe Tool verwenden, um diese IP-Adresse als DHCP-Reservierung festzulegen, einen DNS-Eintrag zu erstellen oder eine beliebige andere Konfiguration für die IP-Adresse festzulegen.

Die Seiten *IP-Adressblöcke* und *IP-Adressbereichsgruppen* der IPAM-Benutzeroberfläche zeigen zu jedem Block beziehungsweise zu jedem Bereich die Verwendungsrate an. Ein Block beziehungsweise ein Bereich kann einen der drei folgenden Verwendungszustände haben:

- **Gering** Sofern unter 20 Prozent der IP-Adressen zugewiesen sind, wird der Block oder Bereich als gering verwendet eingestuft.
- **Optimal** Sind zwischen 20 und 80 Prozent der IP-Adressen zugewiesen, wird die Verwendung des Blocks oder Bereichs als optimal eingestuft.

■ **Hoch** Wenn über 80 Prozent der IP-Adressen zugewiesen sind, wird die Verwendung des Blocks oder Bereichs als hoch eingestuft.

Abbildung 7–15 zeigt, wie die Verwendungsrate in der IPAM-Konsole angezeigt wird.

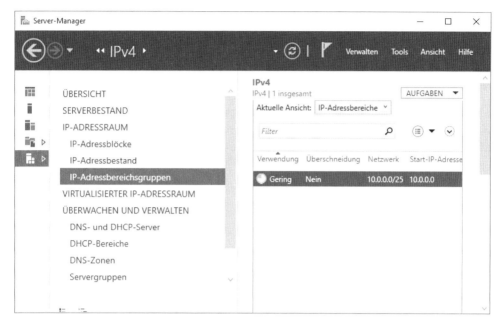

Abb. 7–15 Anzeige der Verwendungsrate für einen IP-Adressbereich

Ab wann eine Verwendungsrate als gering oder hoch bewertet wird, können Sie konfigurieren, indem Sie die Verwendungsschwellenwerte in der IPAM-Konfiguration ändern. Klicken Sie im Server-Manager auf *Verwalten* und dann auf *IPAM-Einstellungen*. Klicken Sie im Dialogfeld *IPAM-Einstellungen* auf *Verwendungsschwellenwert konfigurieren*. Abbildung 7–16 zeigt die Konfigurationseinstellungen für die Schwellenwerte.

Abb. 7–16 Konfigurieren der Schwellenwerte für die IP-Adressenverwendung

Es stehen drei PowerShell-Cmdlets zur Verfügung, mit denen Sie verfügbare IP-Adressen ermitteln können:

- **Find-IpamFreeAddress**   Dieses Cmdlet sucht eine oder mehrere verfügbare IP-Adressen aus einem Adressbereich, der auf dem IPAM-Server definiert ist.
- **Find-IpamFreeRange**   Sucht freie IP-Adressbereiche auf dem IPAM-Server.
- **Find-IpamFreeSubnet**   Sucht freie IP-Subnetze auf dem IPAM-Server.

Vorhandene Arbeitsauslastungen auf IPAM migrieren

Sofern Sie beim Installieren von IPAM die Standardoptionen verwendet haben, liegen die Dateien der internen Windows-Datenbank (Windows Internal Database, WID) im Verzeichnis *%WINDIR%\System32\ipam\Database*. Sie finden hier zwei Dateien: ipam.mdf und ipam_log.ldf. Gehen Sie folgendermaßen vor, um eine vorhandene Installation zu migrieren:

1. Beenden Sie den WID-Dienst auf dem vorhandenen Server.
2. Sichern Sie die IPAM-Datenbankdateien, die auf dem vorhandenen Server gespeichert sind.
3. Installieren Sie das IPAM-Feature auf dem neuen Server, wobei Sie die interne Windows-Datenbank als Datenbanktyp auswählen.
4. Beenden Sie den WID-Dienst auf dem neuen Server.
5. Stellen Sie auf dem neuen Server die Datenbankdateien aus der Datensicherung wieder her.
6. Starten Sie den WID-Dienst auf dem neuen Server.

Nachdem Sie die Arbeitsauslastung auf einen neuen Server migriert oder ein direktes Upgrade durchgeführt haben, können Sie das IPAM-Schema auf dem neuen Betriebssystem aktualisieren, indem Sie das Cmdlet `Update-IpamServer` ausführen.

Wenn Sie die Datenbank auf dem bisherigen Server unter Microsoft SQL Server hosten, können Sie einfach den Datenbankserver angeben, während Sie IPAM auf dem neuen Server installieren. Wenn Sie auch die SQL Server-Datenbank migrieren wollen, können Sie das Cmdlet `Move-IpamDatabase` aufrufen. Dies wird im nächsten Abschnitt erklärt.

IPAM-Datenbank in SQL Server speichern

Wie bereits weiter oben im Abschnitt »IPAM von Hand oder mithilfe von Gruppenrichtlinien bereitstellen« erwähnt, können Sie auch Microsoft SQL Server einsetzen, um die IPAM-Datenbank zu speichern. Die SQL Server-Instanz sowie die Datenbank müssen so erstellt werden, dass sie von IPAM benutzt werden können. IPAM verwendet für alle Operationen das Benutzerkonto *NT-AUTORITÄT\Netzwerkdienst*, und zwar sowohl für eine WID- als auch eine SQL Server-Datenbank. Damit der Zugriff auf SQL Server möglich ist, müssen Sie dem Konto *Netzwerkdienst* die folgenden SQL Server-Rollen zuweisen:

- db_datareader
- db_datawriter
- db_ddladmin

Außerdem braucht das Benutzerkonto für *dbo* die Berechtigungsstufen zum Ändern und Lesen des Datenbankzustands. Sobald Sie die Instanz und die Datenbank erstellt und dem Konto *Netzwerkdienst* die benötigten Berechtigungen zugewiesen haben, können Sie die Datenbank mit dem Cmdlet `Move-IpamDatabase` auf den SQL Server migrieren:

```
Move-IpamDatabase -DatabaseServer SQL1 -DatabaseName IPAMDB -DatabasePort 1433
    -DatabaseAuthType Windows
```

Szenarien für den Einsatz von IPAM mit System Center Virtual Machine Manager für die Verwaltung von physischen und virtuellen IP-Adressräumen beschreiben

IPAM kann in System Center Virtual Machine Manager (VMM) integriert werden, um die logischen Netzwerke und die Netzwerke für virtuelle Computer in VMM zu verwalten. Um VMM so zu konfigurieren, dass die Integration mit IPAM möglich ist, müssen Sie ein spezielles Benutzerkonto anlegen. Diesem Benutzerkonto beziehungsweise einer Gruppe, bei der das Benutzerkonto Mitglied ist, müssen Sie die IPAM-ASM-Administratorrolle zuweisen, damit VMM in der Lage ist, IPAM zu verwalten. Die unterschiedlichen Ebenen für die rollenbasierte Zugriffssteuerung beschreiben wir weiter unten in diesem Kapitel.

Ist das Benutzerkonto erstellt, können Sie in VMM festlegen, dass es zum Ausführen verwendet wird. Erstellen Sie einen Netzwerkdienst für den Microsoft IP-Adressverwaltungsanbieter und legen Sie fest, dass er unter dem Konto ausgeführt wird. VMM stellt die Verbindung zum IPAM-Server dann unter den Anmeldeinformationen her, die Sie eingetragen haben. Tabelle 7–3 vergleicht die Namen von Objekten in VMM und IPAM.

VMM-Objektname	IPAM-Objektname
Logisches Netzwerk	Virtualisierter IP-Adressraum
Netzwerkstandort	Virtualisierter IP-Adressraum
Subnetz für IP-Adressen	Subnetz für IP-Adressen
IP-Adresspool	IP-Adressbereich
VM-Netzwerk	Virtualisierter IP-Adressraum

Tab. 7–3 Vergleich von VMM- und IPAM-Objektnamen

Prüfungsziel 7.2: DNS und DHCP mithilfe von IPAM verwalten

In diesem Abschnitt beschreiben wir, wie Sie mithilfe von IPAM verschiedene Aspekte von DHCP und DNS verwalten. Dazu gehören Servereigenschaften, Bereiche, Richtlinien und Failoverkonfigurationen für die DHCP-Server in der Umgebung. Die Einstellungen für DNS umfassen Servereigenschaften, Zonen und einzelne Einträge. Außerdem stellen wir die neue Unterstützung für mehrere AD DS-Gesamtstrukturen und die Delegierung der Administration mit RBAC vor.

> **Dieser Abschnitt deckt folgende Prüfungsziele ab:**
>
> - DHCP-Servereigenschaften mit IPAM verwalten
> - DHCP-Bereiche und -Optionen konfigurieren
> - DHCP-Richtlinien und -Failover konfigurieren
> - DNS-Servereigenschaften mit IPAM verwalten
> - DNS-Zonen und -Einträge verwalten
> - DNS- und DHCP-Server in mehreren Active Directory-Gesamtstrukturen verwalten
> - Administration von DNS und DHCP mit rollenbasierter Zugriffssteuerung delegieren

DHCP-Servereigenschaften mit IPAM verwalten

Wenn Sie die IPAM-Umgebung konfiguriert haben und die Verwaltung der ermittelten Server funktioniert, können Sie sich daran machen, die einzelnen Dienste auf diesen Servern zu konfigurieren. Abbildung 7–17 zeigt die DNS- und DHCP-Dienste auf einem ermittelten Server.

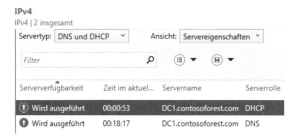

Abb. 7–17   Verwaltete DHCP- und DNS-Dienste

Wenn Sie mit der rechten Maustaste auf einen Dienst klicken, werden im Kontextmenü mehrere Optionen angeboten, darunter das Verwalten der DHCP-Servereigenschaften. Abbildung 7–18 zeigt die Seite *DHCP-Servereigenschaften bearbeiten* der IPAM-Konsole.

Sie können unter anderem die folgenden DHCP-Eigenschaften ändern:

- **Allgemein**   Von IPAM aus können Sie einzig die DHCP-Überwachungsprotokollierung aktivieren.
- **Dynamische DNS-Updates**   Hier können Sie dynamische Updates auf dem Server erlauben und Optionen für Namensschutz und Lease konfigurieren.
- **Anmeldeinformationen für dynamische DNS-Updates**   Dies sind die Anmeldeinformationen, unter denen im Rahmen von dynamischen Updates die Namen registriert werden.
- **MAC-Adressfilter**   Hier stellen Sie ein, ob eine Zulassen- oder Verweigern-Liste für den DHCP-Server ausgewertet wird.

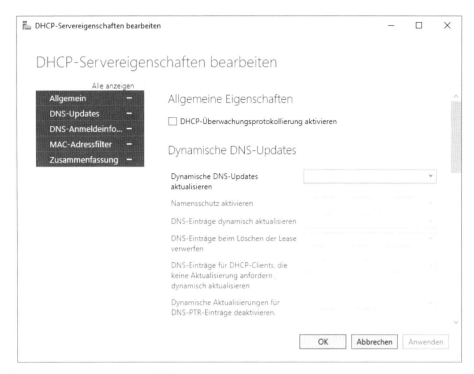

Abb. 7–18 Konfigurieren der DHCP-Servereigenschaften

> **WEITERE INFORMATIONEN** **DNS und IPAM**
>
> Weitere Informationen zum Verwalten von DNS mit IPAM liefert der folgende Kurs:
>
> *https://channel9.msdn.com/Blogs/windowsserver/Windows-Server-2016-DNS-management-in-IPAM*

DHCP-Bereiche und -Optionen konfigurieren

Wenn Sie in der IPAM-Konsole mit der rechten Maustaste auf den DHCP-Dienst klicken, bekommen Sie im Kontextmenü etliche Befehle angeboten, mit denen Sie die Bereiche und Optionen auf dem DHCP-Server konfigurieren können. Abbildung 7–19 zeigt einen Teil der IPAM-Benutzeroberfläche, in der die verfügbaren Befehle aufgeführt sind.

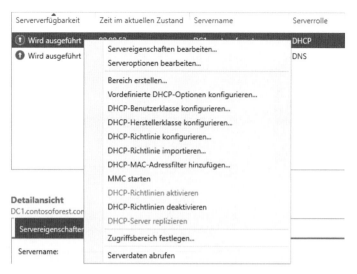

Abb. 7–19   DHCP-Optionen in der IPAM-Konsole

Unter anderem können Sie die folgenden Optionen von IPAM aus konfigurieren:

- **Serveroptionen bearbeiten**   Dies sind die Optionen, die Sie für den DHCP-Server konfigurieren können.
- **Bereich erstellen**   Erstellt einen neuen IPv4-Bereich auf dem DHCP-Server. Bei Bedarf können Sie dafür DNS-Updates und erweiterte Optionen konfigurieren.
- **Vordefinierte DHCP-Optionen konfigurieren**   Erstellt DHCP-Standardoptionen für den Server.
- **DHCP-Benutzerklasse konfigurieren**   Erstellt Benutzerklassen auf dem DHCP-Server.
- **DHCP-Herstellerklasse konfigurieren**   Erstellt Herstellerklassen auf dem DHCP-Server.

DHCP-Richtlinien und -Failover konfigurieren

Auch DHCP-Richtlinien und -Failover konfigurieren Sie, indem Sie in der IPAM-Konsole mit der rechten Maustaste auf den DHCP-Dienst klicken. Sie sehen in Abbildung 7–19 einige Befehle, mit denen Sie DHCP-Richtlinien aus IPAM heraus verwalten:

- **DHCP-Richtlinie konfigurieren**   Erstellt eine DHCP-Richtlinie mit Kriterien, Bedingungen und Optionen für die angegebene Richtlinie.
- **DHCP-Richtlinie importieren**   Importiert eine vorhandene Richtlinie auf Server- oder Bereichsebene in die IPAM-Datenbank.
- **DHCP-Richtlinien deaktivieren**   Deaktiviert die Richtlinien, die auf den ausgewählten DHCP-Server angewendet werden.

DNS-Servereigenschaften mit IPAM verwalten

DNS verwalten Sie in der IPAM-Konsole im Prinzip genauso wie DHCP, allerdings enthält das Kontextmenü für den Dienst weniger Befehle. Abbildung 7–20 zeigt einen Ausschnitt der IPAM-Konsole, in dem die verfügbaren DNS-Befehle sichtbar sind.

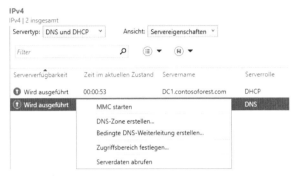

Abb. 7–20   DNS-Optionen in der IPAM-Konsole

Es stehen folgende Befehle zur Verfügung:

- **MMC starten**   Startet das MMC-Snap-In mit dem DNS-Manager.
- **DNS-Zone erstellen**   Erstellt eine Forward- oder Reverse-Lookupzone mit erweiterten Optionen direkt aus der IPAM-Konsole heraus.
- **Bedingte DNS-Weiterleitung erstellen**   Erstellt eine bedingte Weiterleitung mit erweiterten Optionen.
- **Zugriffsbereich festlegen**   Konfiguriert den Zugriffsbereich für den DNS-Server.
- **Serverdaten abrufen**   Ruft die neuesten Daten vom DNS-Server ab.

DNS-Zonen und -Einträge verwalten

Einzelne Zonen und Einträge können Sie auf der Registerkarte *DNS-Zonen* der IPAM-Konsole verwalten. Abbildung 7–21 zeigt einen Ausschnitt der IPAM-Konsole, in dem die verfügbaren Befehle für eine DNS-Zone aufgeführt sind.

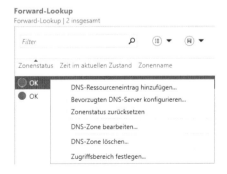

Abb. 7–21   Befehle zum Verwalten einer DNS-Zone in der IPAM-Konsole

Unter anderem können Sie in der IPAM-Konsole die folgenden Einstellungen zu einer DNS-Zone vornehmen:

- **DNS-Ressourceneintrag hinzufügen** Erstellt einen Eintragstyp, zum Beispiel einen A-Eintrag, in der DNS-Zone.
- **Bevorzugten DNS-Server konfigurieren** Wählt den autorisierenden DNS-Server für die DNS-Zone aus.
- **Zonenstatus zurücksetzen** Setzt den Status der DNS-Zone in der IPAM-Datenbank zurück. Verwenden Sie den Befehl *Serverdaten abrufen*, um die neuesten Daten vom DNS-Server abzurufen.
- **DNS-Zone bearbeiten** Ändert Einstellungen für Namenserver, Aufräumvorgang, Updates und Zonenübertragung in der Zone.
- **DNS-Zone löschen** Entfernt die Zone vom DNS-Server.
- **Zugriffsbereich festlegen** Legt den Zugriffsbereich auf dem IPAM-Server fest.

DNS- und DHCP-Server in mehreren Active Directory-Gesamtstrukturen verwalten

In Windows Server 2012 R2 musste IPAM in derselben Gesamtstruktur wie die DNS- und DHCP-Server liegen, die damit verwaltet wurden.

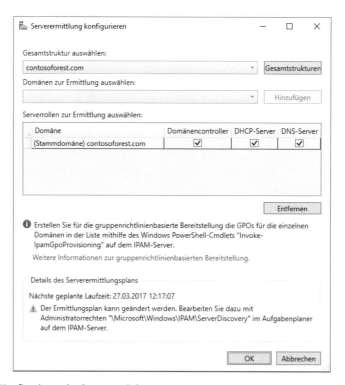

Abb. 7–22 Konfigurieren der Serverermittlung

In Windows Server 2016 ist IPAM dagegen in der Lage, DNS- und DHCP-Server über die Grenzen von Gesamtstrukturen hinweg zu ermitteln, sofern eine bidirektionale Gesamtstrukturvertrauensstellung eingerichtet ist. Wenn die Gesamtstrukturvertrauensstellung definiert wurde, brauchen Sie lediglich die gewünschten Gesamtstrukturen im Dialogfeld *Serverermittlung konfigurieren* auszuwählen, um Domänen aus den Remote-Gesamtstrukturen hinzuzufügen. Abbildung 7–22 zeigt das Dialogfeld *Serverermittlung konfigurieren*. Klicken Sie auf die Schaltfläche *Gesamtstrukturen*, um weitere Gesamtstrukturen auszuwählen.

Wenn Sie die gewünschten Domänen zur IPAM-Datenbank hinzugefügt haben, läuft ihre Verwaltung wie gewohnt ab, unabhängig davon, in welcher Gesamtstruktur sich ein Server befindet.

Administration von DNS und DHCP mit rollenbasierter Zugriffssteuerung delegieren

Während die eigentliche Verwaltung und Konfiguration von IPAM relativ simpel sind, ist es nicht ganz einfach, die unterschiedlichen rollenbasierten Sicherheitsgruppen zu durchschauen, die im Zusammenhang mit IPAM zum Einsatz kommen. Tabelle 7–4 fasst die verfügbaren Gruppen mit den jeweiligen Berechtigungsstufen zusammen.

Aufgabe	IPAM-Administratoren	IPAM-ASM-Administratoren	IPAM-IP-Überwachungsadministratoren	IPAM-MSM-Administratoren	IPAM-Benutzer
Serverinventar	Verwalten	Verwalten	Verwalten	Verwalten	Anzeigen
IP-Adressraum	Verwalten	Verwalten	Anzeigen	Anzeigen	Anzeigen
Überwachen und verwalten	Verwalten	Anzeigen	Anzeigen	Verwalten	Anzeigen
Ereigniskatalog	Anzeigen	Anzeigen	Anzeigen	Anzeigen	Anzeigen
IP-Adresse verfolgen	Anzeigen	Nicht erlaubt	Anzeigen	Nicht erlaubt	Nicht erlaubt
Wichtige Verwaltungsaufgaben	Verwalten	Verwalten	Verwalten	Verwalten	Verwalten

Tab. 7–4 Berechtigungsstufen in der rollenbasierten Zugriffssteuerung für IPAM

Die Registerkarte *Zugriffssteuerung* der IPAM-Konsole listet die verfügbaren Rollen auf, die für IPAM verwendet werden.

PRÜFUNGSTIPP

Sie sollten mit all diesen Rollen vertraut sein und wissen, welche Berechtigungen jeder Rolle gewährt werden. In Fragen zum Thema Berechtigungen und Rollen müssen Sie oft angeben, welche Rolle die niedrigste Berechtigungsebene hat, um eine bestimmte Aufgabe noch erledigen zu können. So soll verhindert werden, dass Sie Rollen verwenden, die über viele Berechtigungen verfügen, obwohl sie für die gestellte Aufgabe gar nicht erforderlich sind.

Folgende IPAM-Rollen werden auf der Registerkarte *Zugriffssteuerung* aufgelistet:
- **DNS-Eintragsadministratorrolle**   Erlaubt die Verwaltung der DNS-Ressourceneinträge.
- **IP-Adresseintragsadministrator-Rolle**   Erlaubt die Verwaltung von IP-Adressen. Dazu gehören das Auffinden von Adressen, die nicht zugeordnet sind, sowie das Erstellen und Löschen von IP-Adressen.
- **IPAM-Administratorrolle**   Umfasst alle Berechtigungen für die Verwaltung von IPAM.
- **IPAM-ASM-Administratorrolle**   Enthält Berechtigungen für die Verwaltung der IP-Adressräume, -Blöcke, -Subnetze und -Bereiche sowie einzelner Adressen.
- **IPAM-DHCP-Administratorrolle**   Gewährt die Berechtigung, einen DHCP-Server und seine zugehörigen Bereiche und Optionen zu verwalten.
- **IPAM-DHCP-Reservierungsadministratorrolle**   Gewährt die Berechtigung zum Verwalten von DHCP-Reservierungen.
- **IPAM-DHCP-Bereichsadministratorrolle**   Umfasst die Berechtigungen zum Verwalten der DHCP-Bereiche.
- **IPAM-DNS-Administratorrolle**   Diese Rolle gewährt die Berechtigung, einen DNS-Server, Zonen und Einträge zu verwalten.
- **IPAM-MSM-Administratorrolle**   Gewährt Berechtigungen zum Verwalten von DHCP- und DNS-Servern sowie von Bereichen und Optionen für diese Dienste.

Zusammenfassung des Kapitels

- IPAM und die erforderlichen Gruppenrichtlinienobjekte bereitstellen
- Serverermittlung so konfigurieren, dass Server gefunden werden, die über IPAM verwaltet werden sollen
- IP-Adressblöcke und -Bereiche erstellen und verwalten
- Verfügbare IP-Adressen über die grafische Konsole und mit PowerShell finden
- Eine WID-Datenbank auf einen neuen Server verschieben und migrieren
- Die WID-Datenbank in eine Microsoft SQL Server-Datenbank verschieben
- IPAM mit System Center VMM konfigurieren
- DHCP-Server und -Bereiche mit IPAM verwalten
- DNS-Server und -Zonen mit IPAM verwalten
- Mit IPAM mehrere Gesamtstrukturen verwalten
- Rollenbasierte Berechtigungen, die von IPAM benutzt werden

Gedankenexperiment

Ein Unternehmen betreibt eine einzige Active Directory-Gesamtstruktur mit mehreren untergeordneten Domänen. Das Unternehmen ist eine Partnerschaft mit einer anderen Organisation eingegangen, woraufhin eine bidirektionale Active Directory-Gesamtstrukturvertrauensstellung eingerichtet wurde. Das Unternehmen möchte IPAM in Kombination mit einer internen Windows-Datenbank verwenden, muss aber sicherstellen, dass die Datenbank in der Datensicherungsstrategie berücksichtigt wird. Folgende Benutzer brauchen die Erlaubnis, die IPAM-Umgebung zu verwalten, wobei stets gilt, dass ein Benutzer nicht mehr Berechtigungen erhalten darf als unbedingt nötig:

- Benutzer1 darf IP-Adressblöcke verwalten.
- Benutzer2 darf DNS- und DHCP-Server verwalten.
- Benutzer3 darf die IP-Adresszuordnung in IPAM verwalten.

Beantworten Sie anhand dieser Informationen die folgenden Fragen:

1. Wie viele IPAM-Server müssen bereitgestellt werden, um beide Gesamtstrukturen zu verwalten?
2. Wie sollte die IPAM-Datenbank in der Datensicherungsstrategie berücksichtigt werden?
3. Welche Rolle sollte Benutzer1 zugewiesen werden?
4. Welche Rolle sollte Benutzer2 zugewiesen werden?
5. Welche Rolle sollte Benutzer3 zugewiesen werden?

Antworten zum Gedankenexperiment

1. Einer genügt. In Windows Server 2016 kann IPAM mehrere Active Directory-Gesamtstrukturen verwalten, sofern eine bidirektionale Vertrauensstellung eingerichtet wurde.
2. Die MDF- und LDF-Dateien müssen im Rahmen der Datensicherung gesichert werden. Sie liegen in der Standardeinstellung im Verzeichnis *%WINDIR%\System32\IPAM\Database*.
3. Benutzer1 sollte Mitglied der *IPAM-ASM-Administratorrolle* sein. So bekommt er die Fähigkeit, IP-Adressblöcke und -Bereiche zu verwalten, aber keine Aspekte der IPAM-Konfiguration.
4. Benutzer2 sollte Mitglied der *IPAM-MSM-Administratorrolle* sein. Er kann somit DNS und DHCP verwalten, aber keine anderen Aspekte von IPAM.
5. Benutzer3 sollte Mitglied der *IP-Adresseintragsadministrator-Rolle* sein. Er erhält dadurch die Erlaubnis, die IP-Adresszuordnung innerhalb von IPAM zu verwalten.

KAPITEL 8

Netzwerkverbindungen und Remotezugriffslösungen implementieren

Dieses Kapitel beschränkt sich auf ein einziges Prüfungsziel, das Implementieren von virtuellen privaten Netzwerken (Virtual Private Networks, VPNs) und DirectAccess. Dies ist ein kleines Segment innerhalb der Prüfung und hat sich gegenüber Windows Server 2012 R2 kaum verändert. In Windows Server 2016 gibt es dieselben Protokolle, Authentifizierungsoptionen und DirectAccess-Anforderungen wie in Windows Server 2012 R2.

In diesem Kapitel abgedeckte Prüfungsziele:
- VPN- und DirectAccess-Lösungen implementieren

Prüfungsziel 8: VPN- und DirectAccess-Lösungen implementieren

In diesem Abschnitt beschreiben wir, wie Sie eine VPN- und DirectAccess-Lösung implementieren. Wir stellen die verschiedene VPN-Protokolle und Authentifizierungsoptionen vor, die Sie für diese Protokolle nutzen können. Anschließend beschäftigen wir uns mit DirectAccess und zeigen, wie Sie es mit dem verfügbaren Assistenten installieren und konfigurieren.

> **Dieser Abschnitt deckt folgende Prüfungsziele ab:**
> - Remotezugriff- und Standort-zu-Standort-VPN-Lösungen mit einem Remotezugriff-Gateway implementieren
> - Verschiedene VPN-Protokolloptionen konfigurieren
> - Authentifizierungsoptionen konfigurieren
> - VPN-Reconnect konfigurieren
> - Verbindungsprofile erstellen und konfigurieren
> - Geeignete Einsatzszenarien für Remotezugriff-VPN und Standort-zu-Standort-VPN beschreiben und passende Protokolle konfigurieren

- DirectAccess installieren und konfigurieren
- Servervoraussetzungen implementieren
- Clientkonfiguration implementieren
- Problembehandlung für DirectAccess durchführen

Remotezugriff- und Standort-zu-Standort-VPN-Lösungen mit einem Remotezugriff-Gateway implementieren

Ein Remotezugriff-Gateway oder kurz RAS-Gateway installieren Sie mit der Serverrolle *Remotezugriff*. Bei der Installation dieser Serverrolle bekommen Sie drei Rollendienste angeboten:

- **DirectAccess und VPN (RAS)** Installiert den DirectAccess-Dienst, der nahtlose Konnektivität für Clientcomputer zur Verfügung stellt, die eine Verbindung zum Unternehmensnetzwerk aufbauen. Die VPN-Dienste bieten verschlüsselte Tunnel an, durch die Remoteclients mit dem zentralen Unternehmensnetzwerk kommunizieren können.
- **Routing** Bietet Unterstützung für NAT, BGP, RIP und andere Multicast-Netzwerke.
- **Webanwendungsproxy** Stellt Remotegeräten webbasierte Anwendungen aus dem Unternehmensnetzwerk zur Verfügung. Webanwendungsproxys werden häufig in Kombination mit den Active Directory-Verbunddiensten (Active Directory Federation Services, AD FS) eingesetzt, um Benutzer zu authentifizieren, bevor sie Zugriff auf Anwendungen erhalten. AD FS wird in Kapitel 11 beschrieben.

PRÜFUNGSTIPP

Der Webanwendungsproxy wird häufig mit AD FS kombiniert. Der Rollendienst setzt voraus, dass die Serverrolle *Remotezugriff* installiert ist.

Wenn Sie ein RAS-Gateway konfigurieren, steht eine Reihe von VPN-Optionen zur Auswahl:

- **Standort-zu-Standort-VPN (Site-to-Site VPN)** Verbindet zwei Netzwerke miteinander, zum Beispiel eine Zweigstelle mit der Firmenzentrale.
- **Punkt-zu-Standort-VPN (Point-to-Site VPN)** Ermöglicht Remoteverbindungen zwischen einzelnen Clientcomputern und der Firmenzentrale.
- **Dynamisches Routing mit Border Gateway Protocol (BGP)** BGP bietet eine automatische Neukonfiguration der Routen auf Basis der Verbindungen, über die Standort-zu-Standort-VPNs laufen.
- **Netzwerkadressübersetzung (Network Address Translation, NAT)** NAT bietet Ihnen die Möglichkeit, über eine einzige IP-Adresse mehrere Geräte mit einem Netzwerk zu verbinden.

- **DirectAccess-Server** DirectAccess stellt eine nahtlose Methode zur Verfügung, VPN-Dienste für Clientcomputer zu implementieren, die eine Verbindung zu einem Unternehmensnetzwerk aufbauen.

Sie können die Serverrolle *Remotezugriff* entweder im Assistenten zum Hinzufügen von Rollen und Features oder mit dem Cmdlet `Install-WindowsFeature` installieren. Wenn Sie die Rolle installiert haben, können Sie das MMC-Snap-In *Routing und RAS* öffnen, um die Serverrolle zu verwalten. Um die Erstkonfiguration abzuschließen, müssen Sie den Setup-Assistenten für den Routing- und RAS-Server ausführen. Abbildung 8–1 zeigt die Standardkonfiguration des Snap-Ins *Routing und RAS*. Beachten Sie, dass das Serversymbol rot markiert ist, weil noch keine Konfiguration definiert wurde.

Abb. 8–1 Das Snap-In *Routing und RAS*

Starten Sie die Erstkonfiguration des Routing- und RAS-Servers, indem Sie mit der rechten Maustaste auf den Server klicken und den Befehl *Routing und RAS konfigurieren und aktivieren* wählen. Abbildung 8–2 zeigt die verfügbaren Optionen für die Konfiguration des Routing- und RAS-Servers.

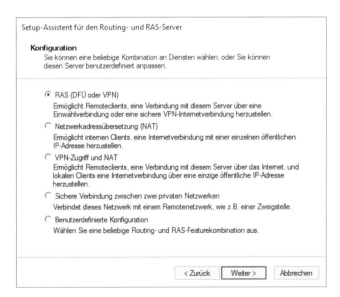

Abb. 8–2 Auswählen der Konfigurationsoptionen im Setup-Assistenten für den Routing- und RAS-Server

Wählen Sie die Option *RAS (DFÜ oder VPN)*, um Remotezugriff und VPN-Zugriff für Remoteclients zu aktivieren. Auf der nächsten Seite des Assistenten legen Sie fest, für welchen Verbindungstyp der Server eingerichtet wird: VPN oder DFÜ. Abbildung 8–3 zeigt, wie VPN als Verbindungstyp ausgewählt wird.

Abb. 8–3   Einstellen des Verbindungstyps

Auf der nächsten Assistentenseite binden Sie die Dienste an einen konkreten Netzwerkadapter. Dazu wird eine Liste der verfügbaren Netzwerkadapter auf dem Server angezeigt. Wenn Sie einen Netzwerkadapter auswählen, werden standardmäßig die erforderlichen Firewallregeln aktiviert, damit eingehender Verkehr auf dem Adapter durchgelassen wird. Abbildung 8–4 zeigt die Auswahl der Netzwerkschnittstelle.

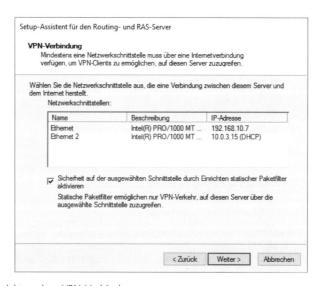

Abb. 8–4   Einrichten einer VPN-Verbindung

Damit Clients eine Verbindung zum Netzwerk herstellen können, brauchen sie eine IP-Adresse, die entweder im Netzwerk liegt oder die über eine bekannte Route vom Netzwerk aus erreichbar ist. Der Routing- und RAS-Server bietet die Möglichkeit, den Clients ihre IP-Adressen automatisch zuzuweisen. Dafür greift der Routing- und RAS-Server entweder auf einen DHCP-Server im Netzwerk zurück oder fungiert selbst als DHCP-Server. Sie können auch einen bestimmten Bereich von IP-Adressen definieren, den der Routing- und RAS-Server ausschließlich für Remoteclients benutzt. Abbildung 8–5 zeigt die Seite *IP-Adresszuweisung* des Setup-Assistenten.

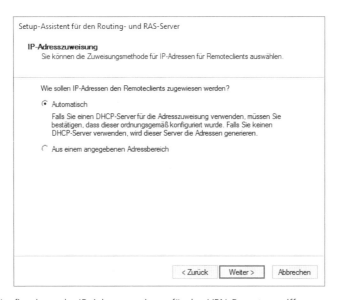

Abb. 8–5 Konfigurieren der IP-Adresszuweisung für den VPN-Remotezugriff

Die letzte Option, die Sie im Assistenten konfigurieren, legt die Authentifizierungsmethode für Remoteclients fest. In der Standardeinstellung authentifiziert der Routing- und RAS-Server seine Clients über Windows-Authentifizierung unter Verwendung von EAP (Extensible Authentication Protocol) oder MS-CHAP v2 (Microsoft Challenge-Handshake Authentication Protocol). Optional können Sie einen RADIUS-Server konfigurieren, der die Clients authentifiziert, oder den Routing- und RAS-Server selbst als RADIUS-Server agieren lassen. Abbildung 8–6 zeigt das Konfigurieren der Authentifizierung im Assistenten.

Abb. 8–6 Konfigurieren von Authentifizierungsoptionen

Sie können die Serverrolle *Remotezugriff* auch mit dem Cmdlet `Install-RemoteAccess` installieren:

```
Install-RemoteAccess -VpnType Vpn
```

Verschiedene VPN-Protokolloptionen konfigurieren

Ein Routing- und RAS-Server unterstützt verschiedene VPN-Protokolle für seine Verbindungen. Die wichtigsten sind:

- **PPTP (Point-to-Point Tunneling Protocol)**   Beim Einsatz von PPTP wird Verkehr verschlüsselt und gekapselt, bevor er über das Netzwerk gesendet wird. PPTP kann für Remotezugriff- und Standort-zu-Standort-VPNs benutzt werden. PPTP greift auf MPPE (Microsoft Point-to-Point Encryption) mit Verschlüsselungsschlüsseln zurück, die mit MS-CHAP v2 oder EAP-TLS-Authentifizierung generiert wurden.
- **L2TP (Layer Two Tunneling Protocol)**   L2TP verschlüsselt Verkehr über beliebige Punkt-zu-Punkt-Netzwerkverbindungen, darunter IP- und ATM-Verbindungen (Asynchronous Transfer Mode). L2TP benutzt für Verschlüsselungsdienste nicht MPPE, sondern den IPsec-Transportmodus.
- **SSTP (Secure Socket Tunneling Protocol)**   SSTP ist das neueste Protokoll, es schützt den VPN-Verkehr mithilfe von HTTPS. Das vereinfacht die Firewallkonfiguration, weil der vorhandene Firewallport 443 für VPN-Verkehr genutzt wird. SSTP kapselt den Netzwerkverkehr über SSL, um Sicherheit auf Transportebene zu gewährleisten.

Authentifizierungsoptionen konfigurieren

Für einen Routing- und RAS-Server werden vor allem zwei Authentifizierungsmethoden eingesetzt:

- **Windows-Authentifizierung** Diese Methode wird in der Standardeinstellung für VPN-Verbindungen genutzt. Im Rahmen des Authentifizierungsprozesses werden dabei Active Directory- oder lokale Konten ausgewertet.
- **RADIUS-Authentifizierung** RADIUS-Authentifizierung greift für Authentifizierungs- und Autorisierungsdienste auf eine externe Quelle zurück. Sie können entweder den Routing- und RAS-Server als RADIUS-Server konfigurieren oder in den Eigenschaften des Routing- und RAS-Servers einen externen RADIUS-Server angeben.

In der Standardeinstellung ist für VPN-Dienste die Windows-Authentifizierung konfiguriert. Wenn Sie Windows-Authentifizierung verwenden, stehen mehrere Authentifizierungsmethoden zur Auswahl:

- **Extensible Authentication-Protokoll (EAP)** Diese Methode ist als Standardeinstellung aktiviert. Sie sollten sie verwenden, wenn der VPN-Dienst mit Netzwerkzugriffsschutz (Network Access Protection, NAP) kombiniert wird.
- **Microsoft-verschlüsselte Authentifizierung, Version 2 (MS-CHAP v2)** Diese Methode ist ebenfalls in der Standardeinstellung aktiviert.
- **Verschlüsselte Authentifizierung (CHAP)** Ist in der Standardeinstellung für VPN-Dienste deaktiviert.
- **Unverschlüsseltes Kennwort (PAP)** Ist in der Standardeinstellung für VPN-Dienste deaktiviert.
- **Computerzertifikatauthentifizierung für IKEv2 zulassen** In der Standardeinstellung ist diese zertifikatbasierte Authentifizierung für VPN-Dienste deaktiviert.
- **Nicht authentifizierter Zugriff** Ist in der Standardeinstellung für VPN-Dienste deaktiviert.

Abbildung 8–7 zeigt das Dialogfeld *Authentifizierungsmethoden* mit seinen Standardeinstellungen.

Abb. 8–7 Standardeinstellungen für Windows-Authentifizierungsmethoden

VPN-Reconnect konfigurieren

VPN-Reconnect wurde in Windows Server 2008 eingeführt. DirectAccess kann ein VPN allerdings als empfohlene Remotezugriffsmethode für Clientcomputer ersetzen.

VPN-Reconnect wird zusammen mit dem IKEv2-Tunnelprotokoll eingesetzt, um mobilen Clients eine nahtlose Neuverbindung zu ermöglichen. Das ist zum Beispiel nützlich, wenn ein Notebook zwischen verschiedenen WLAN-Zugriffspunkten wechselt oder ein Smartphone mit einer VPN-Verbindung konfiguriert wurde. Wird eine Verbindung bei anderen Protokollen unterbrochen, wird das Gerät üblicherweise einfach getrennt. Später muss die Verbindung dann von Hand wiederhergestellt werden, um auf Ressourcen im Netzwerk zugreifen zu können. Bei VPN-Reconnect wird automatisch versucht, die Verbindung neu herzustellen, falls sie unterbrochen wurde. Sind mehrere Netzwerkadapter vorhanden, nutzt VPN-Reconnect sie nach Möglichkeit, um eine Verbindung aufzubauen.

Verbindungsprofile erstellen und konfigurieren

Profile für Remoteverbindungen werden im System Center Configuration Manager und in Microsoft Intune eingesetzt, um Benutzern den Zugriff auf Unternehmensressourcen sogar dann zu ermöglichen, wenn ihr Computer kein Domänenmitglied ist. Es können zum Beispiel folgende Geräte eingesetzt werden:

- Windows-PCs
- Android-Geräte
- iOS-Geräte

In Intune bieten Verbindungsprofile die Möglichkeit, Einstellungen für eine Remotedesktopverbindung über ein Unternehmensportal bereitzustellen. Das Portal wird benutzt, um eine Remotedesktopverbindung zu einem Remotedesktopdienste-Server (Remote Desktop Services, RDS) oder zu den einzelnen Arbeitsplatzcomputern im Netzwerk aufzubauen. Verbindungsprofile können auch ohne Intune verwendet werden, dann wird aber eine VPN-Verbindung für die Remotedesktopverbindung benötigt.

> **WEITERE INFORMATIONEN** **System Center Configuration Manager**
>
> Weitere Informationen zu Verbindungsprofilen im System Center Configuration Manager finden Sie unter:
>
> https://technet.microsoft.com/de-de/library/dn261225.aspx

Geeignete Einsatzszenarien für Remotezugriff-VPN und Standort-zu-Standort-VPN beschreiben und passende Protokolle konfigurieren

Als Bereitstellungsszenarien für ein RAS-Gateway werden unter anderem empfohlen:

- **Einzelinstanz-Edge (engl. single-tenant edge)** Ein Edge-Gerät im Netzwerk wird mit einer einzelnen Instanz (auch als Mandant oder Tenant bezeichnet) verbunden. Dabei kann es sich um Verbindungen zu einem Unternehmens- oder Zweigstellennetzwerk oder zu einem anderen Netzwerk über das Internet handeln. Kann mit BGP kombiniert werden, um dynamisches Routing unter Analyse der verfügbaren Verbindungen zu ermöglichen. In Kombination mit DirectAccess können Remoteclientcomputer auf jede Ressource an beliebiger Stelle im Netzwerk zugreifen, unabhängig von ihrem physischen Standort.

- **Mehrinstanz-Edge (engl. multi-tenant edge)** Ein RAS-Gateway für Mehrinstanz-Umgebungen gibt einem Cloud-Anbieter die Möglichkeit, dieselben Features wie in einem Einzelinstanz-Szenario zur Verfügung zu stellen, darunter BGP, DirectAccess und NAT. Der wesentliche Unterschied besteht darin, dass das Gerät Verkehr abhängig davon, auf welche Instanz der Zugriff erfolgt, filtert oder umleitet.

Einzelinstanzmodus

Die meisten Unternehmensumgebungen nutzen den Einzelinstanzmodus. Im Einzelinstanzmodus kann ein RAS-Gateway als Edge-Gerät für einen VPN-Server, DirectAccess-Server oder beides bereitgestellt werden. Das RAS-Gateway stellt Remoteclientcomputern mehrere Möglichkeiten zur Verfügung, sich mit dem Unternehmensnetzwerk zu verbinden.

Mehrinstanzmodus

Sofern im Datencenter mehrere Instanzen gehostet werden, auf die ein Zugriff erfolgt, sollte der Mehrinstanzmodus genutzt werden. Dadurch kann ein Datencenter eine Cloud-Infrastruktur für die Unterstützung von Arbeitsauslastungen der virtuellen Computer, von virtuellen Netzwerken und zugehörigem Speicher zur Verfügung stellen.

Virtuelle Netzwerke können mithilfe der Hyper-V-Netzwerkvirtualisierung erstellt werden. Ein RAS-Gateway kann mit dem Hyper-V-Netzwerk-Virtualisierungsstapel integriert werden, um Netzwerkverkehr effizient weiterzuleiten. Welche Route dabei verwendet wird, hängt davon ab, auf welche Instanz der Zugriff erfolgt.

In Windows Server 2016 kann ein RAS-Gateway Verkehr an alle Ressourcen innerhalb eines privaten oder hybriden Cloud-Netzwerks weiterleiten. Das RAS-Gateway kann Verkehr zwischen physischen und virtuellen Netzwerken unabhängig von deren Standort weiterleiten.

DirectAccess installieren und konfigurieren

DirectAccess ist eine Komponente der Serverrolle *Remotezugriff*, die nahtlose Konnektivität zwischen Remoteclients und einem Unternehmensnetzwerk ermöglicht. Sobald Sie die Rolle *Remotezugriff* auf einem Server konfiguriert haben, können Sie DirectAccess entweder im MMC-Snap-In *Routing und RAS*, in der Remotezugriff-Verwaltungskonsole oder in der Windows PowerShell aktivieren. Abbildung 8–8 zeigt die Remotezugriff-Verwaltungskonsole, im Fensterabschnitt *Aufgaben* sehen Sie den Befehl zum Aktivieren von DirectAccess.

Abb. 8–8   Remotezugriff-Verwaltungskonsole

Wenn Sie DirectAccess aktivieren, startet der Assistent zum Aktivieren von DirectAccess. Im einem der ersten Schritte prüft dieser Assistent, ob auf dem Server, auf dem Sie DirectAccess aktivieren wollen, alle Voraussetzungen erfüllt sind.

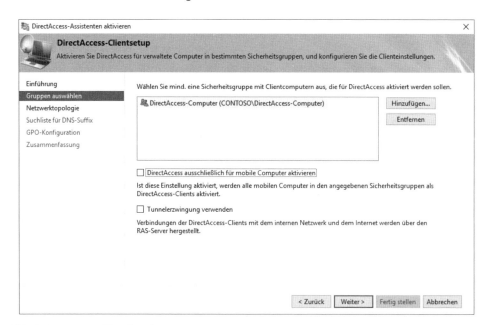

Abb. 8–9   Auswählen der DirectAccess-Computergruppen

Verläuft diese Prüfung erfolgreich, können Sie die Konfiguration im Assistenten fortsetzen. Im ersten Konfigurationsschritt des Assistenten wählen Sie aus, welche Sicherheitsgruppen die Computerobjekte enthalten, für die DirectAccess aktiviert wird. Sie können auch einstellen, ob DirectAccess ausschließlich für mobile Computer aktiviert wird oder ob Tunnel erzwungen werden, sodass der gesamte Internetverkehr des Computers über das Unternehmensnetzwerk läuft. Abbildung 8–9 zeigt die Konfigurationsoptionen für DirectAccess-Gruppen.

Anschließend wählen Sie die Topologie der DirectAccess-Implementierung aus. Sie können den Routing- und RAS-Server in einer von drei Konfigurationen betreiben:

- **Edge** Der Routing- und RAS-Server ist direkt mit dem Internet verbunden, ohne dazwischen liegende Hardwarefirewall oder NAT-Gerät.
- **Hinter einem Edgegerät (mit zwei Netzwerkadaptern)** Der Routing- und RAS-Server liegt hinter einer Netzwerkfirewall oder einem anderen Gerät und verfügt über zwei Netzwerkadapter. Der eine Netzwerkadapter liegt in dem Netzwerk, das die Verbindung zur Firewall herstellt. Der zweite Netzwerkadapter ist an das interne Unternehmensnetzwerk angeschlossen.
- **Hinter einem Edgegerät (mit einem einzelnen Netzwerkadapter)** Der Routing- und RAS-Server liegt hinter einer Netzwerkfirewall oder einem Edge-Gerät. Der Netzwerkadapter des Routing- und RAS-Servers ist sowohl mit der Firewall als auch dem internen Unternehmensnetzwerk verbunden.

Bei all diesen Konfigurationen müssen Sie den externen FQDN oder die IP-Adresse angeben, mit der die Clients eine Verbindung aufbauen. Abbildung 8–10 zeigt die Konfiguration der Netzwerktopologie im Assistenten.

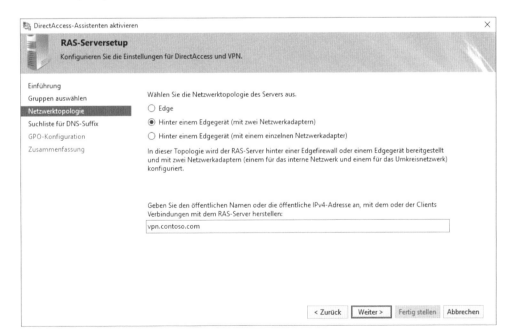

Abb. 8–10   Auswählen der Netzwerktopologie

Nach dem Auswählen der Netzwerktopologie haben Sie die Möglichkeit, die DNS-Suffix-Liste zu verändern, die von DirectAccess-Clients benutzt wird. Sie ähnelt einer Suffixliste für DHCP. Immer wenn ein DirectAccess-Client einen kurzen Namen verwendet, zum Beispiel *Computer1*, hängt der Server eine Liste von DNS-Suffixen an, bis ein gültiger FQDN gefunden wurde. In welcher Reihenfolge die Suffixe in dieser Liste stehen, ist dabei wichtig. Sobald eine Übereinstimmung gefunden wird, werden die übrigen Domänen übersprungen. Befindet sich also in zwei unterschiedlichen Lookupzonen (oder FQDNs) jeweils ein Objekt namens *Computer1*, wird das erste aus der Liste an den DirectAccess-Client zurückgegeben. Abbildung 8–11 zeigt, wie Sie für DirectAccess den Domänennamen und eine zusätzliche Domäne angeben.

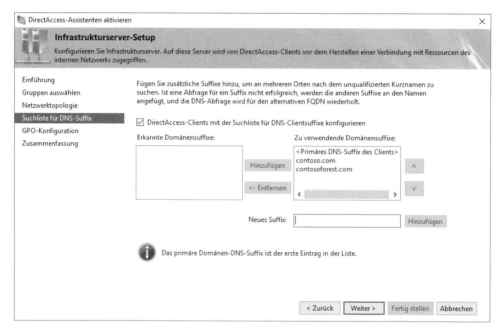

Abb. 8–11   Suchliste für Suffixe zusammenstellen

Der letzte Schritt besteht darin, die Gruppenrichtlinienobjekte (Group Policy Objects, GPOs) zu konfigurieren, mit denen DirectAccess-Richtlinien angewendet werden. Dazu werden zwei Gruppenrichtlinienobjekte erstellt und mit der Domäne verknüpft:

- **DirectAccess-Clienteinstellungen**   Enthält die Einstellungen für die DirectAccess-Clients.
- **DirectAccess-Servereinstellungen**   Enthält die Einstellungen für den DirectAccess-Server.

Abbildung 8–12 zeigt, wie Sie die beiden neuen Gruppenrichtlinienobjekte in der Domäne erstellen.

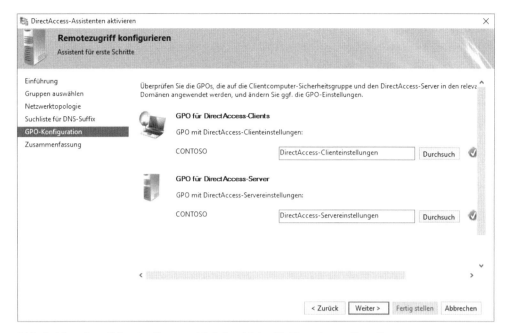

Abb. 8–12 Auswählen der Gruppenrichtlinienobjekte für DirectAccess-Einstellungen

Servervoraussetzungen implementieren

Während Sie sich auf die Prüfung vorbereiten, fragen Sie sich möglicherweise, welche Voraussetzungen bei diesem Prüfungsziel eigentlich gemeint sind. Wir setzen hier voraus, dass Sie wissen, welche Voraussetzungen für DirectAccess generell erfüllt sein müssen. Die wichtigsten sind:

- Windows-Firewall ist für alle Netzwerkadapterprofile aktiviert.
- Alle Windows Server-Versionen ab Windows Server 2008 R2 werden unterstützt.
- Alle Windows Enterprise-Clients ab Windows 7 werden unterstützt.
- Tunnelerzwingung mit einem einzelnen Server und die Verwendung von KerbProxy-Authentifizierung werden nicht unterstützt.
- Sie können Richtlinien ausschließlich in der DirectAccess-Verwaltungskonsole oder in Windows PowerShell verändern. Nehmen Sie keine Änderungen direkt in den Gruppenrichtlinienobjekten vor.

> **WEITERE INFORMATIONEN** **Bereitstellen von DirectAccess**
>
> Weitere Informationen über die Voraussetzungen zum Bereitstellen von DirectAccess finden Sie unter:
>
> *https://technet.microsoft.com/de-de/windows-server-docs/networking/remote-access/directaccess/prerequisites-for-deploying-directaccess*

Clientkonfiguration implementieren

Ähnlich wie beim vorherigen Abschnitt, »Servervoraussetzungen implementieren«, ist auch nicht glasklar, was mit Clientkonfiguration gemeint ist. In einer Konfiguration, die sich an die Microsoft-Empfehlungen hält, konfigurieren die festgelegten Gruppenrichtlinienobjekte alle nötigen Clientkomponenten so, dass der Client in die Lage versetzt wird, eine Verbindung zum DirectAccess-Server herzustellen.

Sie können einen Computer auch von Hand konfigurieren, falls er kein Domänenmitglied ist und die Einstellungen aus dem Gruppenrichtlinienobjekt nicht auf ihn angewendet werden. In diesem Fall müssen Sie folgende Einstellungen auf dem Client konfigurieren:

- Der Teredo-Client muss auf die erste IPv4-Adresse des DirectAccess-Servers gesetzt werden.
- Das 6to4-Relay muss auf die erste IPv4-Adresse des DirectAccess-Servers gesetzt werden.
- Der IP-HTTPS-Client muss aktiviert und konfiguriert sein.

Außerdem muss die Richtlinientabelle für die Namensauflösung (Name Resolution Policy Table, NRPT) mit dem FQDN des Unternehmensintranets konfiguriert sein.

> **WEITERE INFORMATIONEN**   **Clientkonfiguration für DirectAccess**
>
> Wie Sie einen DirectAccess-Client von Hand konfigurieren, wird ausführlich beschrieben unter:
>
> *https://technet.microsoft.com/en-us/library/ee649267(WS.10).aspx*

Problembehandlung für DirectAccess durchführen

Eine etwaige Problembehandlung für DirectAccess können Sie entweder in der Remotezugriff-Verwaltungskonsole oder mithilfe der PowerShell durchführen. Sie können auch mit dem Best Practices Analyzer für Remotezugriff nach Benachrichtigungen oder Fehlern suchen und dann die beschriebenen Schritte abarbeiten, um das Problem zu beseitigen. Für manche Direct-Access-Fehlerbeseitigungen müssen Sie die Registrierung bearbeiten, diese Einstellungen brauchen Sie in der Prüfung aber nicht auswendig zu wissen. Sie sollten auf jeden Fall in der Lage sein, die folgenden Aufgaben durchzuführen:

- eine DirectAccess-Konfiguration mit der PowerShell wiederherstellen
- eine DirectAccess-Konfiguration mit der PowerShell aktualisieren
- Probleme bei der Clientverbindung analysieren und beseitigen
- einen Proxy für eine NRPT-Regel konfigurieren

> **WEITERE INFORMATIONEN** Problembehandlung für DirectAccess unter Windows Server 2016
>
> Einzelheiten zur Problembehandlung von DirectAccess in Windows Server 2016 finden Sie unter:
>
> *https://technet.microsoft.com/en-us/windows-server-docs/networking/remote-access/directaccess/troubleshooting-directaccess*

Zusammenfassung des Kapitels

- Die Serverrolle *Remotezugriff* implementieren
- VPN-Optionen mithilfe der Serverrolle *Remotezugriff* konfigurieren
- Authentifizierungsoptionen für Windows- oder RADIUS-Authentifizierung konfigurieren
- VPN-Reconnect nutzen, um mobile Clients automatisch neu zu verbinden
- Verbindungsprofile mithilfe von Intune oder System Center einstellen
- Szenarien für Einzelinstanz- und Mehrinstanzbereitstellungen beschreiben
- Den DirectAccess-Dienst installieren und konfigurieren
- Voraussetzungen für DirectAccess implementieren
- Clientkonfiguration mit Gruppenrichtlinienobjekten verwalten
- Problembehandlungsmethoden für DirectAccess beschreiben

Gedankenexperiment

Ein Unternehmen hat eine Zentrale und drei Zweigstellen. Die Zentrale umfasst rund 10.000 Clientcomputer. Jede Zweigstelle hat etwa 1000 Clientcomputer. Jede Zweigstelle muss mit der Zentrale verbunden sein. Das Unternehmen beschäftigt außerdem 1000 Außendienstmitarbeiter, die sich von unterwegs mit dem Unternehmensnetzwerk verbinden. Alle mobilen Clients laufen unter Enterprise-Editionen von Windows 8.1 oder Windows 10. Mitarbeiter der Managementebene sollen die Möglichkeit haben, von ihren Heimcomputern aus, die keine Domänenmitglieder sind, eine Verbindung ins Unternehmensnetzwerk aufzubauen. Das IT-Personal muss in der Lage sein, über ein VPN mit SSL in das Unternehmensnetzwerk zu gelangen.

Beantworten Sie anhand dieser Informationen die folgenden Fragen:

1. Wie sollten die Außendienstmitarbeiter eine Verbindung zur Zentrale herstellen?
2. Wie sollten die Manager eine Verbindung ins Unternehmensnetzwerk aufbauen?
3. Wie sollten die Zweigstellen mit der Zentrale verbunden sein?
4. Welches VPN-Protokoll sollte das IT-Personal für die VPN-Verbindung einsetzen?

Antworten zum Gedankenexperiment

1. Außendienstmitarbeiter sollten die Verbindung mit DirectAccess herstellen, da es am bequemsten für sie ist.
2. Für Manager sollte ein Unternehmensportal eingerichtet werden, über das sie von Computern aus, die keine Domänenmitglieder sind, auf Unternehmensressourcen zugreifen können.
3. Die Zweigstellen sollten mit einem Standort-zu-Standort-VPN ausgestattet werden, das sie mit der Zentrale verbindet.
4. IT-Personal sollte das Protokoll SSTP einsetzen, weil es das einzige Protokoll ist, das die Verbindung über SSL aufbaut.

KAPITEL 9

Eine erweiterte Netzwerkinfrastruktur implementieren

In diesem Kapitel sehen wir uns an, welche neuen Features und Fähigkeiten für die Netzwerkinfrastruktur in Windows Server 2016 zur Verfügung stehen. Im Bereich des Netzwerks sind die wichtigsten Änderungen in Windows Server 2016 die SDN-Komponenten (Software Defined Networking). Diese Neuerungen ermöglichen folgende Fähigkeiten:

- Verkehr an neue oder vorhandene Geräte spiegeln und weiterleiten
- Arbeitsauslastungen dynamisch untergliedern, ähnlich wie in Microsoft Azure
- verteilte Firewall und Netzwerksicherheitsgruppen nutzen
- SDN mit System Center Virtual Machine Manager bereitstellen und verwalten
- SDN mit Docker kombinieren, um Netzwerkfunktionen für Container zu verbessern

Windows Server 2016 bringt auch Verbesserungen am TCP-Stack mit, diese Änderungen werden aber nicht in der Prüfung behandelt. Die wichtigsten Verbesserungen in diesem Bereich sind:

- Das anfängliche Überlastungsfenster (Initial Congestion Window) wurde von 4 auf 10 vergrößert.
- TCP Fast Open (TFO) wurde aktiviert, um den Aufbau einer TCP-Verbindung zu beschleunigen.
- TCP Tail Loss Probe (TLP) wurde implementiert, um die Statuswiederherstellung nach einem Paketverlust zu verbessern.
- Recent Acknowledgement (RACK) wurde implementiert, damit ein Paket schneller übertragen werden kann.

In diesem Kapitel abgedeckte Prüfungsziele:

- Hochleistungsfähige Netzwerklösungen implementieren
- Szenarien und Anforderungen für die Implementierung von SDN (Software Defined Networking) beschreiben

Prüfungsziel 9.1: Hochleistungsfähige Netzwerklösungen implementieren

In diesem Abschnitt stellen wir die verschiedenen Hochleistungs-Netzwerklösungen vor, die Sie in Windows Server 2016 nutzen können. Dazu gehören das Teaming von Netzwerkadaptern an virtuellen Switches und individuelle Konfigurationsänderungen bei Netzwerkadaptern, um deren Leistung zu erhöhen.

> **Dieser Abschnitt deckt folgende Prüfungsziele ab:**
>
> - NIC-Teamvorgang oder Switch Embedded Teaming-Lösung implementieren und Einsatzszenarien dafür beschreiben
> - Receive Side Scaling sowie virtuelles Receive Side Scaling in einem VCQ-fähigen Netzwerkadapter aktivieren und konfigurieren
> - Netzwerk-Quality of Service mit Data Center Bridging aktivieren und konfigurieren
> - SMB Direct auf Remote Direct Memory Access-fähigen Netzwerkadaptern aktivieren und konfigurieren
> - SMB Multichannel aktivieren und konfigurieren
> - Virtual Machine Multi-Queue aktivieren und konfigurieren
> - E/A-Virtualisierung mit Einzelstamm auf einem unterstützten Netzwerkadapter aktivieren und konfigurieren

NIC-Teamvorgang oder Switch Embedded Teaming-Lösung implementieren und Einsatzszenarien dafür beschreiben

Der NIC-Teamvorgang (engl. NIC teaming) wurde entwickelt, um Lastenausgleich und Failover für einzelne Serverhosts zur Verfügung zu stellen. Beim NIC-Teamvorgang verwenden Sie zwei oder mehr Netzwerkadapter, um die Bandbreite zu erhöhen oder Failover zwischen Adaptern oder externen Switches zu ermöglichen. In Windows Server 2016 können Sie Switch Embedded Teaming (SET) bei virtuellen Hyper-V-Switches einsetzen, um bis zu acht Netzwerkadapter zu einem einzigen virtuellen Netzwerkadapter zusammenzuschalten.

Der Einsatz von SET bietet ähnliche Vorteile wie der herkömmliche Teamvorgang, weil der virtuelle Switch die Leistung und Redundanz steigert, indem er auf die zusammengefassten Netzwerkadapter zurückgreift. Um SET zu konfigurieren, brauchen Sie lediglich ein NIC-Team auf dem Hostcomputer zu erstellen und das Team dann dem virtuellen Switch zur Verfügung zu stellen. Abbildung 9–1 zeigt das Erstellen eines NIC-Teams. Beachten Sie, dass diese Abbildung aus einem virtuellen Computer stammt und nicht alle Optionen verfügbar sind, die auf einem Hardwarehost konfiguriert werden können.

Abb. 9–1   Erstellen eines NIC-Teams

Receive Side Scaling sowie virtuelles Receive Side Scaling in einem VCQ-fähigen Netzwerkadapter aktivieren und konfigurieren

Receive Side Scaling (RSS, gelegentlich wird auch die deutsche Übersetzung empfangsseitige Skalierung verwendet) kann für einen virtuellen Computer genutzt werden, damit die VM größere Netzwerkverkehrslasten verarbeitet. RSS verteilt die Verkehrslasten auf mehrere Prozessorkerne des Hyper-V-Hosts und der VM. Eine VM kann RSS nur dann nutzen, wenn der Prozessor auf dem Host das Feature unterstützt und die VM so konfiguriert ist, dass sie mehrere Prozessorkerne nutzt.

Sie aktivieren RSS auf der Registerkarte *Erweitert* in den Eigenschaften eines Netzwerkadapters. Abbildung 9–2 zeigt diese Einstellung.

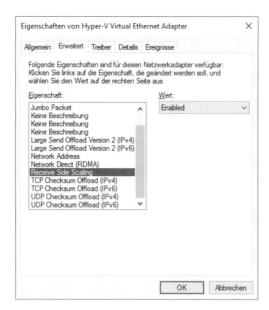

Abb. 9–2 Aktivieren von RSS in den Eigenschaften eines Netzwerkadapters

Sie können RSS auch mit dem Dienstprogramm Netsh aktivieren. Abbildung 9–3 zeigt, wie der folgende Befehl ausgeführt wird:

    netsh interface tcp set global rss=enabled

Abb. 9–3 Aktivieren von RSS mit Netsh

Sofern Sie RSS in einer virtuellen Umgebung nutzen wollen, müssen der Prozessor und der Netzwerkadapter des Hyper-V-Hosts RSS unterstützen. Ist das der Fall, können Sie RSS auf dieselbe Weise innerhalb des virtuellen Computers konfigurieren.

Netzwerk-Quality of Service mit Data Center Bridging aktivieren und konfigurieren

Data Center Bridging (DCB) basiert auf einem IEEE-Netzwerkstandard (Institute of Electrical and Electronics Engineers). DCB ermöglicht es, mehrere Typen von Netzwerkverkehr über dasselbe physische Ethernetmedium zu senden. DCB verwaltet Bandbreite und Quality of Service (QoS) auf Hardwareebene statt auf Ebene des Betriebssystems. Sie können DCB als Feature auf Servern installieren, die unter Windows Server 2012 oder neuer laufen. Nano Server unterstützt ebenfalls DCB, verwenden Sie dazu die Option *Microsoft-NanoServer-DCB-Package*.

Sie können DCB nur nutzen, wenn alle Komponenten der Netzwerktopologie dieses Feature unterstützen. In Windows Server können Sie DCB nur mithilfe der folgenden PowerShell-Module konfigurieren:

- netqos
- dcbqos
- netadapter

Sie sollten die folgenden wichtigen Cmdlets aus dem Modul dcbqos kennen:

- **Enable-NetQoSFlowControl**   Ermöglicht prioritätsbasierte Flusssteuerung mit DCB.
- **New-NetQoSTrafficClass**   Erstellt eine neue Verkehrsklasse, die mit DCB benutzt werden kann.
- **Switch-NetQoSDcbxSetting**   Legt die Richtlinie global oder für individuelle Netzwerkadapter auf dem Server fest.

SMB Direct auf Remote Direct Memory Access-fähigen Netzwerkadaptern aktivieren und konfigurieren

Wie bereits in Kapitel 3, »Hyper-V implementieren«, erwähnt, bietet Remote Direct Memory Access (RDMA) direkten Speicherzugriff zwischen Computern, ohne dass das Betriebssystem eingreifen müsste. RDMA ermöglicht Hochleistung mit geringer Latenz für Speicherumgebungen. Momentan wird RDMA auf drei Arten von Netzwerkadaptern unterstützt:

- Infiniband
- Internet Wide Area RDMA Protocol (iWARP)
- RDMA over Converged Ethernet (RoCE)

Windows Server 2016 erweitert die RDMA-Unterstützung durch folgende Funktionen:

- **Converged RDMA**   RDMA-Adapter können für mehrere Netzwerkverkehrstypen zu Teams zusammengefasst werden.
- **Switch Embedded Teaming (SET)**   Bis zu acht Netzwerkadapter können zu einem Team zusammengefasst und mit virtuellen Switches benutzt werden. Das bietet all die Vorteile, die weiter oben in diesem Kapitel beschrieben wurden.

> **WEITERE INFORMATIONEN**   **RDMA mit SET kombinieren**
>
> Weitere Informationen über den Einsatz von RDMA in Kombination mit SET finden Sie unter:
>
> *https://technet.microsoft.com/en-us/library/mt403349.aspx*

Das Cmdlet `Get-NetAdapterRdma` listet alle Netzwerkadapter eines Servers auf, für die RDMA genutzt werden kann. Mit dem Cmdlet `Enable-NetAdapterRdma` aktivieren Sie SMB Direct auf einem bestimmten Netzwerkadapter und das Cmdlet `Set-NetOffloadGlobalSetting` aktiviert SMB Direct bei allen Netzwerkadaptern.

SMB Multichannel aktivieren und konfigurieren

SMB Multichannel bietet eine Methode, verfügbare Bandbreite zusammenzufassen und Redundanz bereitzustellen, sofern mehrere Pfade zwischen einem SMB-3.0-Client und -Server vorhanden sind. SMB Multichannel lässt sich mit freigegebenen Clustervolumes (Cluster Shared Volumes, CSV) kombinieren, um Verkehr über RDMA-Netzwerkadapter zu leisten und so die Leistung zu steigern. Wird SMB Multichannel mit Hyper-V kombiniert, steigert es die Leistung bei der Migration virtueller Computer und senkt die CPU-Belastung.

Sie konfigurieren SMB Multichannel mit dem Cmdlet `Set-SmbServerConfiguration`. Abbildung 9–4 zeigt, wie der folgende Befehl ausgeführt wird, um SMB Multichannel zu aktivieren:

```
Set-SmbServerConfiguration -EnableMultiChannel $True
```

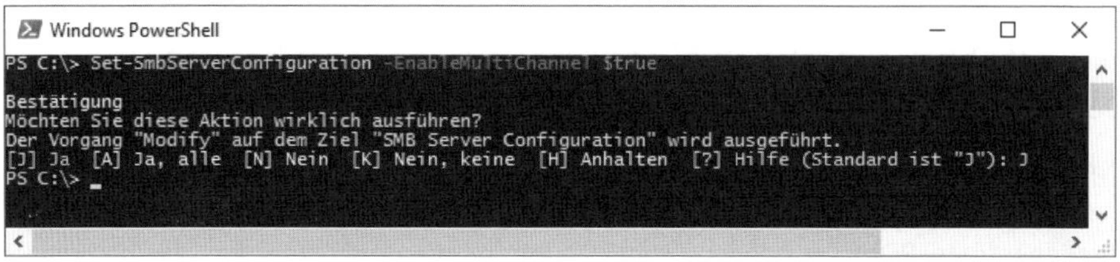

Abb. 9–4   Aktivieren von SMB Multichannel

SMB Multichannel muss sowohl auf dem Client als auch dem Server aktiviert werden. Ist es auf einem dieser Systeme deaktiviert, wird SMB Multichannel nicht eingesetzt. Um einen Client zu konfigurieren, verwenden Sie denselben Parameter, aber das Cmdlet `Set-SmbClientConfiguration`.

Virtual Machine Multi-Queue aktivieren und konfigurieren

Virtual Machine Multi-Queue (VMMQ) richtet für jeden virtuellen Computer, der auf dem Hyper-V-Host läuft, Hardwarewarteschlangen ein. Das steigert die Leistung gegenüber älteren Versionen des Hyper-V-Hosts. Sie aktivieren VMQ in einem Netzwerkadapter mit dem Cmdlet `Enable-NetAdapterVmq`. Sobald VMQ aktiviert ist, können Sie es mit dem Cmdlet `Set-NetAdapterVmq` konfigurieren.

VMQ hilft dabei, Pakete für virtuelle Computer auf einem Hyper-V-Host weiterzuleiten. Indem Pakete in unterschiedliche Warteschlangen geleitet werden, können mehrere Prozessoren den Netzwerkverkehr für unterschiedliche virtuelle Computer verarbeiten. Das verbessert die Leistung.

> **WEITERE INFORMATIONEN** Konfigurieren von VMQ in der PowerShell
>
> Weitere Informationen zur VMQ-Schnittstelle finden Sie unter:
>
> https://technet.microsoft.com/en-us/library/jj130870.aspx

E/A-Virtualisierung mit Einzelstamm auf einem unterstützten Netzwerkadapter aktivieren und konfigurieren

E/A-Virtualisierung mit Einzelstamm (Single-Root I/O Virtualization, SR-IOV) verschafft virtuellen Computern Zugriff auf physische PCI-Express-Ressourcen, die auf dem Hyper-V-Host eingebaut sind. Das setzt voraus, dass auf dem Hyper-V-Host spezielle Hardware verwendet wird und zusätzliche Treiber auf dem virtuellen Computer installiert werden. SR-IOV steht nur unter 64-Bit-Versionen der Gastbetriebssysteme zur Verfügung.

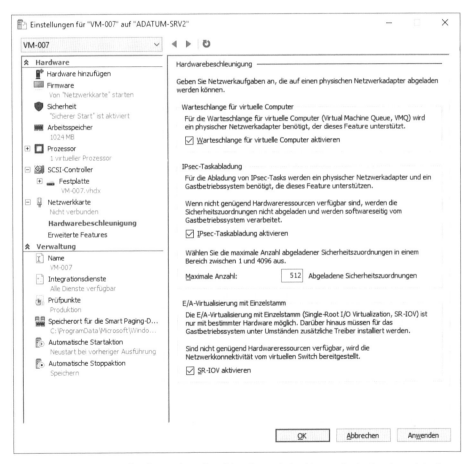

Abb. 9–5 Einstellungen für die Hardwarebeschleunigung beim Netzwerkadapter eines virtuellen Computers

SR-IOV greift einerseits auf virtuelle Funktionen zurück und bedient sich andererseits einer physischen Funktion. Die physische Funktion wird auf dem Hyper-V-Host benutzt und als PCI-Express-Gerät behandelt. Der virtuelle Computer nutzt virtuelle Funktionen, um auf das physische PCI-Express-Gerät zuzugreifen. Ein einziges physisches PCI-Express-Gerät, zum Beispiel ein Netzwerkadapter mit mehreren Ports, kann jeden physischen Port als eigene virtuelle Funktion für die virtuellen Computer zugänglich machen. Abbildung 9–5 zeigt die Einstellungen für einen virtuellen Computer. Sowohl die VMQ- als auch die SR-IOV-Einstellungen können in den Hardwarebeschleunigungsoptionen eines virtuellen Computers konfiguriert werden.

Prüfungsziel 9.2: Szenarien und Anforderungen für die Implementierung von SDN (Software Defined Networking) beschreiben

In diesem Abschnitt erklären wir, in welchen Szenarien der Einsatz von SDN sinnvoll ist. Dabei beschreiben wir die Anforderungen für den Einsatz von Hyper-V-Netzwerkvirtualisierung, Generic Route Encapsulation und Virtual Extensible LAN-Kapselung. Außerdem beschreiben wir neue Features, die in Kombination mit Softwarelastenausgleich die Verwaltung unterschiedlicher Verkehrslasten erleichtern. Und schließlich sehen wir uns an, wie Sie ein Windows Server-Gateway mit unterschiedlichen SDN-Anforderungen implementieren und den Netzwerkverkehr mithilfe neuer Firewallrichtlinien verwalten.

> **Dieser Abschnitt deckt folgende Prüfungsziele ab:**
>
> - Bereitstellungsszenarien und Netzwerkanforderungen für die SDN-Bereitstellung beschreiben
> - Anforderungen und Szenarien für die Implementierung der Hyper-V-Netzwerkvirtualisierung mit Network Virtualization Generic-Kapselung oder Virtual Extensible LAN-Kapselung beschreiben
> - Szenarien für die Implementierung von Softwarelastenausgleich für Nord-Süd- und Ost-West-Lastenausgleich beschreiben
> - Implementierungsszenarien für verschiedene Typen von Windows Server-Gateways wie L3, GRE oder S2S und ihre Verwendung beschreiben
> - Anforderungen und Szenarien für Richtlinien der verteilten Firewall und Netzwerksicherheitsgruppen beschreiben

Bereitstellungsszenarien und Netzwerkanforderungen für die SDN-Bereitstellung beschreiben

Software Defined Networking (SDN) gibt Ihnen die Möglichkeit, Netzwerke dadurch zu virtualisieren, dass Sie einzelne Netzwerkkomponenten wie zum Beispiel IP-Adressen, Ports und Switches abstrahieren. Eine SDN-Konfiguration wertet Richtlinien aus, um zu verwalten, wie Verkehr sowohl durch physische als auch virtuelle Netzwerke weitergeleitet wird. Windows Server 2016 stellt mehrere Tools bereit, um SDN zu konfigurieren und zu verwalten:

- **Netzwerkcontroller** Der Netzwerkcontroller ist neu in Windows Server 2016. Er fasst die Verwaltung, Konfiguration, Überwachung und Problembehandlung für Infrastrukturen an zentraler Stelle zusammen.
- **Hyper-V-Netzwerkvirtualisierung** Hilft dabei, Software und Arbeitsauslastung von physischen auf virtuelle Netzwerke zu abstrahieren.
- **Virtueller Hyper-V-Switch** Stellt die Verbindung zwischen einem bestimmten virtuellen Computer und den virtuellen sowie physischen Netzwerken in der Infrastruktur her.
- **RRAS Multitenant Gateway** Erweitert ein Netzwerk auf Microsoft Azure und ermöglicht somit, bei Bedarf schnell eine hybride Infrastruktur aufzubauen.
- **NIC-Teamvorgang** Kombiniert Netzwerkadapter, um Bandbreite zusammenzufassen und Redundanz für die verwendeten physischen Netzwerke zu gewährleisten.

Eine SDN-Konfiguration wird oft mit der Microsoft System Center-Suite integriert, um die Fähigkeiten von SDN zu erweitern. System Center bietet unter anderem diese Vorteile:

- **System Center Operations Manager** Bietet die Möglichkeit, private, hybride und öffentliche Clouds zu überwachen.
- **System Center Virtual Machine Manager** Ermöglicht Ihnen, virtuelle Computer, Netzwerke und Richtlinien zu verwalten, die auf eine Infrastruktur angewendet werden.
- **Windows Server-Gateway** Ein virtueller Endpunkt, mit dem Sie internen oder Cloud-Verkehr an das gewünschte Netzwerk weiterleiten können. Das Windows Server-Gateway wird weiter unten in diesem Kapitel genauer beschrieben.

> **WEITERE INFORMATIONEN** **SDN mit VMM bereitstellen**
>
> Weitere Informationen zur Bereitstellung von SDN mit System Center Virtual Machine Manager finden Sie unter:
>
> *https://technet.microsoft.com/en-us/library/mt210892.aspx*

Eine typische SDN-Bereitstellung umfasst die folgenden Komponenten:

- **Verwaltung und Hyper-V-Netzwerkvirtualisierung** Logische Netzwerke, auf die alle Hyper-V-Hosts zugreifen können. Hyper-V-Netzwerkvirtualisierung wird im nächsten Abschnitt genauer behandelt.

- **Lastenausgleichsnetzwerke** Ein dediziertes Netzwerk für Gateways und Softwarelastenausgleich, das für Transit-, öffentliche, private oder GRE-Netzwerke benutzt werden kann.
- **RDMA-basiertes Speichernetzwerk** RDMA wird für Speicheranbindungen benutzt, wenn ein separates VLAN definiert werden sollte.
- **Routing** Virtuelle IP-Adressen sollten anderen Netzwerke bei Bedarf mithilfe von BGP oder einem anderen Routingprotokoll bekanntgemacht werden. BGP-Peering kann auf physischen Switches oder Routern der physischen Infrastruktur konfiguriert werden.
- **Standardgateways** Es muss ein Standardgateway definiert sein, das eine Verbindung zu anderen konfigurierten Netzwerken herstellt.
- **Netzwerkhardware** Das zugrunde liegende physische Netzwerk muss die Skalierungsfähigkeiten unterstützen, die das virtuelle Netzwerk den Clouddiensten zur Verfügung stellt.

Anforderungen und Szenarien für die Implementierung der Hyper-V-Netzwerkvirtualisierung mit Network Virtualization Generic-Kapselung oder Virtual Extensible LAN-Kapselung beschreiben

Mithilfe der Netzwerkvirtualisierung können Sie Netzwerkverkehr auf ähnliche Weise wie einen virtuellen Computer verwalten. Genauso wie viele virtuelle Computer auf demselben Hyper-V-Host laufen, können viele virtuelle Netzwerke angeschlossen werden, um mehrere Netzwerke bereitzustellen, Netzwerkisolierung zu gewährleisten oder die Leistung zu steigern.

Hyper-V unterstützt in Windows Server 2016 die Nutzung von Netzwerkvirtualisierung mithilfe von zwei IP-Adressen für einen individuellen virtuellen Computer. Das bietet die Möglichkeit, die logischen von den physischen Netzwerktopologien zu trennen. Der Hyper-V-Switch verarbeitet den Netzwerkverkehr und erlaubt Kommunikation zwischen dem virtuellen Computer und dem physischen Netzwerk ohne zusätzlichen Aufwand.

Die Netzwerkvirtualisierung wird üblicherweise in den folgenden Szenarien eingesetzt:

- **VMs flexibel anordnen** Stellt sicher, dass Sie einen virtuellen Computer auf jedem Hyper-V-Host ausführen können, unabhängig vom zugrunde liegenden Hardwarenetzwerk.
- **Multitenant-Netzwerkisolierung** Netzwerkverkehrsisolierung kann für Tenants definiert werden, auch wenn keine separaten VLANs benutzt werden. Netzwerkvirtualisierung verwendet 24-Bit-Kennungen für virtuelle Netzwerke und erfordert keine zusätzliche Konfiguration auf physischen Netzwerkgeräten, wenn virtuelle Computer verschoben oder erstellt werden.
- **IP-Adressverwaltung** Virtuelle Computer, die in unterschiedlichen virtuellen Netzwerken liegen, können dieselbe IP-Adresse verwenden, sogar wenn sie sich im selben Hardwarenetzwerk befinden.

Network Virtualization Generic Route Encapsulation (NVGRE) ist der Prozess, bei dem zwei IP-Adressen für einen einzigen virtuellen Netzwerkadapter benutzt werden. Diese zwei IP-Adressen sind:

- **Kundenadresse (Customer Address, CA)**   Die IP-Adresse, die vom Gastbetriebssystem des virtuellen Computers und dem Tenant des virtuellen Computers benutzt wird. Diese IP-Adresse dient zur Kommunikation mit anderen virtuellen Computern im selben Netzwerk.
- **Anbieteradresse (Provider Address, PA)**   Die IP-Adresse, die vom Cloud-Anbieter benutzt wird und vom Hyper-V-Host einem virtuellen Computer zugewiesen wird. Beim Einsatz in Kombination mit der Netzwerkvirtualisierung kapselt der Hyper-V-Host Pakete, die vom virtuellen Computer stammen, und sendet sie in veränderter Form ab, sodass als Quelle die Anbieteradresse eingetragen ist. So ist sichergestellt, dass das Hardwarenetzwerk das Paket richtig weiterleitet und dass die Hyper-V-Hosts Antworten an den richtigen virtuellen Computer schicken.

Tabelle 9–1 listet die IP-Adressen für eine Beispielumgebung auf.

Servername	Kundenadresse	Anbieteradresse
Server1	192.168.1.100	10.0.0.1
Server2	192.168.1.101	10.0.0.2
Server3	192.168.1.102	10.0.0.3

Tab. 9–1   Beispiele für IP-Adressen bei Verwendung der Netzwerkvirtualisierung

Wenn in dem Beispielfall Server1 mit Server2 kommuniziert, wird für die Kommunikation nur die Kundenadresse benutzt. Diese Adressen liegen in einem virtuellen Netzwerk, das nur von den virtuellen Computern benutzt wird, die an das Netzwerk angeschlossen sind. Kommuniziert nun aber einer der Server mit dem Internet, wird die Kundenadresse durch den Hyper-V-Host gekapselt. Der Hyper-V-Host ändert dann die Quell-IP-Adresse im Paketheader und trägt dort die Anbieteradresse ein. Im Hardwarenetzwerk wird die Anbieteradresse benutzt, um das virtuelle Netzwerk zu verlassen und in das Internet zu gelangen. Wenn eine Antwort eintrifft, wird sie an die Anbieteradresse gesendet. Die Hyper-V-Hosts übersetzen die Anbieteradresse in die Kundenadresse zurück, um das Paket an den jeweiligen virtuellen Computer zu liefern.

Szenarien für die Implementierung von Softwarelastenausgleich für Nord-Süd- und Ost-West-Lastenausgleich beschreiben

Ein in Windows Server 2016 neu eingeführtes Feature ist der Netzwerkcontroller. Dieses Feature stellt zwei APIs zur Verfügung: Southbound (»südwärts«) und Northbound (»nordwärts«). Mithilfe der Southbound-API können Sie mit einem bestimmten Netzwerk kommunizieren. Die Northbound-API ermöglicht die Kommunikation mit dem Netzwerkcontroller.

Mit der Southbound-API können Sie:

- Netzwerkgeräte ermitteln
- Netzwerkkonfigurationen erkennen
- Details zur Netzwerktopologie abrufen
- Konfigurationsänderungen an die Netzwerkinfrastruktur senden

Über die Northbound-API können Sie Informationen vom Netzwerkcontroller abrufen, um ein bestimmtes Netzwerk zu überwachen und zu konfigurieren. Die Northbound-API kann mit folgenden Komponenten eingesetzt werden:

- Windows PowerShell
- REST-API
- Verwaltungsanwendungen, zum Beispiel System Center

Die Features des Netzwerkcontrollers können Sie mit Softwarelastenausgleich (Software Load Balancing, SLB) nutzen, um Netzwerkverkehr abhängig von den Richtlinien zu verteilen, die in der Lastverteilung definiert sind. Dazu gehören:

- Layer-4-Lastenausgleich für Nord-Süd- und Ost-West-Netzwerkverkehr
- interner und externer Netzwerkverkehr
- dynamische IP-Adressen
- Systemintegritätsanalysen

Ein SLB ordnet virtuelle IP-Adressen den dynamischen Adressen in einer Umgebung zu. Die Komponenten einer SLB-Umgebung sind:

- **Manager für virtuelle Computer**   Sie können System Center nutzen, um den Netzwerkcontroller und SLB zu verwalten.
- **Netzwerkcontroller**   Der Netzwerkcontroller muss als Feature bereitgestellt werden, damit SLB in einer Umgebung genutzt werden kann.
- **SLB-Multiplexer**   Ordnet Verkehr zu und leitet ihn um, damit er an die richtige dynamische IP-Adresse gelangt.
- **SLB-Host-Agent**   Wertet Richtlinienaktualisierungen vom Netzwerkcontroller aus und konfiguriert virtuelle Switches mit der konfigurierten Richtlinie.
- **BGP-fähiger Router**   BGP ermöglicht Ihnen, den Verkehr zum und vom SLB-Multiplexer weiterzuleiten.

Implementierungsszenarien für verschiedene Typen von Windows Server-Gateways wie L3, GRE oder S2S und ihre Verwendung beschreiben

Mit Windows Server 2016 und System Center können Sie ein Windows Server-Gateway für das Routing in einer Multitenant-Umgebung bereitstellen. Das Windows Server-Gateway unterstützt BGP-Optionen, zum Beispiel Local-BGP-IP-Adresse und ASN (Autonomous System Numbers), Liste der BGP-Partner-IP-Adressen und ASN-Werte. Das ermöglicht es einem Cloud-Anbieter, Datencenterverkehr zwischen virtuellen und physischen Netzwerken in und aus dem Internet weiterzuleiten.

Wird ein RAS-Gateway zusammen mit Hyper-V-Netzwerkvirtualisierung eingesetzt, bietet das mehrere Vorteile:

- **Standort-zu-Standort-VPNs** Verbindet zwei Netzwerke an unterschiedlichen geografischen Standorten über das Internet miteinander.
- **Punkt-zu-Standort-VPN** Verbindet einzelne Clients über das Internet mit einem Unternehmensnetzwerk.
- **GRE-Tunnel** Bietet Konnektivität für virtuelle Tenant-Netzwerke und externe Netzwerke.
- **BGP-Routing** Verwendet ein Protokoll für dynamisches Routing, um Subnetze und Routen zu analysieren, die mit dem RAS-Gateway verbunden sind.

Ein RAS-Gateway ist unter anderem in folgenden Szenarien nützlich:

- **Multitenant-Gateway** Virtuelle Netzwerke leiten Verkehr zum RAS-Gateway. Das RAS-Gateway kann den Verkehr dann abhängig vom Paket über ein Standort-zu-Standort-VPN oder an ein anderes Ziel schicken.
- **Multitenant-NAT** Das RAS-Gateway kann den Verkehr aus virtuellen Netzwerken auch ins Internet leiten und die Adressen in öffentlich routingfähige Adressen umsetzen.
- **Weiterleitungs-Gateway** Falls die virtuellen Netzwerke Zugriff auf physische Ressourcen in einem Netzwerk brauchen, kann das RAS-Gateway den Verkehr an die gewünschte Ressource weiterleiten.

Anforderungen und Szenarien für Richtlinien der verteilten Firewall und Netzwerksicherheitsgruppen beschreiben

Die Datencenter-Firewall ist ein neuer Dienst in Windows Server 2016. Sie stellt eine statusbehaftete, Multitenant-fähige Firewall zum Schutz in der Netzwerkschicht bereit. Abbildung 9–6 zeigt auf, wie die Firewall von einem Netzwerkcontroller genutzt wird.

Die Datencenter-Firewall bietet etliche Vorteile:

- skalierbare und verwaltbare softwaredefinierte Firewall
- virtuelle Netzwerke verschieben ohne Auswirkung auf Tenant-Netzwerke
- Tenant-Dienste außerhalb eines Betriebssystems schützen

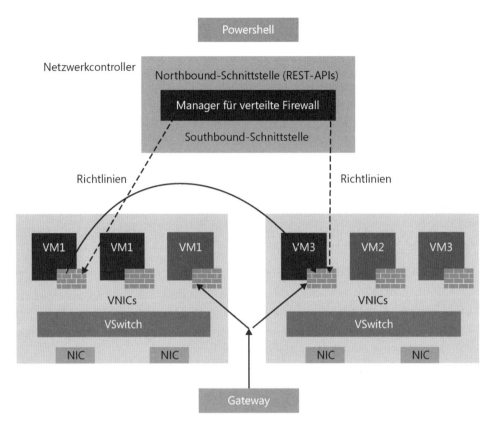

Abb. 9-6 Beziehung zwischen Firewall und Netzwerkcontroller

Indem Sie eine Datencenter-Firewall nutzen, können Sie Firewallrichtlinien auf virtuelle Computer oder Subnetze anwenden. Wie eine Netzwerkzugriffsliste kann auch eine Datencenter-Firewallrichtlinie so konfiguriert werden, dass sie fünf Schlüsselelemente des Netzwerkverkehrs analysiert:

- Protokoll
- Quellportnummer
- Zielportnummer
- Quell-IP-Adresse
- Ziel-IP-Adresse

Zusammenfassung des Kapitels

- NIC-Teamvorgang mit virtuellen Switches und Switch Embedded Teaming einrichten
- Receive Side Scaling aktivieren
- Quality of Service mit Data Center Bridging nutzen
- SMB Direct mit RDMA aktivieren
- VMMQ und SR-IOV in Netzwerkadaptern virtueller Computer aktivieren
- Szenarien für den Einsatz von Software Defined Networking beschreiben
- Netzwerkvirtualisierung mit Generic Route Encapsulation konfigurieren
- Softwarelastenausgleich mit einem Netzwerkcontroller nutzen
- RAS-Gateway als Windows Server-Gateway einsetzen
- Eine Datencenter-Firewall für Multitenant-Netzwerkschutz nutzen

Gedankenexperiment

Ein Cloud-Anbieter möchte sein Angebot ausweiten. Er installiert weitere Hyper-V-Hosts, Netzwerkressourcen, Speicher und andere Zusatzkomponenten. Der Cloud-Anbieter möchte den Kunden im Rahmen der Expansion neue Fähigkeiten präsentieren. Unter anderem sollen folgende Funktionen verfügbar sein:

- integrierte Firewalldienste für Tenant-Netzwerke
- Tenant-Netzwerke müssen überlappende IP-Adressen unterstützen.
- höhere Speicherleistung

Der Anbieter möchte außerdem einen Softwarelastenausgleich für sein Netzwerk implementieren.

Beantworten Sie zum beschriebenen Szenario die folgenden Fragen:

1. Mit welchem Feature sollte der Anbieter die Tenant-Netzwerke schützen?
2. Wie kann der Anbieter sicherstellen, dass sich die IP-Adressen der Tenant-Netzwerke überlappen dürfen?
3. Welche Technologie sollte die Netzwerkausrüstung unterstützen, um die Speicherleistung zu verbessern?

Antworten zum Gedankenexperiment

1. Der Anbieter sollte die Features Netzwerkcontroller und Datencenter-Firewall nutzen, damit Tenant-Netzwerke durch eine zusätzliche Schicht geschützt sind.
2. Netzwerkvirtualisierung mit Generic Route Encapsulation (NVGRE) kann sicherstellen, dass Tenants IP-Adressen zuweisen, die sich mit anderen virtuellen Netzwerken überlappen.
3. Die Netzwerkausrüstung sollte RDMA unterstützen, damit die Speicherleistung über das Netzwerk möglichst hoch ist.

KAPITEL 10

Active Directory-Domänendienste installieren und konfigurieren

Organisationen auf der ganzen Welt setzen die Active Directory-Domänendienste (Active Directory Domain Services, AD DS) in ihrer Infrastruktur ein, um Benutzer und Geräte in ihrem Netzwerk zu verwalten. Dabei profitieren sie von umfassender Skalierbarkeit, Sicherheit und Verwaltbarkeit. AD DS basiert auf einer hierarchischen Struktur, daher können Administratoren Benutzer- und Geräteobjekte auf unterschiedliche Container verteilen, die den Aufbau des Unternehmens widerspiegeln. Für die Prüfung sollten Sie mit den verschiedenen Bereitstellungsaufgaben für AD DS vertraut sein, besonders der Installation und Konfiguration von Domänencontrollern.

In diesem Kapitel abgedeckte Prüfungsziele:

Domänencontroller installieren und konfigurieren

Prüfungsziel 10: Domänencontroller installieren und konfigurieren

Der erste Schritt bei der Implementierung von AD DS besteht darin, einen Domänencontroller zu installieren und zu konfigurieren. In seiner einfachsten Form ist ein Domänencontroller ein Server, der unter einem Windows Server-Betriebssystem läuft und auf dem die Rolle *Active Directory-Domänendienste* installiert ist. Wie viele Domänencontroller Sie für AD DS einrichten sollten, hängt von der Größe der jeweiligen Organisation ab. Faktoren wie Standort, Sicherheit und Redundanz spielen eine wichtige Rolle beim Entwerfen der AD DS-Architektur. Nehmen wir an, Sie arbeiten als Systemadministrator für die Firma Wide World Importers. Die Organisation hat über die ganze Welt verteilt zwölf Niederlassungen mit 3500 Angestellten. Bei vier dieser Niederlassungen ist die physische Sicherheit eingeschränkt, aber überall ist eine zuverlässige Authentifizierung am Netzwerk erforderlich. In diesem Fall ist es sinnvoll, redundante Domänencontroller in jeder Niederlassung bereitzustellen, um Leistung und Zuverlässigkeit zu gewährleisten. Die vier Niederlassungen mit eingeschränkter physischer Sicherheit können schreibgeschützte Domänencontroller (Read-Only Domain Controllers, RODCs) einsetzen, um die logische Sicherheit zu verbessern.

Es gibt unterschiedliche Ansätze zum Installieren von Domänencontrollern, Sie können zum Beispiel eine neue Gesamtstruktur erstellen und Domänencontroller in dieser Gesamtstruktur hinzufügen und entfernen. Nachdem wir die Installation von AD DS behandelt haben, beschäftigen wir uns mit grundlegenden Konfigurationsaufgaben, zum Beispiel dem Konfigurieren eines globalen Katalogservers und dem Übertragen von Betriebsmasterrollen. Am Ende dieses Abschnitts sollten Sie eine klare Vorstellung von diesen Grundlagen haben und problemlos in der Lage sein, die erforderlichen Arbeitsschritte durchzugehen.

> **Dieser Abschnitt deckt folgende Prüfungsziele ab:**
> - Eine neue Gesamtstruktur installieren
> - Domänencontroller in einer Domäne hinzufügen oder entfernen
> - Ein Upgrade bei einem Domänencontroller durchführen
> - AD DS auf einer Server Core-Installation bereitstellen
> - Einen Domänencontroller über IFM installieren
> - Probleme mit der Registrierung von DNS-SRV-Einträgen beseitigen
> - Einen globalen Katalogserver konfigurieren
> - Betriebsmasterrollen übertragen und übernehmen
> - Einen schreibgeschützten Domänencontroller installieren und konfigurieren
> - Klonung eines Domänencontrollers konfigurieren

Eine neue Gesamtstruktur installieren

Das AD DS-Framework baut auf einer standardisierten logischen Struktur auf. Dank dieses Entwurfs können Administratoren ihre Domänen und Domänenressourcen in einer Form organisieren, die den Anforderungen ihres Unternehmens entspricht. In der logischen Struktur von Active Directory gibt es vier Kernkomponenten, die letztlich die Gesamtstrukturen aufbauen. Diese Komponenten sind:

- **Organisationseinheiten (Organizational Units, OUs)** Helfen dabei, die Objekte in Ihrer Active Directory-Infrastruktur zu organisieren. Dies sind einzelne Container, die es Administratoren ermöglichen, Objekte, die ähnliche Anforderungen stellen, zu einer Einheit zusammenzufassen. Zum Beispiel kann eine Organisation, die über mehrere Niederlassungen verfügt, für jeden Standort eine eigene Organisationseinheit anlegen. Unterhalb dieser Container gibt es weitere Organisationseinheiten für Computer und Benutzer. Dieser Aufbau ermöglicht es den Administratoren, individuell für jeden Standort die jeweils benötigten Gruppenrichtlinieneinstellungen anzuwenden und die Administration zu delegieren.

- **Domänen (domains)** Eine Sammlung von Objekten, die sich dieselbe Verzeichnisdatenbank teilen. Jede Domäne bildet eine administrative Grenze für die zugehörigen Objekte. Eine einzige Domäne kann mehrere geografische Standorte überspannen und Millionen von Objekten enthalten.

- **Domänenstrukturen (domain trees)**   Bestehen aus mehreren Domänen. Domänen, die in baumförmige Strukturen eingeteilt werden, bilden eine hierarchische Beziehung. In einer solchen hierarchischen Struktur wird die Wurzel der Struktur als Stammdomäne bezeichnet, sie ist eine übergeordnete Domäne. Domänen, die zur übergeordneten Domäne hinzugefügt werden, sind untergeordnete Domänen.
- **Gesamtstrukturen (forests)**   Formen eine vollständige Active Directory-Instanz. Jede Gesamtstruktur fungiert als Sicherheitsgrenze für die Daten, die innerhalb dieser Active Directory-Instanz gespeichert sind. Eine Gesamtstruktur kann mehrere Domänen und alle Objekte umfassen, die darin liegen.

Beim Einstieg in AD DS müssen wir erst einmal eine neue Gesamtstruktur installieren. Im folgenden Beispiel hat sich die Firma Wingtip Toys entschieden, AD DS in ihrer Umgebung zu implementieren. Alle eingesetzten Domänencontroller laufen unter Windows Server 2016. Für die Prüfung sollten Sie wissen, wie Sie eine Gesamtstruktur mit dem Server-Manager und PowerShell installieren.

Eine neue Gesamtstruktur im Server-Manager installieren

In diesem Abschnitt installieren wir eine neue Gesamtstruktur mit dem Server-Manager. Gehen Sie folgendermaßen vor, um die Installation durchzuführen:

1. Öffnen Sie den Server-Manager.
2. Klicken Sie auf der Seite *Dashboard* des Server-Managers auf *Rollen und Features hinzufügen*.
3. Klicken Sie auf der Seite *Vorbemerkungen* des Assistenten zum Hinzufügen von Rollen und Features auf *Weiter*.
4. Stellen Sie sicher, dass auf der Seite *Installationstyp* die Option *Rollenbasierte oder featurebasierte Installation* ausgewählt ist, und klicken Sie auf *Weiter*.
5. Stellen Sie auf der Seite *Serverauswahl* sicher, dass die Option *Einen Server aus dem Serverpool auswählen* ausgewählt und Ihr Server in der Liste ausgewählt ist. Klicken Sie auf *Weiter*.
6. Aktivieren Sie auf der Seite *Serverrollen* das Kontrollkästchen *Active Directory-Domänendienste*. Es öffnet sich ein Dialogfeld, in dem Sie gefragt werden, ob zusätzliche Features hinzugefügt werden sollen. Prüfen Sie die Liste und stellen Sie sicher, dass das Kontrollkästchen *Verwaltungstools einschließen (falls vorhanden)* aktiviert ist. Klicken Sie auf *Features hinzufügen* und dann auf *Weiter*.
7. Klicken Sie auf der Seite *Features* auf *Weiter*.
8. Klicken Sie auf der Seite *AD DS* auf *Weiter*.
9. Überprüfen Sie auf der Seite *Bestätigung* die Liste der Rollen und Features, die installiert werden. Sie sollte wie in Abbildung 10–1 aussehen. Klicken Sie auf *Installieren*, um die Installation der Active Directory-Domänendienste zu starten.

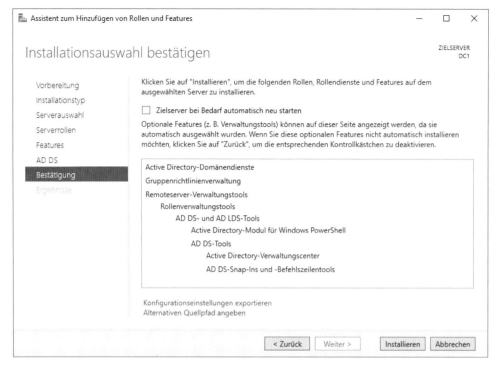

Abb. 10–1 Der Assistent zum Hinzufügen von Rollen und Features zeigt eine Liste der neuen Rollen und Features an, die für AD DS installiert werden.

10. Sobald die Installation von AD DS abgeschlossen ist, wird eine neue Warnbenachrichtigung im Server-Manager angezeigt. Klicken Sie auf das Benachrichtigungssymbol und dann auf *Server zu einem Domänencontroller heraufstufen*.

11. Wählen Sie auf der Seite *Bereitstellungskonfiguration* des Konfigurations-Assistenten für die Active Directory-Domänendienste die Option *Neue Gesamtstruktur hinzufügen* aus. Tippen Sie als Name der Stammdomäne **WingtipToys.local** ein und klicken Sie auf *Weiter*.

12. Prüfen Sie auf der Seite *Domänencontrolleroptionen* die Standardeinstellungen für die Gesamtstruktur- und die Domänenfunktionsebene. Stellen Sie sicher, dass das Kontrollkästchen *DNS-Server* aktiviert ist. Tippen Sie als Kennwort für den Verzeichnisdienst-Wiederherstellungsmodus (DSRM-Kennwort) **P@ssw0rd** in die beiden Felder ein und klicken Sie auf *Weiter*.

13. Beachten Sie oben auf der Seite *DNS-Optionen* die Warnung. Das ist normal, weil es sich um eine neue Installation von AD DS auf einem einzelnen Server handelt und es momentan noch keinen DNS-Server gibt. Klicken Sie auf *Weiter*.

14. Prüfen Sie auf der Seite *Zusätzliche Optionen* den NetBIOS-Domänennamen und klicken Sie auf *Weiter*.

15. Prüfen Sie auf der Seite *Pfade* die Standardpfade für AD DS-Datenbank, Protokolldateien und SYSVOL-Ordner. Klicken Sie auf *Weiter*.

16. Sehen Sie sich auf der Seite *Optionen prüfen* die Liste der Konfigurationsoptionen an. Klicken Sie auf *Skript anzeigen*. Daraufhin wird im Editor eine Textdatei geöffnet, die alle PowerShell-Befehle zum Konfigurieren von AD DS enthält. Kopieren Sie den Inhalt dieser Textdatei, Sie brauchen ihn im nächsten Abschnitt. Schließen Sie die Textdatei und klicken Sie auf *Weiter*.

17. Lesen Sie auf der Seite *Voraussetzungsüberprüfung* alle Meldungen, die im rechten Fensterabschnitt angezeigt werden, und klicken Sie auf *Installieren*. Sobald die Installation abgeschlossen ist, wird der Server automatisch neu gestartet, um die AD DS-Konfiguration abzuschließen.

Sobald diese Schritte abgeschlossen sind, verfügen Sie über eine neue AD DS-Gesamtstruktur für *WingtipToys.local*, die aus einem einzigen Domänencontroller besteht. Verwenden Sie das Konto *WINGTIPTOYS\Administrator*, wenn Sie sich zum ersten Mal an der neuen Gesamtstruktur anmelden. Wenn Sie angemeldet sind, können Sie weitere administrative Konten anlegen, die Objekte in der Domäne verwalten dürfen.

Eine neue Gesamtstruktur mit PowerShell installieren

In diesem Abschnitt installieren wir eine neue Gesamtstruktur mithilfe von PowerShell. Dazu verwenden wir das PowerShell-Skript, das der Assistent im vorherigen Abschnitt generiert hat. Gehen Sie folgendermaßen vor, um die Installation durchzuführen:

1. Speichern Sie den folgenden PowerShell-Code in einer Textdatei im Ordner *C:\ADDS* und nennen Sie die Datei ADDSSetup.ps1.

   ```
   Import-Module ADDSDeployment
   Install-ADDSForest `
   -CreateDnsDelegation:$false `
   -DatabasePath "C:\Windows\NTDS" `
   -DomainMode "WinThreshold" `
   -DomainName "WingtipToys.local" `
   -DomainNetbiosName "WINGTIPTOYS" `
   -ForestMode "WinThreshold" `
   -InstallDns:$true `
   -LogPath "C:\Windows\NTDS" `
   -NoRebootOnCompletion:$false `
   -SysvolPath "C:\Windows\SYSVOL" `
   -Force:$true
   ```

2. Öffnen Sie ein PowerShell-Fenster mit Administratorrechten.

3. Führen Sie den folgenden Befehl aus, um die Rolle *Active Directory-Domänendienste* mit allen erforderlichen Features zu installieren:

   ```
   Install-WindowsFeature AD-Domain-Services -IncludeAllSubFeature
       -IncludeManagementTools
   ```

4. Geben Sie den folgenden Befehl ein, um das Skript ADDSSetup.ps1 auszuführen:

   ```
   C:\ADDS\ADDSSetup.ps1
   ```

5. Tippen Sie **P@ssw0rd** ein, wenn Sie aufgefordert werden, das Administratorkennwort für den Wiederherstellungsmodus anzugeben.
6. Sehen Sie sich die Statusmeldungen im PowerShell-Fenster an, während AD DS auf Ihrem Server konfiguriert wird. Sobald die Operation abgeschlossen ist, wird der Server automatisch neu gestartet.

An diesem Punkt haben wir die Installation und Konfiguration einer neuen AD DS-Gesamtstruktur sowohl mit dem Server-Manager als auch der PowerShell durchgeführt. Beide Methoden sind schnell und relativ simpel, aber wie bei den meisten Aufgaben verschafft Ihnen PowerShell die Möglichkeit, die Installation zu automatisieren. Im nächsten Abschnitt gehen wir den Prozess zum Hinzufügen und Deinstallieren von Domänencontrollern in einer vorhandenen Gesamtstruktur durch.

Domänencontroller in einer Domäne hinzufügen oder entfernen

Als AD DS-Administrator müssen Sie gelegentlich Domänencontroller außer Betrieb nehmen oder neue bereitstellen. Gründe können zum Beispiel ein Betriebssystemupdate oder die Expansion Ihres Unternehmens sein. In diesen Situationen müssen Sie wissen, wie Sie diese Aufgabe erledigen.

Einen neuen Domänencontroller installieren

Im folgenden Beispiel arbeiten Sie als Systemadministrator für Wingtip Toys. Diese Organisation hat eine einwandfrei funktionierende Active Directory-Gesamtstruktur mit einer einzigen Domäne. Innerhalb der Domäne *WingtipToys.local* gibt es drei Domänencontroller, die sich über drei geografisch weit voneinander entfernte Niederlassungen verteilen. Wingtip Toys hat beschlossen, die Niederlassung in Chicago zu schließen und stattdessen eine neue in Washington zu eröffnen. Sie wurden beauftragt, den Domänencontroller in Chicago herabzustufen und einen neuen in Washington bereitzustellen. Im ersten Schritt stellen Sie den neuen Domänencontroller in Washington bereit. Bevor Sie beginnen, müssen Sie einen neuen Server einrichten, der unter Windows Server 2016 läuft. Stellen Sie sicher, dass der Server sich in Ihrem Netzwerk befindet und die Domäne *WingtipToys.local* auflösen kann. Gehen Sie folgendermaßen vor, um mit dem Server-Manager einen neuen Domänencontroller zu installieren:

1. Öffnen Sie den Server-Manager.
2. Klicken Sie auf der Seite *Dashboard* des Server-Managers auf *Rollen und Features hinzufügen*.
3. Klicken Sie auf der Seite *Vorbemerkungen* des Assistenten zum Hinzufügen von Rollen und Features auf *Weiter*.
4. Stellen Sie sicher, dass auf der Seite *Installationstyp* die Option *Rollenbasierte oder featurebasierte Installation* ausgewählt ist, und klicken Sie auf *Weiter*.

5. Stellen Sie auf der Seite *Serverauswahl* sicher, dass die Option *Einen Server aus dem Serverpool auswählen* ausgewählt und Ihr Server in der Liste ausgewählt ist. Klicken Sie auf *Weiter*.
6. Aktivieren Sie auf der Seite *Serverrollen* das Kontrollkästchen *Active Directory-Domänendienste*. Es öffnet sich ein Dialogfeld, in dem Sie gefragt werden, ob zusätzliche Features hinzugefügt werden sollen. Prüfen Sie die Liste und stellen Sie sicher, dass das Kontrollkästchen *Verwaltungstools einschließen (falls vorhanden)* aktiviert ist. Klicken Sie auf *Features hinzufügen* und dann auf *Weiter*.
7. Klicken Sie auf der Seite *Features* auf *Weiter*.
8. Klicken Sie auf der Seite *AD DS* auf *Weiter*.
9. Überprüfen Sie auf der Seite *Bestätigung* die Liste der Rollen und Features, die installiert werden. Sie sollte wie in Abbildung 10–1 weiter oben in diesem Kapitel aussehen. Klicken Sie auf *Installieren*, um die Installation der Active Directory-Domänendienste zu starten.
10. Sobald die Installation von AD DS abgeschlossen ist, wird eine neue Warnbenachrichtigung im Server-Manager angezeigt. Klicken Sie auf das Benachrichtigungssymbol und dann auf *Server zu einem Domänencontroller heraufstufen*.
11. Wählen Sie auf der Seite *Bereitstellungskonfiguration* des Konfigurations-Assistenten für die Active Directory-Domänendienste die Option *Domänencontroller zu einer vorhandenen Domäne hinzufügen* aus. Klicken Sie auf die Schaltfläche *Auswählen* neben dem Feld *Domäne*. Geben Sie auf Anforderung die Domänenanmeldeinformationen für ein Konto in der Domäne *WingtipToys.local* ein, das Mitglied der Gruppe *Domänen-Admins* ist. Wählen Sie die Domäne *WingtipToys.local* aus und klicken Sie auf *Weiter*.
12. Prüfen Sie auf der Seite *Domänencontrolleroptionen* die Standardeinstellungen. Stellen Sie sicher, dass die Kontrollkästchen *DNS-Server* und *Globaler Katalog* aktiviert sind. Tippen Sie als Kennwort für den Verzeichnisdienst-Wiederherstellungsmodus (DSRM-Kennwort) **P@ssw0rd** in die beiden Felder ein und klicken Sie auf *Weiter*.
13. Klicken Sie auf der Seite *DNS-Optionen* auf *Weiter*.
14. Sehen Sie sich auf der Seite *Zusätzliche Optionen* die Standardeinstellung für Replikation an und klicken Sie auf *Weiter*.
15. Prüfen Sie auf der Seite *Pfade* die Standardpfade für AD DS-Datenbank, Protokolldateien und SYSVOL-Ordner. Klicken Sie auf *Weiter*.
16. Sehen Sie sich auf der Seite *Optionen prüfen* die Liste der Konfigurationsoptionen an. Klicken Sie auf *Skript anzeigen*. Daraufhin wird im Editor eine Textdatei geöffnet, die alle PowerShell-Befehle zum Konfigurieren des neuen Domänencontrollers enthält. Der Inhalt ähnelt dem beim Installieren einer neuen Gesamtstruktur. Schließen Sie die Textdatei und klicken Sie auf *Weiter*.
17. Lesen Sie auf der Seite *Voraussetzungsüberprüfung* alle Meldungen, die im rechten Fensterabschnitt angezeigt werden, und klicken Sie auf *Installieren*. Sobald die Installation abgeschlossen ist, wird der Server automatisch neu gestartet, um die Installation abzuschließen.

Sobald diese Schritte abgeschlossen sind, gehört der neue Domänencontroller als Objekt zur Domäne *WingtipToys.local*. Öffnen Sie auf einem vorhandenen Domänencontroller die Konsole *Active Directory-Benutzer und -Computer* und prüfen Sie, ob der neue Server in der Organisationseinheit *Domain Controllers* aufgeführt wird. Wie bei der Installation einer neuen Gesamtstruktur können Sie auch das Hinzufügen eines neuen Domänencontrollers automatisieren, indem Sie das PowerShell-Skript verwenden, das in Schritt 16 generiert wurde. Das zentrale Cmdlet für diese Aufgabe ist `Install-ADDSDomainController`.

Einen vorhandenen Domänencontroller herabstufen

Als nächsten Schritt im Rahmen unseres Auftrags stufen wir den Domänencontroller in der Wingtip Toys-Niederlassung Chicago herunter. Diesmal verwenden wir PowerShell, um zu demonstrieren, wie schnell Sie einen Domänencontroller auf diese Weise herabstufen können. Sie können diese Aufgabe stattdessen auch im Server-Manager mit dem Assistenten zum Entfernen von Rollen und Features erledigen. Gehen Sie folgendermaßen vor, um den Domänencontroller mithilfe von PowerShell herabzustufen:

1. Öffnen Sie ein PowerShell-Fenster mit Administratorrechten.
2. Geben Sie den folgenden Befehl ein, um die Rolle als AD DS-Domänencontroller zu deinstallieren:

    `Uninstall-ADDSDomainController`

3. Geben Sie auf Anforderung das Kennwort des lokalen Administrators für den Server ein.
4. Tippen Sie bei der Sicherheitsnachfrage **J** ein, um die Operation durchzuführen. Prüfen Sie, ob die Ausgabe im PowerShell-Fenster irgendwelche Benachrichtigungen oder Fehler anzeigt. Abbildung 10–2 zeigt, wie das Ergebnis aussehen sollte. Sobald der Vorgang abgeschlossen ist, wird der Server automatisch neu gestartet.

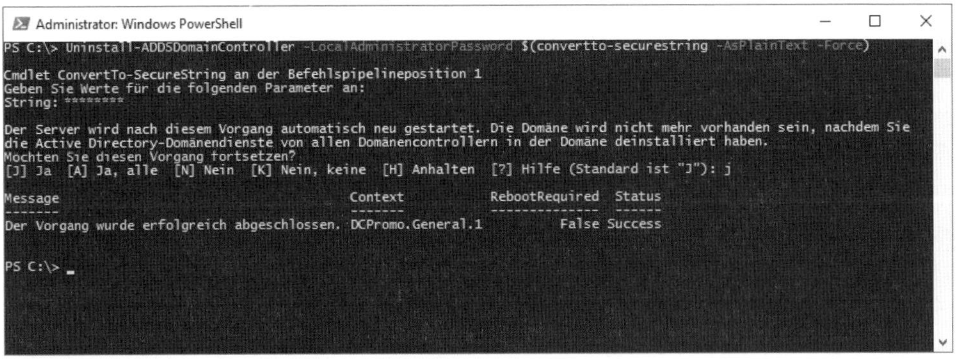

Abb. 10–2 Mit dem Cmdlet `Uninstall-ADDSDomainController` stufen Sie einen Domänencontroller in einer vorhandenen Gesamtstruktur herab.

Sie sollten mit den Abläufen beim Herauf- oder Herabstufen eines Domänencontrollers vertraut sein. Es gibt viele Situationen, in denen Sie diese Aufgabe durchführen müssen. Ein anderes mögliches Szenario ist das Ausführen eines Upgrades bei einem Domänencontroller, um eine neuere Domänenfunktionsebene zu implementieren. Das ist das Thema des nächsten Abschnitts.

Ein Upgrade bei einem Domänencontroller durchführen

Ist ein Domänencontroller einmal bereitgestellt, wird er – abgesehen von der Routinewartung und dem Einspielen von Patches – oft lange Zeit nicht mehr angefasst. Natürlich kommt irgendwann der Augenblick, in dem es wichtig wird, bei diesen Servern ein Upgrade durchzuführen. Ein solches Szenario betrifft das Hochstufen der Funktionsebene für Ihre Domäne. In jeder neuen Version von Windows Server werden neue Features und Verbesserungen im Bereich von AD DS eingeführt. Manche dieser Features haben domänenweite Auswirkungen, zum Beispiel der Active Directory-Papierkorb. Bevor Sie domänenweite Features aktivieren können, müssen Sie aber die Funktionsebene Ihrer Domäne hochstufen. Und das setzt voraus, dass Sie alle Domänencontroller in Ihrer Domäne auf die neueste Windows Server-Version aktualisieren, erst dann können Sie die Domänenfunktionsebene entsprechend hochstufen.

Nehmen wir an, Sie sind Systemadministrator bei Wide World Importers. Diese Organisation hat eine einzige Domäne, die aus 18 Domänencontrollern besteht. Die Domänenfunktionsebene ist momentan auf *Windows Server 2008 R2* gesetzt, und die vorhandenen Domänencontroller laufen unter einer Mischung verschiedener Betriebssystemversionen. Die Hälfte der Server ist drei bis vier Jahre alt, sie laufen unter Windows Server 2008 R2. Die andere Hälfte ist erst ein bis zwei Jahre alt und läuft unter Windows Server 2012 R2. Ihr Team wurde beauftragt, bei allen 18 Domänencontrollern ein Upgrade des Betriebssystems auf Windows Server 2016 vorzunehmen und danach die Domänenfunktionsebene entsprechend hochzustufen. In diesem Szenario stehen drei Ansätze zur Auswahl:

- **Direktes Upgrade**   Es werden direkte Upgrades (engl. in-place upgrades) des Windows Server-Betriebssystems unterstützt. Sie sind meist kostengünstig, weil Sie die vorhandene Hardware weiternutzen. Sofern Sie ein direktes Upgrade des Betriebssystems vornehmen wollen, müssen Sie im Vorfeld die eventuell veränderten Systemvoraussetzungen für die neue Betriebssystemversion prüfen. Untersuchen Sie auch etwaige Probleme bei der Anwendungskompatibilität, falls ein Domänencontroller zusätzliche Rollen für Ihre Organisation hostet.

- **Herabstufen, Upgrade durchführen und heraufstufen**   Wenn das Budget knapp ist, aber eine frische Installation gegenüber einem direkten Upgrade bevorzugt wird, können Sie den vorhandenen Domänencontroller herabstufen, frisch formatieren, darauf die neueste Windows Server-Version installieren und ihn schließlich wieder in der Domäne zum Domänencontroller heraufstufen. Auch bei diesem Ansatz müssen Sie die Systemvoraussetzungen für die neuere Windows Server-Version und den Lebenszyklus der wiederverwendeten Hardware prüfen.

- **Paralleles Upgrade**   Ein paralleles Upgrade (auch als Side-by-side-Upgrade bezeichnet) ist teurer als die beiden vorherigen Möglichkeiten, aber unverzichtbar, falls die Hardware ihr Lebensende erreicht hat oder nicht die Systemvoraussetzungen für die neueste Windows Server-Version erfüllt. In dieser Situation richten Sie einen neuen Server ein und stufen ihn zum Domänencontroller hoch. Es kann sinnvoll sein, neue Hostnamen, IP-Adressen und unter Umständen andere Firewallregeln zu vergeben, wenn Sie das parallele Upgrade durchführen. Sobald ein neuer Domänencontroller online ist, migrieren Sie alle Rollen vom vorhandenen Domänencontroller und stufen den bisherigen Domänencontroller schließlich herab.

Wenn Sie diese Ansätze betrachten, stellen Sie wahrscheinlich fest, dass sich für Wide World Importers eine Mischung aus parallelen Upgrades und einem Aktualisieren der vorhandenen Domänencontroller am besten eignet. Weil ein Teil der vorhandenen Domänencontroller drei bis vier Jahre alt ist, dürfen Sie davon ausgehen, dass diese Hardware ihr Lebensende bald erreicht und ersetzt werden sollte. Dagegen können Sie die Server, die erst ein bis zwei Jahre alt sind, herabstufen, das Betriebssystem aktualisieren und die Server dann wieder zu Domänencontrollern in der Domäne hochstufen.

AD DS auf einer Server Core-Installation bereitstellen

Wenn Sie Windows Server 2016 zum ersten Mal installieren, stellen Sie fest, dass die Standardeinstellung für den Installationstyp eine Server Core-Installation ist. Server Core ist eine minimalistische Variante des Windows Server-Betriebssystems. Dieser Installationstyp bietet nur Zugriff auf ausgewählte Kernserverrollen, mit der Möglichkeit, nach Bedarf zusätzliche Rollen zu installieren. Diese Art der Installation hält das System schlank und erhöht seine Sicherheit. Seit der Einführung in Windows Server 2008 wurden mehrere Verbesserungen an Server Core vorgenommen, die es Administratoren erleichtern, diese Server zentral zu verwalten. Zum Beispiel können Sie von einem zentralen Verwaltungsserver aus mit Server-Manager oder PowerShell Dutzende von Server Core-Installationen hinzufügen und verwalten.

Wie schon weiter oben in diesem Kapitel erwähnt, werden Domänencontroller nach ihrer Bereitstellung oft von einem zentralen Ort aus oder mit einer Sammlung von Tools verwaltet, die keinen direkten Zugriff auf die Server erfordern. Eine Server Core-Installation ist eine ideale Installationsvariante unter diesen Arbeitsbedingungen und bietet gleichzeitig alle erwähnten Vorteile von Server Core.

Im folgenden Beispiel arbeiten wir die Schritte für eine Installation von AD DS auf einer Server Core-Installation von Windows Server 2016 ab. Wir erstellen dabei eine neue Gesamtstruktur für Wingtip Toys. Bevor Sie AD DS auf einem Server installieren, müssen Sie die Netzwerkschnittstelle konfigurieren. Es gibt mehrere Wege, das in Server Core zu erledigen. Das Serverkonfigurationstool bietet eine Möglichkeit, Sie können darin Kernkomponenten in einer schlichten Textoberfläche konfigurieren. Sie öffnen das Serverkonfigurationstool, indem Sie in der Eingabeaufforderung *sconfig* eintippen. Eine andere Möglichkeit ist der Einsatz von PowerShell. Sehen wir uns an, welche PowerShell-Cmdlets Sie verwenden, um den Netzwerkadapter auf unserem Server zu konfigurieren:

1. Melden Sie sich an Ihrem Windows Server 2016-Server Core-Computer an.
2. Geben Sie in der Eingabeaufforderung den Befehl **powershell.exe** ein, um die PowerShell zu starten.
3. Rufen Sie das Cmdlet Get-NetAdapter auf, um eine Liste der verfügbaren Netzwerkadapter auf dem Server abzurufen. Merken Sie sich den Namen des Adapters, den Sie konfigurieren wollen.
4. Führen Sie den folgenden Befehl aus, um eine statische IP-Adresse zuzuweisen. Ersetzen Sie dabei den Wert im Parameter *InterfaceAlias* durch den Namen Ihres Netzwerkadapters:

```
New-NetIPAddress -IPAddress 10.0.0.10 -InterfaceAlias "Ethernet"
    -DefaultGateway 10.0.0.254 -AddressFamily IPv4 -PrefixLength 24
```

5. Führen Sie den folgenden Befehl aus, um die DNS-Server zuzuweisen:
   ```
   Set-DnsClientServerAddress -InterfaceAlias "Ethernet"
       -ServerAddresses ("10.0.0.1", "10.0.0.10")
   ```
6. Führen Sie den Befehl *ipconfig /all* aus und sehen Sie sich die IP- und DNS-Einstellungen für Ihren Netzwerkadapter an. Stellen Sie sicher, dass die oben angegebenen Werte angezeigt werden.

Nachdem der Netzwerkadapter konfiguriert ist, können wir die AD DS-Rolle auf diesem Server installieren. Dazu verwenden wir dieselben PowerShell-Cmdlets wie weiter oben in diesem Kapitel:

1. Melden Sie sich an Ihrem Windows Server 2016-Server Core-Computer an.
2. Geben Sie in der Eingabeaufforderung den Befehl **powershell.exe** ein, um die PowerShell zu starten.
3. Führen Sie den folgenden Befehl aus, um die Rolle *Active Directory-Domänendienste* mit allen erforderlichen Features zu installieren:
   ```
   Install-WindowsFeature AD-Domain-Services -IncludeAllSubFeature
       -IncludeManagementTools
   ```
4. Führen Sie den folgenden Befehl aus, um die neue Gesamtstruktur zu erstellen und den Server zu einem Domänencontroller heraufzustufen:
   ```
   Install-ADDSForest -DomainName WingtipToys.local
   ```
5. Tippen Sie **P@ssw0rd** ein, wenn Sie aufgefordert werden, das Administratorkennwort für den Wiederherstellungsmodus anzugeben.
6. Geben Sie bei der Sicherheitsnachfrage **J** ein, um den Vorgang fortzusetzen und den automatischen Neustart zu erlauben.
7. Prüfen Sie die Statusmeldungen im PowerShell-Fenster, während AD DS auf Ihrem Server konfiguriert wird. Sobald der Vorgang abgeschlossen ist, wird der Server automatisch neu gestartet.

Nach dem Neustart ist Ihr Server ein aktiver Domänencontroller in der Domäne *WingtipToys.local*. An diesem Punkt haben Sie die Möglichkeit, die AD DS-Verwaltungstools auf einem Remoteserver zu installieren oder die Remoteserver-Verwaltungstools (Remote Server Administration Tools, RSAT) für Windows 10 herunterzuladen und Active Directory von Ihrer Arbeitsstation aus zu verwalten. Machen Sie sich mit dem Dienstprogramm Sconfig vertraut, während Sie mit der Server Core-Installation arbeiten. Die Optionen dieses Tools sind wichtige Ausgangspunkte für die Verwaltung Ihrer Server Core-Installation.

Einen Domänencontroller über IFM installieren

Die Basis jeder Active Directory-Domäne ist eine Datenbank. Die Größe dieser Datenbank hängt davon ab, wie viele Daten in Active Directory gespeichert sind, und dies wird normalerweise durch die Größe Ihrer Organisation und die Zahl der verwalteten Objekte bestimmt. Während die Größe Ihrer Datenbank zunimmt, werden Faktoren wie Replikation und Bandbreite immer wichtiger. Diese Faktoren sind sogar noch kritischer, wenn Sie mit WAN-Verbindungen arbeiten, die die Bandbreite zwischen Zweigstellen beschränken.

In diesem Abschnitt stufen wir erneut einen Domänencontroller hoch, nutzen dabei aber das Feature *Vom Medium installieren* (Install From Media, IFM). IFM wird als Option angeboten, während Sie einen neuen Domänencontroller heraufstufen. Sie können dabei einen aktuellen Datenbankexport Ihrer vorhandenen Domäne auswählen, damit der neue Domänencontroller kein vollständiges Replikat der Datenbank ziehen muss, sobald er online geht. Stattdessen repliziert IFM nur die neuesten Änderungen, die vorgenommen wurden, seit der letzte Export erstellt wurde. Diese Methode kann den Replikationsverkehr gewaltig verringern und die Bereitstellung eines neuen Domänencontrollers stark beschleunigen. In bestimmten Fällen ist dies sogar die einzig praktikable Vorgehensweise; dies hängt von mehreren Faktoren ab, etwa der Größe Ihrer Active Directory-Datenbank, der verfügbaren Bandbreite zum Remotestandort oder der Dringlichkeit, mit der Sie Ihren neuen Domänencontroller bereitstellen müssen.

Es stehen vier Typen von Installationsmedien zur Auswahl:

- **Create Full**   Dieser Installationsmedientyp wird für beschreibbare Domänencontroller oder AD LDS-Instanzen (Active Directory Lightweight Directory Services) benutzt.
- **Create Sysvol Full**   Dieser Installationsmedientyp wird für beschreibbare Domänencontroller benutzt, er umfasst SYSVOL.
- **Create RODC**   Dieser Installationsmedientyp wird für schreibgeschützte Domänencontroller (Read-Only Domain Controllers, RODCs) benutzt.
- **Create Sysvol RODC**   Dieser Installationsmedientyp wird für schreibgeschützte Domänencontroller benutzt, er umfasst SYSVOL.

> **PRÜFUNGSTIPP**
>
> Für die Prüfung sollten Sie mit allen Installationsmedientypen vertraut sein und wissen, welche Daten sie enthalten.

Als Systemadministrator für Wide World Importers gehört es zu Ihren Aufgaben, bei Bedarf neue Domänencontroller bereitzustellen. Sie arbeiten in der Unternehmenszentrale in San Francisco. Ihr Manager hat Sie gerade informiert, dass gegen Ende des Jahres eine neue Niederlassung in Dublin eröffnet wird. Dies ist die erste Niederlassung des Unternehmens in Irland und die Wachstumsaussichten werden als gut eingestuft. Anfangs sind Sie auf eine 10-MB-WAN-Verbindung zwischen der neuen Niederlassung und der Zentrale beschränkt. Im folgenden Beispiel gehen wir die Schritte durch, mit denen Sie die vorhandene Active Directory-

Datenbank exportieren, sie auf einen neuen Server kopieren und mithilfe des IFM-Features den Server zu einem Domänencontroller heraufstufen.

1. Melden Sie sich an einem Domänencontroller in Ihrer Domäne an.
2. Öffnen Sie eine Eingabeaufforderung mit erhöhten Rechten.
3. Führen Sie in der Eingabeaufforderung den Befehl *ntdsutil* aus, um das Befehlszeilentool zum Verwalten von AD DS zu starten.
4. Führen Sie den Befehl *activate instance ntds* aus, um NTDS als aktive Instanz festzulegen.
5. Führen Sie den Befehl *ifm* aus, um den IFM-Prozess zu starten.
6. Führen Sie den folgenden Befehl aus, um eine Kopie Ihrer Active Directory-Datenbank mit den zugehörigen Dateien zu exportieren. In diesem Beispiel erstellen wir den Installationsmedientyp *Create Sysvol Full*:

   ```
   create sysvol full C:\IFM
   ```

Es laufen etliche Statusmeldungen durch die Eingabeaufforderung, die Sie über den Fortschritt des Exportvorgangs informieren. Sobald der Export abgeschlossen ist, erhalten Sie eine Statusmeldung (Abbildung 10–3). An diesem Punkt können Sie den Inhalt des IFM-Verzeichnisses auf einen Wechseldatenträger oder auf das Laufwerk des neuen Servers kopieren, bevor Sie ihn an seinen späteren Standort transportieren.

Abb. 10–3   Mit dem Befehlszeilentool Ntdsutil verwalten Sie Active Directory. Es bietet unter anderem die Fähigkeit, Installationsmedien für neue Domänencontroller zu erstellen.

In diesem Beispiel kopieren wir den Inhalt des Ordners *IFM* in den Stamm des Systemlaufwerks auf unserem neuen Server. Wenn der Server in der Zielniederlassung eintrifft, kann er sofort angeschaltet und heraufgestuft werden. Die folgenden Schritte zeigen, wie Sie einen Domänencontroller mithilfe des IFM-Exports heraufstufen:

1. Öffnen Sie den Server-Manager.
2. Klicken Sie auf der Seite *Dashboard* des Server-Managers auf *Rollen und Features hinzufügen*.
3. Klicken Sie auf der Seite *Vorbemerkungen* des Assistenten zum Hinzufügen von Rollen und Features auf *Weiter*.
4. Stellen Sie sicher, dass auf der Seite *Installationstyp* die Option *Rollenbasierte oder featurebasierte Installation* ausgewählt ist, und klicken Sie auf *Weiter*.
5. Stellen Sie auf der Seite *Serverauswahl* sicher, dass die Option *Einen Server aus dem Serverpool auswählen* ausgewählt und Ihr Server in der Liste ausgewählt ist. Klicken Sie auf *Weiter*.
6. Aktivieren Sie auf der Seite *Serverrollen* das Kontrollkästchen *Active Directory-Domänendienste*. Es öffnet sich ein Dialogfeld, in dem Sie gefragt werden, ob zusätzliche Features hinzugefügt werden sollen. Prüfen Sie die Liste und stellen Sie sicher, dass das Kontrollkästchen *Verwaltungstools einschließen (falls vorhanden)* aktiviert ist. Klicken Sie auf *Features hinzufügen* und dann auf *Weiter*.
7. Klicken Sie auf der Seite *Features* auf *Weiter*.
8. Klicken Sie auf der Seite *AD DS* auf *Weiter*.
9. Überprüfen Sie auf der Seite *Bestätigung* die Liste der Rollen und Features, die installiert werden. Sie sollte wie in Abbildung 10–1 weiter oben in diesem Kapitel aussehen. Klicken Sie auf *Installieren*, um die Installation der Active Directory-Domänendienste zu starten.
10. Sobald die Installation von AD DS abgeschlossen ist, wird eine neue Warnbenachrichtigung im Server-Manager angezeigt. Klicken Sie auf das Benachrichtigungssymbol und dann auf *Server zu einem Domänencontroller heraufstufen*.
11. Wählen Sie auf der Seite *Bereitstellungskonfiguration* des Konfigurations-Assistenten für die Active Directory-Domänendienste die Option *Domänencontroller zu einer vorhandenen Domäne hinzufügen* aus. Klicken Sie auf die Schaltfläche *Auswählen* neben dem Feld *Domäne*. Geben Sie auf Anforderung die Domänenanmeldeinformationen für ein Konto in der Domäne *WingtipToys.local* ein, das Mitglied der Gruppe *Domänen-Admins* ist. Wählen Sie die Domäne *WingtipToys.local* aus und klicken Sie auf *Weiter*.
12. Prüfen Sie auf der Seite *Domänencontrolleroptionen* die Standardeinstellungen. Stellen Sie sicher, dass die Kontrollkästchen *DNS-Server* und *Globaler Katalog* aktiviert sind. Tippen Sie als Kennwort für den Verzeichnisdienst-Wiederherstellungsmodus (DSRM-Kennwort) **P@ssw0rd** in die beiden Felder ein und klicken Sie auf *Weiter*.
13. Klicken Sie auf der Seite *DNS-Optionen* auf *Weiter*.
14. Aktivieren Sie auf der Seite *Zusätzliche Optionen* das Kontrollkästchen *Vom Medium installieren* (Abbildung 10–4). Geben Sie in das Feld *Pfad* das Verzeichnis *C:\IFM* ein, in das wir den Datenbankexport kopiert hatten, und klicken Sie auf *Überprüfen*, um sicherzustellen, dass der Zugriff auf die Dateien gelingt. Klicken Sie auf *Weiter*.

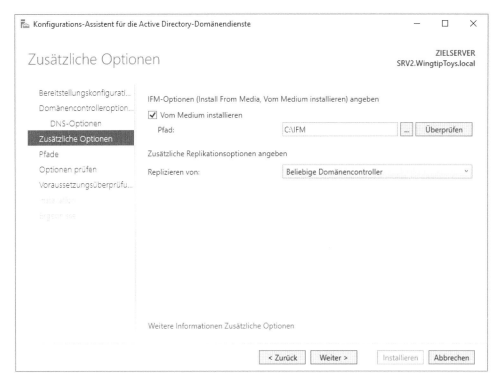

Abb. 10–4 Der Konfigurations-Assistent für die Active Directory-Domänendienste bietet auf der Seite *Zusätzliche Optionen* die Möglichkeit, das IFM-Feature zu nutzen.

15. Prüfen Sie auf der Seite *Pfade* die Standardpfade für AD DS-Datenbank, Protokolldateien und SYSVOL-Ordner. Klicken Sie auf *Weiter*.

16. Sehen Sie sich auf der Seite *Optionen prüfen* die Liste der Konfigurationsoptionen an. Klicken Sie auf *Skript anzeigen*. Beachten Sie die zusätzlichen Parameter für *InstallationMedia-Path*. Schließen Sie die Textdatei und klicken Sie auf *Weiter*.

17. Lesen Sie auf der Seite *Voraussetzungsüberprüfung* alle Meldungen, die im rechten Fensterabschnitt angezeigt werden, und klicken Sie auf *Installieren*. Sobald die Installation abgeschlossen ist, wird der Server automatisch neu gestartet, um die Installation abzuschließen.

18. Warten Sie, bis Ihr neuer Domänencontroller online ist, melden Sie sich an und öffnen Sie die Konsole *Active Directory-Benutzer und -Computer*. Vergleichen Sie den Inhalt mit der Konsole auf einem vorhandenen Domänencontroller. Wie Sie sehen, gleichen sich Organisationseinheitsstruktur, Objekte und Attribute auf beiden Domänencontrollern.

An diesem Punkt des Kapitels haben wir mehrere Installationsszenarien zum Heraufstufen eines neuen Domänencontrollers durchgearbeitet. IFM erhöht die Flexibilität für Ihre Bereitstellungen, sodass Sie Domänencontroller in weit entfernten Standorten zuverlässig bereitstellen können, ohne dass dabei das WAN Ihrer Organisation übermäßig beansprucht wird. Dieselben Verfahren können Sie auch einsetzen, um umfangreichere Bereitstellungen vorzubereiten.

Betrachten Sie als Beispiel einen Einzelhändler, der Hunderte von Ladengeschäften auf der ganzen Welt betreibt, jedes mit seinem eigenen Domänencontroller. In einem solchen Szenario spart der Einsatz von IFM viel Bandbreite und Verwaltungsaufwand.

Probleme mit der Registrierung von DNS-SRV-Einträgen beseitigen

Im Lauf dieses Kapitels haben wir mehrere Domänencontroller in verschiedenen Varianten bereitgestellt. Eine Gemeinsamkeit war, dass auf all diesen Domänencontrollern DNS (Domain Name System) installiert wurde. AD DS funktioniert nur dann, wenn DNS installiert und richtig konfiguriert wird. Soweit es DNS betrifft, ist jede Umgebung anders, und das ist ein wichtiger Faktor für die einwandfreie Funktion Ihrer AD DS-Gesamtstruktur.

AD DS benutzt SRV-Einträge, auch als Diensteinträge bezeichnet. Jeder Eintrag erfüllt eine andere Aufgabe, zum Beispiel verweist er Clients an den nächstgelegenen LDAP-Server oder ermöglicht Servern die Kommunikation untereinander. Als Administrator für AD DS müssen Sie mit diesen SRV-Einträgen vertraut und in der Lage sein, Probleme im Bereich der Registrierung solcher Einträge zu beseitigen. Falls Probleme auftreten, stehen Ihnen mehrere Werkzeuge zur Verfügung, um eine Lösung zu suchen. Die wichtigsten sind:

- **DNS-Manager** Die Konsole *DNS-Manager* gehört zu den AD DS-Verwaltungstools. Sie können sich hier die SRV-Einträge in Ihrer Domäne ansehen. Abbildung 10–5 zeigt die Forward-Lookupzone für *WingtipToys.local*. Der Detailbereich auf der rechten Seite zeigt, dass die LDAP- und Kerberos-SRV-Einträge für die Domänencontroller vorhanden sind.

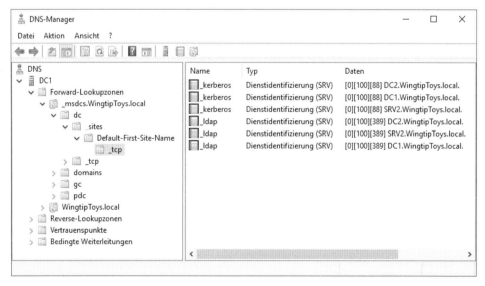

Abb. 10–5   Die Konsole *DNS-Manager* ist ein wichtiges Tool bei der Überprüfung von SRV-Einträgen.

- **Dcdiag**   Das Befehlszeilentool Dcdiag führt Tests durch, die Ihnen bei der Problembehandlung in Ihrer AD DS-Gesamtstruktur helfen. Sie können einen DNS-Test auf jedem Domänencontroller starten, indem Sie in einer Eingabeaufforderung mit erhöhten Rechten den Befehl *dcdiag /test:dns* ausführen.
- **Ipconfig**   Das Dienstprogramm Ipconfig zeigt Netzwerkdaten über Ihre Windows-Geräte an. Falls DNS so eingerichtet ist, dass es dynamische DNS-Updates annimmt, und Sie vermuten, dass eine Arbeitsstation oder ein Server seinen SRV-Eintrag nicht registriert hat, können Sie in einer Eingabeaufforderung mit erhöhten Rechten den Befehl *ipconfig /registerdns* ausführen.
- **Netlogon.dns**   In Umgebungen, in denen kein dynamisches DNS aktiviert ist oder DNS von einer separaten Appliance verwaltet wird, können Sie die erforderlichen SRV-Einträge aus der Datei Netlogon.dns auf Ihren Domänencontrollern extrahieren. Diese Informationen können Sie dann Ihrem DNS-Team zur Verfügung stellen, das sie hinzufügt. Diese Datei liegt im Pfad *%WinDir%\System32\Config\netlogon.dns*.

Die DNS-Integrität auf Ihren Domänencontrollern ist ein wichtiger Faktor, wenn Sie Ihre AD DS-Umgebung verwalten. Stellen Sie für die Prüfung sicher, dass Sie den Umgang mit allen erwähnten Tools beherrschen. Investieren Sie etwas Zeit dafür, den DNS-Manager zu erforschen und sich die SRV-Einträge in Ihrer Domäne anzusehen.

Einen globalen Katalogserver konfigurieren

In AD DS dient der globale Katalog dazu, die Leistung in Umgebungen zu steigern, in denen mehrere Domänencontroller oder Standorte mit geringer Bandbreite vorhanden sind. Der globale Katalog enthält einen Ausschnitt der Daten zu jedem Objekt in Ihrer AD DS-Gesamtstruktur. Domänencontroller können als globale Katalogserver bestimmt werden, sodass sie Anfragen an den globalen Katalog beantworten. Wenn eine Anwendung mit Active Directory verbunden ist und eine Suche über einen nahegelegenen globalen Katalogserver durchführt, ist die Suche schneller abgeschlossen, weil die erforderlichen Informationen direkt zur Verfügung stehen.

Sehen wir uns zuerst an, wie Sie prüfen, ob ein Domänencontroller als globaler Katalogserver konfiguriert wurde. Es gibt mehrere Möglichkeiten, das herauszufinden. Als Erstes bietet sich die Konsole *Active Directory-Benutzer und -Computer* an. Wenn Sie zum Container *Domain Controllers* navigieren, sehen Sie eine Spalte namens *Domänencontrollertyp*. Domänencontroller, die als globale Katalogserver konfiguriert wurden, sind in dieser Spalte mit *GC* (für Global Catalog) markiert. In Abbildung 10–6 sehen Sie, dass alle vorhandenen Domänencontroller als globale Katalogserver eingerichtet sind.

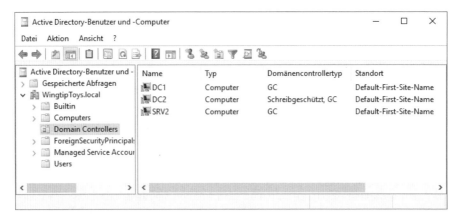

Abb. 10–6 Die Konsole *Active Directory-Benutzer und -Computer* zeigt den Domänencontrollertyp für die Domänencontroller in Ihrer Domäne an.

Eine andere Stelle, an der Sie den Status eines globalen Katalogservers prüfen können, ist die Verwaltungskonsole *Active Directory-Standorte und -Dienste*. Hier müssen Sie den Zweig *Sites* und dann den Zweig für den Standort aufklappen, dem Ihr Domänencontroller zugewiesen ist. Erweitern Sie hier den Zweig *Servers* und dann den Zweig des gewünschten Domänencontrollers. Klicken Sie mit der rechten Maustaste auf *NTDS Settings* und wählen Sie den Befehl *Eigenschaften*. Auf der Registerkarte *Allgemein* im Dialogfeld *Eigenschaften von NTDS Settings* finden Sie ein Kontrollkästchen, das festlegt, ob der Domänencontroller die Funktion eines globalen Katalogservers übernimmt (Abbildung 10–7). Sie können diese Rolle hier ein- oder ausschalten, indem Sie das Kontrollkästchen ändern; die AD DS-Topologie wird dann entsprechend angepasst.

Abb. 10–7 Das Dialogfeld *Eigenschaften von NTDS Settings* verrät, ob ein Domänencontroller als globaler Katalogserver fungiert.

Wenn Sie einen neuen Domänencontroller heraufstufen, sehen Sie, dass die Rolle als globaler Katalog standardmäßig aktiviert ist. In den meisten Fällen ist es sinnvoll, auf jedem Domänencontroller in Ihrer Umgebung den globalen Katalog zu speichern. Abhängig von der AD DS-Topologie gibt es aber auch seltene Fälle, in denen sich die Leistung der Umgebung verbessert, wenn Sie die Rolle als globaler Katalog von ausgewählten Domänencontrollern deinstallieren. Auch ein schreibgeschützter Domänencontroller kann als globaler Katalogserver dienen. Allerdings unterstützen nicht alle verzeichnisfähigen Anwendungen die Verbindung zu einem globalen Katalogserver, der auf einem schreibgeschützten Domänencontroller gehostet wird.

> **WEITERE INFORMATIONEN** Ausführliche Information über den globalen Katalog
>
> Informationen über den globalen Katalog, Abhängigkeiten und Interaktionen finden Sie unter:
>
> *https://technet.microsoft.com/library/cc728188(v=ws.10).aspx*

Betriebsmasterrollen übertragen und übernehmen

AD DS umfasst fünf FSMO-Rollen (Flexible Single Master Operation), auch als Betriebsmasterrollen bezeichnet. Diese Rollen werden den Domänencontrollern in Ihrer Umgebung zugewiesen. Jede Rolle kann nur einem einzigen Domänencontroller zugewiesen sein, aber es gibt keine Einschränkungen, welche Rollen wo zugewiesen werden. Wenn Sie zum Beispiel fünf unterschiedliche Domänencontroller haben, können Sie im Prinzip jede Rolle an einen anderen Domänencontroller zuweisen. Es sollte aber erwähnt werden, dass RODCs überhaupt keine FSMO-Rollen ausführen können. Sehen wir uns die einzelnen Rollen genauer an:

- **Schemamaster** Die Rolle des Schemamasters kann jeweils nur einem einzigen Domänencontroller zugewiesen sein. Diese Rolle hat die Aufgabe, Schemaaktualisierungen innerhalb von Active Directory durchzuführen. Sobald der Schemamaster eine Schemaaktualisierung verarbeitet hat, repliziert er die Änderungen auf die anderen Domänencontroller.

- **Domänennamenmaster** Die Rolle des Domänennamenmasters kann jeweils nur einem einzigen Domänencontroller zugewiesen sein. Diese Rolle hat die Aufgabe, Änderungen am gesamtstrukturweiten Domänennamensraum innerhalb von Active Directory vorzunehmen.

- **RID-Master** Die Rolle des RID-Masters hat die Aufgabe, RID-Anforderungen (Relative ID) von allen Domänencontrollern in Ihrer Domäne zu verarbeiten.

- **PDC-Emulation** Die Rolle der PDC-Emulation hat die Aufgabe, die Zeit innerhalb von Active Directory synchron zu halten. Diese Rolle ist mit zentralen Sicherheitskomponenten verknüpft, zum Beispiel für Kennwortänderungen und Kontosperrungen.

- **Infrastrukturmaster** Die Rolle des Infrastrukturmasters hat die Aufgabe, Domänenverweise auf Objekte auf dem neuesten Stand zu halten. Dazu vergleicht er seine Daten mit den Informationen im globalen Katalog. Aufgrund ihres Entwurfs ist es am besten, wenn die Infrastrukturmasterrolle auf einem Domänencontroller liegt, der nicht als globaler

Katalogserver fungiert, aber eine schnelle Verbindung zu einem globalen Katalogserver hat. Falls all Ihre Domänencontroller als globale Katalogserver fungieren, arbeitet die Infrastrukturmasterrolle nicht.

PRÜFUNGSTIPP

Sie sollten mit allen FSMO-Rollen vertraut sein, ihre jeweiligen Aufgaben kennen und wissen, wie sie auf einen anderen Domänencontroller übertragen werden.

Nachdem Sie nun die Bedeutung der verschiedenen FSMO-Rollen kennen, sehen wir uns an, wo diese Rollen in Ihrer Domäne laufen:

1. Melden Sie sich an einem Domänencontroller in Ihrer Domäne an.
2. Öffnen Sie eine Eingabeaufforderung mit erhöhten Rechten.
3. Führen Sie den folgenden Befehl aus, um zu ermitteln, wo jede FSMO-Rolle zugewiesen ist (Abbildung 10–8):

    netdom /query FSMO

Abb. 10–8   Das Dienstprogramm Netdom ermittelt, wo die FSMO-Rollen in Ihrer Domäne zugewiesen sind.

Sie wissen nun, wie Sie herausfinden, welchen Domänencontrollern welche FSMO-Rollen zugewiesen sind. Für die nächsten Schritte müssen Sie den Unterschied zwischen dem Übertragen und dem Übernehmen einer Rolle kennen:

- **Übertragen**   Das Übertragen (engl. transfer) einer FSMO-Rolle ist die bevorzugte Operation. Sie sollten eine Übertragung nutzen, wenn der aktuelle Rolleninhaber funktioniert und der künftige FSMO-Besitzer den bisherigen über das Netzwerk erreichen kann.
- **Übernehmen**   Das Übernehmen (engl. seize) einer FSMO-Rolle ist problematisch, aber gelegentlich im Rahmen einer Notfallwiederherstellung unvermeidlich. Sie sollten eine Übernahme durchführen, wenn der aktuelle Rolleninhaber ausgefallen ist oder aus irgendwelchen Gründen nicht reagiert.

FSMO-Rollen übertragen

Sie übertragen oder übernehmen FSMO-Rollen mit dem Dienstprogramm Ntdsutil. Abbildung 10–8 zeigt, dass DC1 alle FSMO-Rollen für die Domäne ausführt. Übertragen wir nun die Rolle des Infrastrukturmasters an SRV2:

1. Melden Sie sich an einem Domänencontroller in Ihrer Domäne an.
2. Öffnen Sie eine Eingabeaufforderung mit erhöhten Rechten.
3. Tippen Sie **ntdsutil** ein und drücken Sie (Eingabe).
4. Tippen Sie **roles** ein und drücken Sie (Eingabe).
5. Tippen Sie **connections** ein und drücken Sie (Eingabe).
6. Tippen Sie **connect to server SRV2** ein. Sehen Sie sich die Ausgabe an und stellen Sie sicher, dass die Verbindung aufgebaut wurde.
7. Tippen Sie **q** und drücken Sie (Eingabe).
8. Tippen Sie **transfer infrastructure master** ein und drücken Sie (Eingabe). Klicken Sie im Bestätigungsdialogfeld auf *Ja*. Lesen Sie sich die Ausgabe durch und prüfen Sie, ob die Übertragung erfolgreich war.
9. Tippen Sie **q** ein, um den FSMO-Wartungsmodus zu verlassen, und dann erneut **q**, um Ntdsutil zu beenden.

Wenn Sie die Rolle übertragen haben, können Sie erneut das Dienstprogramm Netdom ausführen. Jetzt müsste angezeigt werden, dass die Infrastrukturmasterrolle dem Domänencontroller SRV2 zugewiesen ist (Abbildung 10–9).

Abb. 10–9 Das Dienstprogramm Netdom zeigt, dass die Rolle des Infrastrukturmasters an SRV2 übertragen wurde.

FSMO-Rollen übernehmen

Nehmen wir an, SRV2 ist wegen eines Hardwaredefekts ausgefallen, was verhindert, dass wir die ihm zugewiesenen FSMO-Rollen sauber übertragen können. In diesem Beispiel befindet sich der Domänencontroller nicht mehr im Netzwerk, daher müssen wir eine Übernahme durchführen, um die Rolle wieder an DC1 zuzuweisen.

1. Melden Sie sich an einem Domänencontroller in Ihrer Domäne an.
2. Öffnen Sie eine Eingabeaufforderung mit erhöhten Rechten.
3. Tippen Sie **ntdsutil** ein und drücken Sie (Eingabe).
4. Tippen Sie **roles** ein und drücken Sie (Eingabe).
5. Tippen Sie **connections** ein und drücken Sie (Eingabe).
6. Tippen Sie **connect to server DC1** ein. Sehen Sie sich die Ausgabe an und stellen Sie sicher, dass die Verbindung aufgebaut wurde.
7. Tippen Sie **q** ein und drücken Sie (Eingabe).
8. Tippen Sie **seize infrastructure master** ein und drücken Sie (Eingabe). Klicken Sie im Bestätigungsdialogfeld auf *Ja*. Lesen Sie sich die Ausgabe durch und prüfen Sie, ob die Übernahme erfolgreich war.
9. Tippen Sie **q** ein, um den FSMO-Wartungsmodus zu verlassen, und dann erneut **q**, um Ntdsutil zu beenden.

Wenn Sie die Rolle übernommen haben, sollten Sie erneut das Dienstprogramm Netdom ausführen. Jetzt müsste angezeigt werden, dass die Infrastrukturmasterrolle wieder dem Domänencontroller DC1 zugewiesen ist.

PRÜFUNGSTIPP

Für die Prüfung müssen Sie die Unterschiede zwischen der Übertragung und der Übernahme von Betriebsmasterrollen kennen.

Einen schreibgeschützten Domänencontroller installieren und konfigurieren

Sicherheit ist für jede Organisation ein wichtiger Faktor. Der virtuelle Schutzwall um Ihr geistiges Eigentum sollte konsequent überwacht und gepflegt werden. AD DS verwaltet Benutzerkonten, E-Mail-Adressen, Kennwörter und vor allem den Zugriff auf Ressourcen und Dienste, die sorgfältig geschützt werden müssen. Wenn Sie die Sicherheit von AD DS analysieren, sind zwei wichtige Punkte der physische Standort Ihrer Domänencontroller und die erwarteten Anforderungen an diese Server. Hier sind einige Fragen, die Sie beantworten sollten, wenn Sie die Sicherheit Ihrer Domänencontroller bewerten:

1. Ist die physische Sicherheit am Aufstellungsort gewährleistet?
2. Ist der Domänencontroller mit einem externen Netzwerk oder einer DMZ verbunden?
3. Brauchen Benutzer, die keine Administratoren sind, Zugriff auf den Domänencontroller, um interne Anwendungen zu benutzen oder zu verwalten?

Der schreibgeschützte Domänencontroller (Read-Only Domain Controller, RODC) wurde in Windows Server 2008 erstmals eingeführt. Er wurde entwickelt, um die in den obigen Fragen genannten Probleme anzugehen. Die in Tabelle 10–1 aufgelisteten Features wurden eingeführt, um die Sicherheit für AD DS und Ihre Organisation zu erhöhen.

Feature	Beschreibung
Unidirektionale Replikation	Im Unterschied zu beschreibbaren Domänencontrollern sind RODCs so entwickelt, dass sie für Änderungen nur eine eingehende und keine ausgehende Replikation durchführen. Die anderen Domänencontroller in Ihrer Gesamtstruktur übernehmen also keine Änderungen von einem RODC. Das erhöht die Sicherheit, weil verhindert wird, dass eine manipulierte Aktualisierung in Ihre Gesamtstruktur hineinrepliziert wird.
Spezielles krbtgt-Konto	Das Konto *krbtgt* verhindert, dass ein kompromittierter RODC auf Ressourcen an einem Remotestandort zugreift.
Kennwortreplikationsrichtlinie (Password Replication Policy, PRP)	Die PRP verhindert, dass Kennwörter lokal auf dem RODC zwischengespeichert werden. Falls ein RODC kompromittiert wird, kann der Angreifer keine Kontokennwörter ausspähen.
RODC-gefilterter Attributsatz (Filtered Attribute Set, FAS)	Der FAS ermöglicht es dem Administrator festzulegen, welche Anwendungen Daten auf RODCs replizieren. Dazu fügt er die Attribute für die Anwendung zum RODC-FAS hinzu und markiert sie als vertraulich.

Tab. 10–1   Sicherheitsfeatures im RODC

Nehmen wir an, Wingtip Toys expandiert in den Einzelhandel und plant, über die nächsten sechs Monate hinweg 12 neue Läden zu eröffnen. Diese Läden brauchen lokale Domänencontroller, um mehrere Kassencomputer am jeweiligen Standort zu unterstützen. Die physische Sicherheit in diesen Läden ist nicht optimal, in manchen Fällen müssen sich Ihre Server Rack-Plätze mit Nachbarläden teilen. Aufgrund dieser Anforderungen haben Sie entschieden, in allen Läden RODCs einzurichten. Um einen RODC heraufzustufen, sollten Sie wie folgt vorgehen:

1. Öffnen Sie den Server-Manager.
2. Klicken Sie auf der Seite *Dashboard* des Server-Managers auf *Rollen und Features hinzufügen*.
3. Klicken Sie auf der Seite *Vorbemerkungen* des Assistenten zum Hinzufügen von Rollen und Features auf *Weiter*.
4. Stellen Sie sicher, dass auf der Seite *Installationstyp* die Option *Rollenbasierte oder featurebasierte Installation* ausgewählt ist, und klicken Sie auf *Weiter*.
5. Stellen Sie auf der Seite *Serverauswahl* sicher, dass die Option *Einen Server aus dem Serverpool auswählen* aktiviert und Ihr Server in der Liste ausgewählt ist. Klicken Sie auf *Weiter*.
6. Aktivieren Sie auf der Seite *Serverrollen* das Kontrollkästchen *Active Directory-Domänendienste*. Es öffnet sich ein Dialogfeld, in dem Sie gefragt werden, ob zusätzliche Features hinzugefügt werden sollen. Prüfen Sie die Liste und stellen Sie sicher, dass das Kontrollkästchen *Verwaltungstools einschließen (falls vorhanden)* aktiviert ist. Klicken Sie auf *Features hinzufügen* und dann auf *Weiter*.
7. Klicken Sie auf der Seite *Features* auf *Weiter*.
8. Klicken Sie auf der Seite *AD DS* auf *Weiter*.

9. Überprüfen Sie auf der Seite *Bestätigung* die Liste der Rollen und Features, die installiert werden. Sie sollte wie in Abbildung 10–1 weiter oben in diesem Kapitel aussehen. Klicken Sie auf *Installieren*, um die Installation der Active Directory-Domänendienste zu starten.

10. Sobald die Installation von AD DS abgeschlossen ist, wird eine neue Warnbenachrichtigung im Server-Manager angezeigt. Klicken Sie auf das Benachrichtigungssymbol und dann auf *Server zu einem Domänencontroller heraufstufen*.

11. Wählen Sie auf der Seite *Bereitstellungskonfiguration* des Konfigurations-Assistenten für die Active Directory-Domänendienste die Option *Domänencontroller zu einer vorhandenen Domäne hinzufügen* aus. Klicken Sie auf die Schaltfläche *Auswählen* neben dem Feld *Domäne*. Geben Sie auf Anforderung die Domänenanmeldeinformationen für ein Konto in der Domäne *WingtipToys.local* ein, das Mitglied der Gruppe *Domänen-Admins* ist. Wählen Sie die Domäne *WingtipToys.local* aus und klicken Sie auf *Weiter*.

12. Prüfen Sie auf der Seite *Domänencontrolleroptionen* die Standardeinstellungen. Aktivieren Sie das Kontrollkästchen *Schreibgeschützter Domänencontroller (RODC)*, wie in Abbildung 10–10 gezeigt. Tippen Sie als Kennwort für den Verzeichnisdienst-Wiederherstellungsmodus (DSRM-Kennwort) **P@ssw0rd** in die beiden Felder ein und klicken Sie auf *Weiter*.

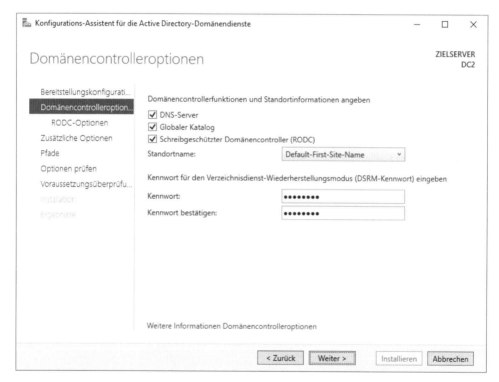

Abb. 10–10 Der Konfigurations-Assistent für die Active Directory-Domänendienste bietet die Möglichkeit, einen RODC heraufzustufen.

13. Prüfen Sie auf der Seite *RODC-Optionen*, für welche Standardkonten und -gruppen Kennwörter auf den RODC repliziert werden und für welche das verboten wird, und klicken Sie auf *Weiter* (Abbildung 10–11).

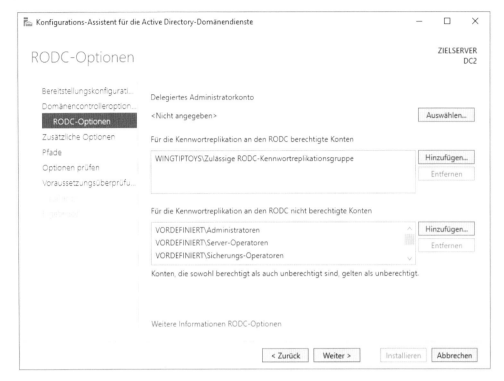

Abb. 10–11 Konfigurieren der Kennwortreplikation für einen neuen RODC

14. Klicken Sie auf der Seite *DNS-Optionen* auf *Weiter*.
15. Sehen Sie sich auf der Seite *Zusätzliche Optionen* die Standardeinstellung für Replikation an und klicken Sie auf *Weiter*.
16. Prüfen Sie auf der Seite *Pfade* die Standardpfade für AD DS-Datenbank, Protokolldateien und SYSVOL-Ordner. Klicken Sie auf *Weiter*.
17. Sehen Sie sich auf der Seite *Optionen prüfen* die Liste der Konfigurationsoptionen an. Klicken Sie auf *Skript anzeigen*. Daraufhin wird im Editor eine Textdatei geöffnet, die alle PowerShell-Befehle zum Konfigurieren des RODCs enthält. Schließen Sie die Textdatei und klicken Sie auf *Weiter*.
18. Lesen Sie auf der Seite *Voraussetzungsüberprüfung* alle Meldungen, die im rechten Fensterabschnitt angezeigt werden, und klicken Sie auf *Installieren*. Sobald die Installation abgeschlossen ist, wird der Server automatisch neu gestartet, um die Installation abzuschließen.

Sobald diese Schritte abgeschlossen sind, müssten Sie einen neuen Domänencontroller in Ihrer Domäne haben, für den der Domänencontrollertyp *Schreibgeschützt* angezeigt wird. Stellen wir nun eine Verbindung zu diesem Domänencontroller her und sehen wir uns an, welche Optionen zur Verfügung stehen:

1. Melden Sie sich an einem Ihrer Domänencontroller an.
2. Öffnen Sie die Konsole *Active Directory-Benutzer und -Computer*.
3. Klicken Sie im linken Fensterabschnitt der Konsole *Active Directory-Benutzer und -Computer* mit der rechten Maustaste auf *WingtipToys.local* und wählen Sie den Befehl *Domänencontroller ändern*.
4. Wählen Sie im Dialogfeld *Verzeichnisserver ändern* den RODC aus der Liste aus und klicken Sie auf OK. Bevor die Verbindung zum RODC aufgebaut wird, werden Sie darauf aufmerksam gemacht, dass keine Schreibvorgänge möglich sind (Abbildung 10–12). Klicken Sie abermals auf OK.

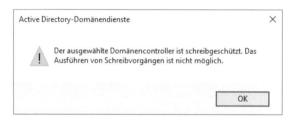

Abb. 10–12   Auf einem RODC können Sie keine Schreibvorgänge ausführen.

5. Klicken Sie mit der rechten Maustaste auf den Container *Users*. Beachten Sie, dass der Befehl zum Erstellen neuer Elemente nicht verfügbar ist.
6. Klicken Sie auf den Container *Users* und dann mit der rechten Maustaste auf das Konto *Administrator*. Wie Sie sehen, sind die Befehle zum Ändern der Gruppenmitgliedschaft, zum Deaktivieren des Kontos und zum Zurücksetzen des Kennworts deaktiviert.

Nachdem Sie nun einen RODC bereitgestellt und einige seiner Grundfunktionen kennengelernt haben, sollten Sie sich überlegen, an welchen Stellen in Ihrer Umgebung ein schreibgeschützter Domänencontroller sinnvoll wäre. Der RODC ist sehr gut darin, Änderungen an Ihrer vorhandenen AD DS-Gesamtstruktur zu verhindern. Seien Sie aber vorsichtig bei Ihren Bereitstellungen. Ich hatte einen Kunden, der darauf bestand, alle beschreibbaren Domänencontroller in sämtlichen Zweigstellen durch RODCs zu ersetzen. Das führte bald dazu, dass der Verwaltungsaufwand gewaltig anstieg. Änderungen konnten nur auf den beschreibbaren Domänencontrollern in der Zentrale vorgenommen werden. Das wirkte sich auf die Replikation aus, wenn mehrere Änderungen durchgeführt werden mussten. Die Niederlassungen lagen Tausende von Kilometern auseinander und verteilten sich auf unterschiedliche Zeitzonen. All diese Domänencontroller waren in sicheren Gebäuden untergebracht, daher war die RODC-Topologie für diese Umgebung nicht sinnvoll.

Klonung eines Domänencontrollers konfigurieren

Vor Windows Server 2012 wurde keine Unterstützung für die Technik gewährt, beim Bereitstellen eines neuen Domänencontrollers irgendeine Form der Duplikation zu nutzen. Darunter fielen Operationen wie die Klonung der VHD eines vorhandenen Domänencontrollers. Taten Sie es trotzdem, konnte das erhebliche Probleme für Ihre AD DS-Infrastruktur verursachen. Mit der Einführung von Windows Server 2012 hat sich das geändert. Sofern bestimmte Voraussetzungen erfüllt sind, können Administratoren jetzt einen aktiven virtuellen Domänencontroller klonen und somit sehr schnell konsistente Bereitstellungen durchführen.

Sie können einen virtuellen Domänencontroller nur klonen, wenn die folgenden Anforderungen erfüllt sind:

- Der Zieldomänencontroller muss unter Windows Server 2012 oder neuer laufen.
- Der Administrator, der die Klonungsoperation durchführt, muss Mitglied der Gruppe *Domänen-Admins* sein.
- Der Domänencontroller, auf dem die Rolle PDC-Emulation läuft, muss während des Klonungsprozesses online sein.
- Der Hypervisor für den Domänencontroller muss VM-Generation-ID unterstützen.

Gehen wir davon aus, dass all diese Anforderungen erfüllt sind, und sehen wir uns die Schritte zum Klonen eines vorhandenen virtuellen Domänencontrollers an. Als Hypervisor verwenden wir in diesem Beispiel Hyper-V.

1. Melden Sie sich am Quelldomänencontroller in Ihrer Domäne an. Dies ist der Domänencontroller, den wir klonen wollen. In diesem Beispiel ist der Name des Domänencontrollers WTT-DC-02.

2. Stellen Sie sicher, dass die Rolle der PDC-Emulation momentan nicht diesem Domänencontroller zugewiesen ist. Das können Sie prüfen, indem Sie in einer Eingabeaufforderung mit erhöhten Rechten den folgenden Befehl ausführen:

    ```
    netdom /query FSMO
    ```

3. Öffnen Sie ein PowerShell-Fenster mit Administratorrechten.

4. Fügen Sie den Quelldomänencontroller zur Active Directory-Sicherheitsgruppe *Klonbare Domänencontroller* hinzu, indem Sie den folgenden Befehl ausführen:

    ```
    Add-ADGroupMember -Identity "Klonbare Domänencontroller" -Members "WTT-DC-02$"
    ```

5. Stellen Sie sicher, dass auf dem Quelldomänencontroller keine Anwendungen oder Dienste installiert sein, die nicht kompatibel zur Klonung sind. Führen Sie dazu den folgenden Befehl aus:

    ```
    Get-ADDCCloningExcludedApplicationList
    ```

6. Falls irgendwelche Elemente in der Liste der Anwendungen aufgeführt sind, müssen sie vom Domänencontroller entfernt oder zur Datei CustomDCCloneAllowList.xml hinzugefügt werden, bevor Sie mit der Klonung fortfahren. Die Datei CustomDCCloneAllowList.xml erstellen Sie mit dem folgenden Befehl:

    ```
    Get-ADDCCloningExcludedApplicationList -GenerateXML
    ```

7. Erstellen Sie eine neue Klonkonfigurationsdatei für den Quelldomänencontroller. Führen Sie dazu den folgenden Befehl aus und prüfen Sie, ob die Ausgabe irgendwelche Benachrichtigungen oder Fehler enthält:

```
New-ADDCCloneConfigFile -CloneComputerName "WTT-DC-03"
  -SiteName Default-First-Site-Name
  -IPv4Address 10.0.0.15 -IPv4DefaultGateway 10.0.0.254
  -IPv4SubnetMask 255.255.255.0
  -IPv4DNSResolver 10.0.0.1,10.0.0.15 -Static
```

8. Fahren Sie den Quelldomänencontroller herunter.

Wir haben jetzt den Quelldomänencontroller für die Klonung vorbereitet, indem wir ihm Zugriff auf das Verzeichnis gewährt, die laufenden Dienste überprüft und eine Konfigurationsdatei erstellt haben. Im nächsten Schritt klonen wir die VM, indem wir zuerst eine Kopie des Quelldomänencontrollers exportieren und sie dann importieren. Weil wir mit Hyper-V arbeiten, können wir für diese Aufgaben PowerShell nutzen.

1. Öffnen Sie auf Ihrem Hyper-V-Host ein PowerShell-Fenster mit Administratorrechten.
2. Führen Sie den folgenden Befehl aus, um eine Kopie Ihres Quelldomänencontrollers zu exportieren:

   ```
   Export-VM -Name WTT-DC-02 -path D:\VMExports
   ```
3. Führen Sie den folgenden Befehl aus, um den neuen virtuellen Computer zu importieren:

   ```
   Import-VM -Path "<XML-Datei>" -Copy -GenerateNewId
     -VhdDestinationPath D:\WTT-DC-03
   ```

Warten Sie, bis der Import abgeschlossen ist, und schalten Sie dann den neuen virtuellen Computer ein. Lassen Sie den Quelldomänencontroller während dieser Operation auf jeden Fall ausgeschaltet. Wenn Sie den neuen virtuellen Computer starten, läuft er anfangs im Kontext des Quelldomänencontrollers, bis der Klonungsvorgang beendet ist. Sobald das der Fall ist, können Sie den Quelldomänencontroller wieder in Betrieb nehmen.

Beim ersten Start des neuen Domänencontrollers wird der Klonungsprozess automatisch ausgelöst. Dieser Prozess wertet die Klonungskonfigurationsdatei aus, die wir vorher erstellt hatten. Während des Startvorgangs wird lediglich ein Prozentwert angezeigt, der über den Fortschritt des Klonungsprozesses Auskunft gibt (Abbildung 10–13).

Warten Sie, bis der Klonungsprozess abgeschlossen ist, und melden Sie sich dann an Ihrem neuen Domänencontroller an. Öffnen Sie die Konsole *Active Directory-Standorte und -Dienste* auf dem neuen Domänencontroller. Navigieren Sie zum Standort *Default-First-Site-Name* und sehen Sie sich das Verzeichnis *Servers* an. Stellen Sie sicher, dass alle Domänencontroller vorhanden sind. Jetzt können Sie Ihren Quelldomänencontroller wieder einschalten, die Phase, in der er ausgeschaltet sein musste, ist vorbei.

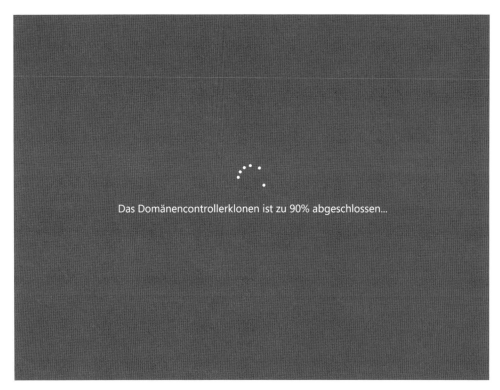

Abb. 10–13 Der Klonungsprozess für einen Domänencontroller startet automatisch.

Im Rahmen Ihrer Prüfungsvorbereitung sollten Sie sich mit den PowerShell-Cmdlets vertraut machen, mit denen Sie die XML-Dateien mit der Anwendungsliste und der Klonungskonfiguration generieren. Sie dürfen damit rechnen, dass Fragen nach den Anforderungen gestellt werden. Zum Beispiel müssen Sie wissen, welche Windows Server-Versionen die Klonung von Domänencontrollern unterstützen.

Zusammenfassung des Kapitels

- Eine neue Gesamtstruktur mit der GUI und PowerShell installieren
- Einen Domänencontroller hinzufügen und deinstallieren
- Ein Upgrade bei einem Domänencontroller durchführen
- AD DS auf Server Core benutzen
- Einen Domänencontroller mit IFM bereitstellen
- DNS-SRV-Einträge in AD DS verwalten
- Einen Domänencontroller als globalen Katalog konfigurieren
- FSMO-Rollen in AD DS benutzen
- Einen schreibgeschützten Domänencontroller installieren
- Klonung von Domänencontrollern konfigurieren

Gedankenexperiment: Hochstufen der Gesamtstruktur

In diesem Gedankenexperiment wenden Sie Ihr Wissen über die Themen an, die in diesem Kapitel behandelt wurden. Die Antworten zum Gedankenexperiment finden Sie im nächsten Abschnitt.

Sie arbeiten als Systemadministrator bei Wingtip Toys, einer Organisation, die sich in 16 Niederlassungen auf der ganzen Welt und weiteren 45 Läden auf den Verkauf von Hochleistungsdrohnen spezialisiert hat. Ihr Team ist relativ neu im Unternehmen und hat von den früheren Administratoren eine einzige Domäne mit insgesamt 72 Domänencontrollern übernommen. In jedem Laden gibt es genau einen physischen beschreibbaren Domänencontroller, während in jeder Niederlassung eine Mischung aus 1 bis 2 Domänencontrollern installiert ist. Alle Domänencontroller laufen unter Windows Server 2008 R2, die Domänenfunktionsebene ist ebenfalls auf *Windows Server 2008 R2* eingestellt. Die gesamte Hardware für diese Domänencontroller erreicht im Lauf eines halben Jahres das Ende ihrer veranschlagten Lebensdauer. Das Team, das die Unternehmensanwendungen betreut, ist daran interessiert, AD DS mit ihrem öffentlich im Internet erreichbaren Webshop-Portal zu integrieren. Ihr Manager hat die Aktualisierung der Domänencontroller im Jahresbudget eingeplant. Als Vorbereitung auf diese Arbeit bittet er Sie, die folgenden Fragen zu beantworten:

1. Es gibt Bedenken bezüglich der physischen Sicherheit in den Ladengeschäften. Was würden Sie empfehlen, um die logische Sicherheit der Domänencontroller in diesen Standorten zu erhöhen?
2. Die Systemwartung kann in den Läden nur außerhalb der Geschäftszeiten durchgeführt werden, und es ist wichtig, dass alle Systeme laufen, bevor ein Laden wieder öffnet. Wie lautet Ihre Empfehlung, um die neuen Domänencontroller in diesem begrenzten Zeitraum bereitzustellen?
3. Die Hauptniederlassungen betreiben nicht alle dieselbe Zahl von Domänencontrollern an jedem Standort. Was empfehlen Sie, um diese Topologie zu optimieren?
4. Welchen Installationstyp empfehlen Sie für das öffentlich erreichbare Webshop-Portal?

Antworten zum Gedankenexperiment

1. Wenn in den Läden RODCs implementiert werden, bleibt der Schaden, den Angreifer anrichten können, selbst in dem Fall begrenzt, dass sie den lokalen Domänencontroller kompromittieren.

2. Wenn das Team IFM für die Bereitstellung dieser neuen Domänencontroller einsetzt, sind die neuen Server sehr schnell einsatzbereit. Außerdem muss in diesem Fall weniger Replikationsverkehr durch die WAN-Verbindungen geleitet werden.

3. Um Zuverlässigkeit und Redundanz zu verbessern, sollte jede Niederlassung zwei Domänencontroller haben. In allen Niederlassungen, die bisher nur einen einzigen Domänencontroller betreiben, sollten neue Server bereitgestellt werden.

4. Für das Webportal eignet sich eine Server Core-Installation, die den Domänencontroller hostet. Das erhöht die Sicherheit und verringert die Ausfallzeit für Wartungsaufgaben, weil weniger Sicherheitspatches eingespielt werden müssen.

KAPITEL 11

Identitätsverbunds- und Zugriffslösungen implementieren

Dieses Kapitel behandelt die Identitätsverwaltungslösungen, die von den Active Directory-Verbunddiensten (Active Directory Federation Services, AD FS) bereitgestellt werden. AD FS kann auch mit der Serverrolle *Remotezugriff* kombiniert werden, um einen Webanwendungsproxy (Web Application Proxy, WAP) zu aktivieren. Sie können AD FS einsetzen, um Verbundumgebungen zu verwalten und mehrstufige Authentifizierung für Organisationen zu ermöglichen. In Kombination mit einem WAP können Clients im Vorfeld durch eine Anwendung oder einen Dienst authentifiziert werden, bevor sie an den Anwendungsserver weitergeleitet werden.

Windows Server 2016 führt mehrere neue Features für AD FS ein, von denen nicht alle in der Upgradeprüfung behandelt werden. Die wichtigsten neuen Features sind:

- **Mehrstufige Azure-Authentifizierung (Multi-Factor Authentication, MFA)** Aktivieren Sie MFA mithilfe von Azure für eine Anwendung oder einen Server in der Organisation.
- **Kennwortloser Zugriff von registrierten Geräten aus** Mit Azure-AD oder Intune-MDM-Richtlinien können Sie es ermöglichen, Anmeldung und Zugriffssteuerung abhängig vom Richtlinieneinhaltungsstatus des Geräts zuzulassen.
- **Anmelden mit Windows Hello for Business** Dies trug vorher den Namen Microsoft Passport for Work.
- **Anmeldung über Fremdhersteller-LDAP** LDAP v3-kompatible Verzeichnisse können als Quelle zum Authentifizieren von Benutzern eingesetzt werden.
- **Konfigurierbare Anmeldung** Der Anmeldebildschirm für einzelne Anwendungen kann für Firmen oder Marken angepasst werden.
- **Verbesserte Überwachung** In Windows Server 2016 wurde AD FS optimiert und erzeugt weniger Ereignisse, um die Administration zu vereinfachen.
- **SAML 2.0-Unterstützung** AD FS kann zusammen mit InCommon Federations- und anderen SAML 2.0-Konfigurationen genutzt werden.
- **Einfachere Kennwortverwaltung** Bei einem Verbund mit Office 365 können Benachrichtigungen über den Ablauf von Kennwörtern von AD FS versendet und verwaltet werden, wenn ein Benutzer authentifiziert wird.

- **Einfacheres Upgrade** Bei Vorgängerversionen mussten Sie eine Konfiguration exportieren und dann in einer neuen Farm importieren. Jetzt kann AD FS in der vorhandenen Farm aktualisiert werden, um die neuen Fähigkeiten von Windows Server 2016 zur Verfügung zu stellen.

In diesem Kapitel abgedeckte Prüfungsziele:

- Active Directory-Verbunddienste installieren und konfigurieren
- Den Webanwendungsproxy implementieren

Prüfungsziel 11.1: Active Directory-Verbunddienste installieren und konfigurieren

In diesem Abschnitt beschreiben wir, wie Sie mithilfe der Active Directory-Verbunddienste (Active Directory Federation Services, AD FS) Verbundumgebungen verwalten. Zuerst stellen wir den neuen Upgradevorgang vor, den Sie für AD FS nutzen können. Anschließend beschreiben wir neue Methoden zum Verwalten der Authentifizierung, zum Beispiel Zugriffssteuerungsrichtlinien, mehrstufige Authentifizierung und Geräteregistrierung. Eine weitere neue Fähigkeit in Windows Server 2016 ist Windows Hello for Business für Windows 10-Geräte. Und schließlich erklären wir, sie Sie die neuen Integrationsfähigkeiten mit Azure, Office 365 und anderen LDAP-Verzeichnissen nutzen.

> **Dieser Abschnitt deckt folgende Prüfungsziele ab:**
>
> - Vorhandene AD FS-Arbeitsauslastungen auf Windows Server 2016 aktualisieren und migrieren
> - Anspruchsbasierte Authentifizierung implementieren, zum Beispiel Vertrauensstellungen der vertrauenden Seite
> - Authentifizierungsrichtlinien konfigurieren
> - Mehrstufige Authentifizierung konfigurieren
> - Geräteregistrierung implementieren und konfigurieren
> - AD FS mit Windows Hello for Business integrieren
> - AD FS für den Einsatz mit Microsoft Azure und Office 365 konfigurieren
> - Authentifizierung von Benutzern aktivieren, die in LDAP-Verzeichnissen gespeichert sind

Vorhandene AD FS-Arbeitsauslastungen auf Windows Server 2016 aktualisieren und migrieren

Um sicherzustellen, dass die neuen AD FS-Features von Windows Server 2016 in einer AD FS-Farm zur Verfügung stehen, wurde die Farmverhaltensebene (Farm Behavior Level, FBL) eingeführt. Sie legt fest, welche Features benutzt werden können und welche nicht. Eine AD FS-Farm, die aus Windows Server 2012 R2-Hosts besteht, hat die FBL *Windows Server 2012 R2*.

FBL entspricht der Domänen- oder Gesamtstrukturfunktionsebene für Active Directory. Wird ein Windows Server 2016-Host zu einer Farm hinzugefügt, läuft die Farm in einem gemischten Modus. Die neuen Features, die Windows Server 2016 zur Verfügung stellt, können erst genutzt werden, wenn die FBL auf *Windows Server 2016* angehoben wurde. Und die FBL kann erst dann angehoben werden, wenn alle Windows Server 2012 R2-Server aus der Farm entfernt wurden.

Um bei einer Farm ein Upgrade durchzuführen, können Sie entweder bei den einzelnen Servern jeweils ein Betriebssystemupgrade vornehmen oder die Server nach Bedarf hinzufügen und ersetzen. Es ist nicht nötig, eine neue Farm bereitzustellen oder die Konfigurationseinstellungen zu exportieren und zu importieren, um ein Upgrade der Farm durchzuführen.

Das Upgrade einer Farm läuft in folgenden Schritten ab:

1. Fügen Sie die Windows Server 2016-Server zur vorhandenen Farm hinzu.
2. Konfigurieren Sie die Eigenschaften der AD FS-Farm mit dem Cmdlet `Set-AdfsSyncProperties`.
3. Schließen Sie die Vorbereitung von Domäne und Gesamtstruktur für Windows Server 2016 ab.
4. Stufen Sie die AD FS-FBL mit dem Cmdlet `Invoke-AdfsFarmBehaviorLevelRaise` hoch.
5. Überprüfen Sie das aktuelle Verhalten der Farm mit dem Cmdlet `Get-AdfsFarmInformation`.

> **WEITERE INFORMATIONEN** AD FS-Upgrade
>
> Weitere Informationen zum Upgrade von AD FS-Farmen finden Sie unter:
>
> https://technet.microsoft.com/en-us/windows-server-docs/identity/ad-fs/deployment/upgrading-to-ad-fs-in-windows-server-2016

Anspruchsbasierte Authentifizierung implementieren, zum Beispiel Vertrauensstellungen der vertrauenden Seite

Wenn Sie eine Vertrauensstellung für vertraute Seite (engl. relying party trust) hinzufügen, können Sie auswählen, ob die Vertrauensstellung Ansprüche unterstützt (engl. claims aware) oder nicht. Ansprüche unterstützende Anwendungen benutzen für den Authentifizierungs- und Autorisierungsprozess Sicherheitstoken. Anwendungen, die keine Ansprüche unterstützen, können mit einem Webanwendungsproxy (Web Application Proxy, WAP) mit integrierter Windows-Authentifizierung arbeiten. Eine Vertrauensstellung für vertraute Seite erstellen

Sie in der Konsole *AD FS*. Abbildung 11–1 zeigt die Startseite des Assistenten, auf der Sie wählen, ob die Vertrauensstellung Ansprüche unterstützt oder nicht.

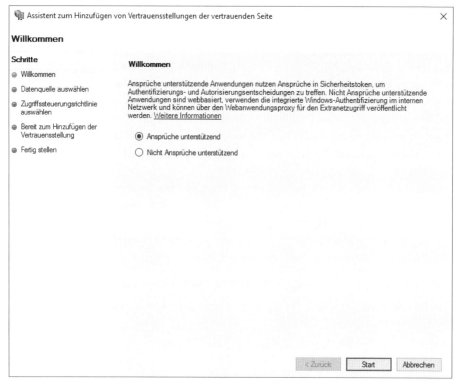

Abb. 11–1   Hinzufügen einer Vertrauensstellung für vertrauende Seite

Der nächste Schritt beim Konfigurieren einer Vertrauensstellung für vertrauende Seite besteht darin, die Datenquelle für die vertrauende Seite auszuwählen. Es stehen drei Möglichkeiten zur Auswahl, diese Informationen bereitzustellen:

- aus einer veröffentlichten Quelle, die online oder im Netzwerk verfügbar ist
- aus einer Verbundmetadaten-Datei
- von Hand im Assistenten eingegeben

Abbildung 11–2 zeigt die verfügbaren Optionen zum Angeben der Datenquelle.

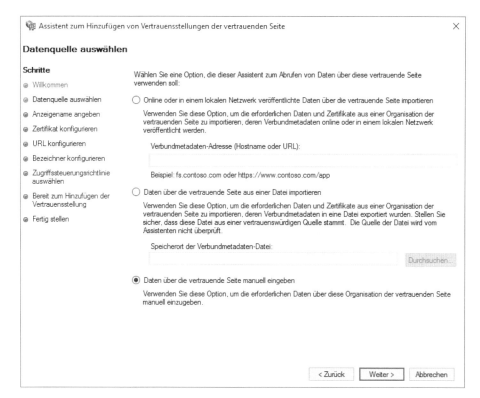

Abb. 11–2 Auswählen einer Datenquelle

Wenn Sie die Daten von Hand eingeben, müssen Sie folgende Informationen eintippen:

- Anzeigename
- optionales Zertifikat
- Verbund-URLs
- Bezeichner für die Vertrauensstellung für vertraude Seite

Wenn Sie die Daten zu Ihrer neuen Vertrauensstellung eingegeben haben, entscheiden Sie im nächsten Schritt, ob Zugriffssteuerungsrichtlinien festgelegt werden. Sie können diese Richtlinien sofort oder erst zu einem späteren Zeitpunkt konfigurieren. Häufig wird eine Zugriffsmethode konfiguriert, die allen den Zugriff erlaubt, aber eine mehrstufige Authentifizierung voraussetzt, wenn die Anforderung von außen kommt. Abbildung 11–3 zeigt das Auswählen einer Zugriffssteuerungsrichtlinie.

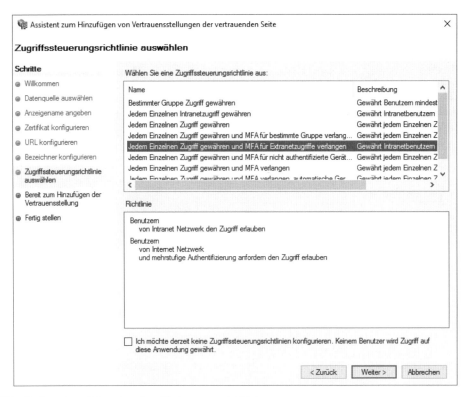

Abb. 11–3 Auswählen einer Zugriffssteuerungsrichtlinie

Authentifizierungsrichtlinien konfigurieren

Authentifizierungsrichtlinien (engl. authentication policies) oder Zugriffssteuerungsrichtlinien (engl. access control policies) definieren in der Verwaltungskonsole *AD FS* die Authentifizierungsmethoden für eine Anwendung. Mithilfe dieser Richtlinien legen Sie fest, wie Benutzer oder Geräte über AD FS auf eine Anwendung zugreifen dürfen. Abbildung 11–4 zeigt die vordefinierten Richtlinien in der Verwaltungskonsole *AD FS*.

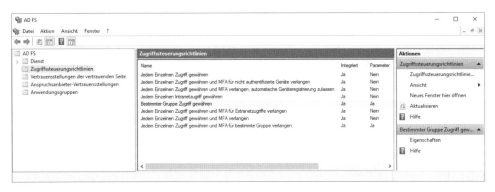

Abb. 11–4 Zugriffssteuerungsrichtlinien

Sie können in der Verwaltungskonsole *AD FS* auch eine benutzerdefinierte Zugriffssteuerungsrichtlinie zusammenstellen. Dabei können Sie folgende Benutzer zulassen:

- Jeder
- Benutzer
  - aus bestimmten Netzwerken
  - aus bestimmten Sicherheitsgruppen
  - von Geräten mit bestimmter Vertrauensebene
  - mit bestimmten Ansprüchen in der Anforderung
  - mit mehrstufiger Authentifizierung

Bei Bedarf können Sie folgende Ausnahmen für die Zulassung festlegen:

- bestimmte Netzwerke
- bestimmte Gruppen
- Geräte mit bestimmter Vertrauensebene
- bestimmte Ansprüche in der Anforderung

Abbildung 11–5 zeigt, wie eine benutzerdefinierte Zugriffssteuerungsrichtlinie erstellt wird.

Abb. 11–5 Erstellen einer benutzerdefinierten Zugriffssteuerungsrichtlinie

Mehrstufige Authentifizierung konfigurieren

Es müssen mehrere Voraussetzungen erfüllt sein, damit Sie die mehrstufige Azure-Authentifizierung (Multi-Factor Authentication, MFA) mit AD FS nutzen können:

- ein Azure-Abonnement, das Azure Active Directory umfasst
- mehrstufige Azure-Authentifizierung (zum Zeitpunkt, als dieses Buch geschrieben wurde, war dieses Feature in den Paketen Azure AD Premium und Enterprise Mobility Suite enthalten)
- vor Ort eine AD FS-Installation mit der Farmverhaltensebene *Windows Server 2016*
- Die lokale AD FS-Installation muss einen Verbund mit Azure AD konfiguriert haben.
- Das Windows Azure Active Directory-Modul für Windows PowerShell muss installiert sein.
- Sie brauchen globale Administratorberechtigungen, um Azure AD bearbeiten zu können.
- Sie brauchen Anmeldeinformationen eines Organisations-Admins, um die AD FS-Farm zu konfigurieren.

Sie gehen folgendermaßen vor, um MFA mit Azure nutzen zu können:

1. Generieren Sie auf jedem AD FS-Server ein Zertifikat für Azure MFA.
2. Fügen Sie die Anmeldeinformationen zum Azure MFA-Auth-Client-SPN hinzu.
3. Konfigurieren Sie die AD FS-Farm.

Ein Zertifikat für Azure MFA generieren Sie mit dem Cmdlet `New-AdfsAzureMfaTenantCertificate`. Sobald Sie das Zertifikat generiert haben, speichern Sie es auf dem AD FS-Server im Zertifikatspeicher für den lokalen Computer. Der Antragstellername des Zertifikats ist die Tenant-ID für das Azure AD-Verzeichnis.

Um die Anmeldeinformationen für den SPN für Azure MFA hinzuzufügen, brauchen Sie die Anmeldeinformationen aus dem generierten Zertifikat. Fügen Sie die Anmeldeinformationen mit dem Cmdlet `New-MsolServicePrincipalCredential` hinzu und geben Sie die GUID für den Azure MFA-Auth-Client an.

Schließlich können Sie die AD FS-Farm mit dem Cmdlet `Set-AdfsAzureMfaTenant` konfigurieren. Diesem Cmdlet müssen Sie in den Parametern *TenantId* und *ClientId* die Werte für das Azure-Abonnement übergeben. Wenn die Konfigurationsänderungen durchgeführt wurden, müssen Sie den AD FS-Dienst auf allen Servern in der Farm neu starten. Sobald der Dienst neu gestartet wurde, steht Azure MFA als Authentifizierungsmethode zur Verfügung. Abbildung 11–6 zeigt, wie Azure MFA als Authentifizierungsmethode aufgelistet wird.

Abb. 11–6 Authentifizierungsmethoden

Geräteregistrierung implementieren und konfigurieren

AD FS erweitert in Windows Server 2016 die Geräteregistrierung (engl. device registration) und ermöglicht es, Anmeldung und Zugriffssteuerung von der Richtlinieneinhaltung eines Geräts abhängig zu machen. Wenn sich Benutzer dadurch authentifizieren, dass sie ein registriertes Gerät verwenden, wird die Richtlinieneinhaltung des Gerätes erneut ausgewertet, um sicherzustellen, dass die Richtlinien korrekt angewendet werden. Dabei können unter anderem folgende Maßnahmen getroffen werden:

- Zugriff nur von Geräten aktivieren, die verwaltet werden und/oder alle Regeln einhalten
- externen Zugriff nur von Geräten aktivieren, die verwaltet werden und/oder alle Regeln einhalten
- MFA für Computer fordern, die nicht verwaltet werden oder nicht alle Regeln einhalten

Abbildung 11–7 zeigt, wie die Geräteregistrierung mit AD FS abläuft. Benutzer und Geräte können mithilfe von Azure AD oder Microsoft Intune registriert werden. Beide Dienste nutzen Azure AD mit Azure AD Connect-Geräterückschreiben (engl. device write-back). Die Geräte können eine Verbindung zu lokalen Diensten aufbauen, die bei Bedarf bedingte Zugriffsrichtlinien, Geräteauthentifizierung oder MFA definieren.

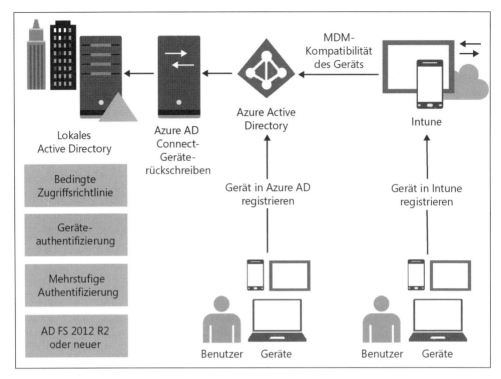

Abb. 11-7 Ablauf der Geräteregistrierung

Es gibt drei Vertrauensebenen für Geräte:

- **Authentifiziert (Authenticated)** Geräte, die authentifiziert wurden, sind in Azure AD registriert, wurden aber nicht einer MDM-Richtlinie (Mobile Device Management) zugeordnet.
- **Verwaltet (Managed)** Verwaltete Geräte sind registrierte Geräte, die auch einer MDM-Richtlinie zugeordnet sind.
- **Kompatibel (Compliant)** Diese Geräte wurden registriert und einer MDM-Richtlinie zugeordnet. Außerdem erfüllt das Gerät die Anforderungen der MDM-Richtlinie.

AD FS mit Windows Hello for Business integrieren

Mithilfe von Windows Hello for Business können Organisationen Benutzerkennwörter durch eine PIN oder biometrische Eingabeaktionen ersetzen. AD FS unterstützt diese Windows 10-Fähigkeiten und ermöglicht so eine Authentifizierung ohne den Bedarf für ein Kennwort. Sie gehen folgendermaßen vor, um Windows Hello mit AD FS zu aktivieren:

1. Stellen Sie System Center Configuration Manager mit einer Infrastruktur für öffentliche Schlüssel bereit.
2. Konfigurieren Sie die Richtlinieneinstellungen im Configuration Manager oder mithilfe von Gruppenrichtlinien.

3. Konfigurieren Sie Zertifikatprofile mit der erweiterten Schlüsselverwendung *Smartcard-Anmeldung*.

> **WEITERE INFORMATIONEN** **SCCM mit Windows Hello konfigurieren**
>
> Eine Schritt-für-Schritt-Anleitung zum Konfigurieren von Configuration Manager mit Windows Hello finden Sie unter:
>
> *https://azure.microsoft.com/de-de/documentation/articles/active-directory-azureadjoin-passport-deployment*

AD FS für den Einsatz mit Microsoft Azure und Office 365 konfigurieren

Weiter oben in diesem Kapitel haben wir beschrieben, wie Sie Geräte mithilfe von Azure AD in MDM-Richtlinien registrieren und MFA mit Azure AD aktivieren können. AD FS kann außerdem mit Azure und Office 365 zusammenarbeiten, um Kennwortablaufansprüche an Anwendungen zu senden, die zu einem AD FS-Verbund gehören. In Office 365 kann die Kennwortablaufbenachrichtigung an Exchange und Outlook geschickt werden, um Benutzer darüber zu informieren, dass ihr Kennwort bald abläuft.

Zum Zeitpunkt, als dieses Buch geschrieben wurde, waren diese Ansprüche nur für Authentifizierungen, die mit Benutzername und Kennwort arbeiten, oder beim Einsatz von Windows Hello for Business verfügbar. Falls eine Benutzerauthentifizierung die integrierte Windows-Authentifizierung ohne Windows Hello for Business nutzt, wird keine Nachricht zum Kennwortablauf angezeigt. Außerdem wird eine Kennwortablaufbenachrichtigung nur dann angezeigt, wenn das Kennwort innerhalb der nächsten 14 Tage abläuft.

Um AD FS so zu konfigurieren, dass Kennwortablaufansprüche aktiviert sind, können Sie die folgende Anspruchsregel zur Vertrauensstellung für vertrauende Seite hinzufügen:

```
c1:[Type == "http://schemas.microsoft.com/ws/2012/01/passwordexpirationtime"]
   => issue(store = "_PasswordExpiryStore",
   types = ("http://schemas.microsoft.com/ws/2012/01/passwordexpirationtime",
   "http://schemas.microsoft.com/ws/2012/01/passwordexpirationdays",
   "http://schemas.microsoft.com/ws/2012/01/passwordchangeurl"),
   query = "{0};", param = c1.Value);
```

Authentifizierung von Benutzern aktivieren, die in LDAP-Verzeichnissen gespeichert sind

AD FS unterstützt in Windows Server 2016 drei neue LDAP-Szenarien:

- LDAP v3-kompatible Verzeichnisse von Fremdherstellern
- AD-Gesamtstrukturen, die keine bidirektionale Vertrauensstellung haben
- AD LDS (AD Lightweight Directory Services)

Mit dem Cmdlet New-AdfsLdapServerConnection können Sie eine Verbindung von AD FS zum LDAP-Verzeichnis aufbauen. Abbildung 11-8 zeigt, wie eine neue LDAP-Serververbindung erstellt wird.

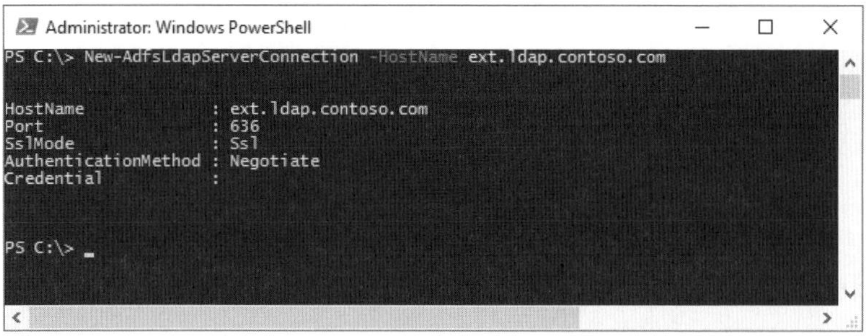

```
Administrator: Windows PowerShell
PS C:\> New-AdfsLdapServerConnection -HostName ext.ldap.contoso.com

HostName            : ext.ldap.contoso.com
Port                : 636
SslMode             : Ssl
AuthenticationMethod: Negotiate
Credential          :

PS C:\> _
```

Abb. 11-8 Aufbauen einer LDAP-Serververbindung

Anschließend können Sie LDAP-Attribute den AD FS-Ansprüchen zuordnen, indem Sie das Cmdlet New-AdfsLdapAttributeToClaimMapping aufrufen. Zum Beispiel können Sie die Felder für Name, Nachname und Anzeigename dem entsprechenden AD FS-Anspruch zuordnen. Zuletzt registrieren Sie den LDAP-Speicher mit dem Cmdlet Add-AdfsLocalClaimsProviderTrust als Anspruchsanbieter bei der AD FS-Farm.

Prüfungsziel 11.2: Den Webanwendungsproxy implementieren

In diesem Abschnitt beschreiben wir, wie Sie einen Reverse-Proxy mithilfe des Webanwendungsproxys (Web Application Proxy, WAP) installieren und konfigurieren. Ein WAP ist nützlich für die Integration mit AD FS, wenn Sie Zugriff auf interne Anwendungen zur Verfügung stellen wollen. Mit einem WAP können Organisationen entweder Pass-Through- oder AD FS-Vorauthentifizierung in einem Umkreisnetzwerk für externe Benutzer nutzen.

Dieser Abschnitt deckt folgende Prüfungsziele ab:

- WAP installieren und konfigurieren
- WAP im Pass-Through-Modus implementieren
- WAP als AD FS-Proxy implementieren
- WAP mit AD FS integrieren
- AD FS-Anforderungen konfigurieren
- Webanwendungen über WAP veröffentlichen
- Remotedesktopgateway-Anwendungen veröffentlichen
- HTTP-zu-HTTPS-Umleitungen konfigurieren
- Interne und externe FQDNs konfigurieren

WAP installieren und konfigurieren

Obwohl der WAP-Rollendienst in Kombination mit AD FS eingesetzt wird, ist der Rollendienst selbst ein Teil der Serverrolle *Remotezugriff*. Sie können den Rollendienst im Assistenten zum Hinzufügen von Rollen und Features oder in der Windows PowerShell installieren. Wenn dies erledigt ist, können Sie den Assistenten zum Konfigurieren des Webanwendungsproxys starten, um den Dienst zu konfigurieren (Abbildung 11–9).

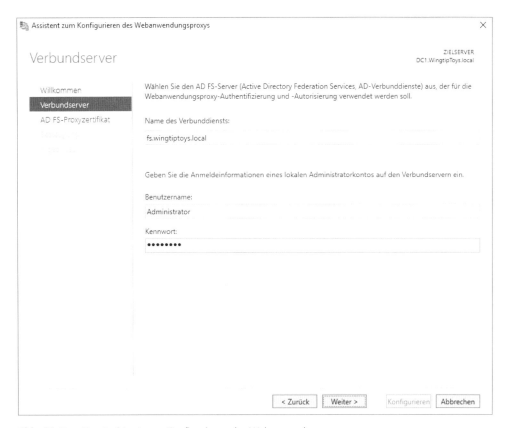

Abb. 11–9 Der Assistent zum Konfigurieren des Webanwendungsproxys

In diesem Konfigurationsassistenten stellen Sie die Verbindung zur AD FS-Farm her und rufen die Zertifikate ab, die verfügbar sind und mit dem Webanwendungsproxy eingesetzt werden können. Wählen Sie das gewünschte Zertifikat aus (Abbildung 11–10) und schließen Sie den Assistenten ab.

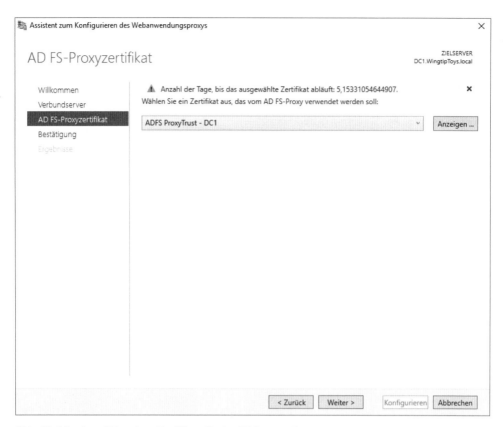

Abb. 11–10 Auswählen eines Zertifikats für den Webanwendungsproxy

Stattdessen können Sie den Webanwendungsproxy auch mit dem Cmdlet `Install-WebApplicationProxy` konfigurieren. Beim Aufruf dieses Cmdlets müssen Sie den Verbunddienstnamen und den Zertifikatfingerabdruck angeben:

```
Install-WebApplicationProxy -CertificateThumbprint
    'A142A369FC60C7984A70A56A17E31228546D85D8'
    -FederationServiceName 'host02.contosoforest.com'
```

WAP im Pass-Through-Modus implementieren

Der Pass-Through-Modus weist den WAP an, überhaupt keine Authentifizierung durchzuführen. Alle Anforderungen, die beim WAP eintreffen, werden automatisch zur Zielanwendung weitergeleitet. Abbildung 11–11 zeigt, wie Sie Pass-Through als WAP-Authentifizierungsmethode auswählen.

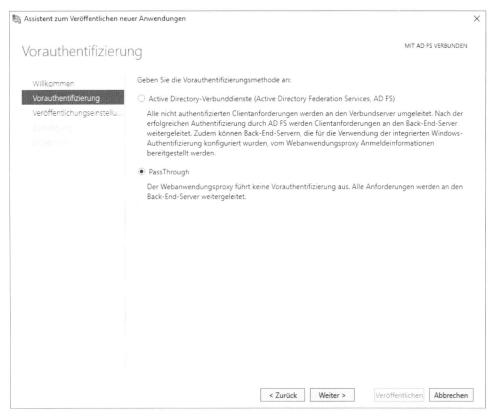

Abb. 11–11 Auswählen von Pass-Through-Authentifizierung im Assistenten zum Veröffentlichen neuer Anwendungen

Stattdessen können Sie auch das Cmdlet `Add-WebApplicationProxyApplication` verwenden und im Parameter *ExternalPreAuthentication* den Wert *PassThrough* übergeben:

```
Add-WebApplicationProxyApplication
    -BackendServerURL 'https://app1.contosoforest.com/'
    -ExternalCertificateThumbprint '1a2b3c4d5e6f1a2b3c4d5e6f1a2b3c4d5e6f1a2b'
    -ExternalURL 'https://app1.contosoforest.com/'
    -Name 'App1 (no preauthentication) '
    -ExternalPreAuthentication PassThrough
```

WAP als AD FS-Proxy implementieren und integrieren

Zwei Prüfungsziele beschäftigen sich mit dem Einsatz von WAP in Kombination mit AD FS, in diesem Abschnitt haben wir die beiden zusammengefasst. Abbildung 11–11 weiter oben zeigt die andere Vorauthentifizierungsoption für WAP, nämlich AD FS. Wenn der WAP eine Anforderung erhält, die nicht authentifiziert ist, wird sie an die AD FS-Farm umgeleitet. Sobald die Authentifizierung durch AD FS erfolgt ist, wird die Anforderung an die Backend-Anwendung geschickt. Falls der Client die integrierte Windows-Authentifizierung nutzt, kann der WAP die Anmeldeinformationen an die Backend-Anwendung weiterleiten.

Abbildung 11–12 zeigt, welche unterstützten Clients mit einem AD FS-Proxy benutzt werden können:

- **Web und MSOFBA** Authentifiziert Webanwendungen, zum Beispiel Microsoft Office.
- **HTTP Basic** Neu in Windows Server 2016. Wird für Clients benutzt, die HTTP-Redirect nicht unterstützen, zum Beispiel Exchange ActiveSync.
- **OAuth2** Windows Store-Apps oder Office-Clients, die OAuth2-Authentifizierung unterstützen.

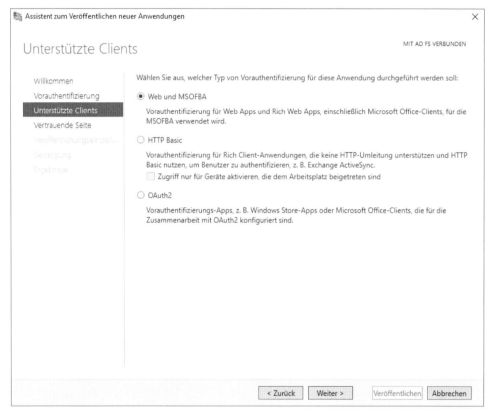

Abb. 11–12 Unterstützte Clients

AD FS-Anforderungen konfigurieren

Die einzige Anforderung für den Einsatz eines WAP in Kombination mit AD FS besteht darin, dass eine Farm mit einer Vertrauensstellung für vertraute Seite konfiguriert sein muss. Ohne eine solche Vertrauensstellung können Sie keine Anwendung veröffentlichen, damit sie mit dem WAP benutzt werden kann.

Webanwendungen über WAP veröffentlichen

Sie veröffentlichen eine Anwendung in der Verwaltungskonsole *Remotezugriff* mithilfe des Assistenten zum Veröffentlichen neuer Anwendungen. Wenn Sie eine Anwendung veröffentlichen, müssen Sie einige Informationen zur Anwendung eintragen:

- Vorauthentifizierungsmethode
- Unterstützte Clients
- Vertrauensstellung für vertrauende Seite
- Veröffentlichungseinstellungen

Abbildung 11–13 zeigt die Seite für die Veröffentlichungseinstellungen, die für eine Anwendung definiert sein müssen.

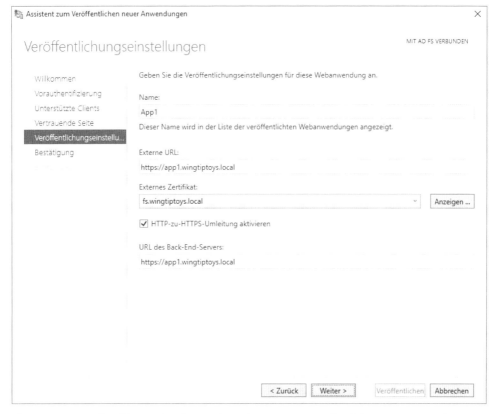

Abb. 11–13 Veröffentlichungseinstellungen im Assistenten zum Veröffentlichen neuer Anwendungen

Stattdessen können Sie eine Anwendung auch mit dem Cmdlet Add-WebApplicationProxyApplication veröffentlichen:

```
Add-WebApplicationProxyApplication
  -BackendServerUrl 'https://app1.contosoforest.com'
  -ExternalCertificateThumbprint '2FC38D0224B0A6412F450A9597271179878708B0'
  -EnableHTTPRedirect:$true -ExternalUrl 'https://app1.contosoforest.com'
  -Name 'App1' -ExternalPreAuthentication ADFS -ADFSRelyingPartyName 'AD FS'
```

Remotedesktopgateway-Anwendungen veröffentlichen

Wenn Sie ein Remotedesktopgateway (RDG) veröffentlichen, können Sie den Zugriff auf das RDG einschränken und eine Vorauthentifizierungsschicht zwischenschalten, die über einen WAP läuft. Das ist besonders nützlich, um MFA mit einem RDG zu aktivieren. Wie Sie ein RDG durch einen WAP veröffentlichen, hängt davon ab, ob der RD-Webzugriff und Remotedesktopgateway auf demselben Server oder auf unterschiedlichen Servern konfiguriert sind. Wenn Sie nur einen Server verwenden, sind Sie darauf beschränkt, den Stamm-FQDN zu veröffentlichen. Setzen Sie dagegen unterschiedliche Server ein, müssen Sie zwei Verzeichnisse getrennt voneinander veröffentlichen.

Wie bei anderen veröffentlichten Anwendungen müssen Sie eine Vertrauensstellung für vertrauende Seite einrichten, für die Sie den FQDN des RDG verwenden. Anschließend veröffentlichen Sie den Stamm der Site im WAP. Sie müssen außerdem das HttpOnly-Cookie-Attribut für die veröffentlichte Anwendung im WAP deaktivieren.

> **WEITERE INFORMATIONEN** **RDG mit WAP veröffentlichen**
>
> Eine Schritt-für-Schritt-Anleitung zum Veröffentlichen eines RDG mit einem WAP finden Sie unter:
>
> https://technet.microsoft.com/en-us/library/dn765486.aspx

HTTP-zu-HTTPS-Umleitungen konfigurieren

Windows Server 2016 und WAP führen die neue Fähigkeit ein, Benutzeranforderungen automatisch von ungeschützten HTTP- auf sichere HTTPS-Verbindungen umzuleiten. Die Einstellung für diese Umleitung wird individuell für jede veröffentlichte Anwendung verwaltet und lässt sich ganz einfach für die jeweilige Anwendung aktivieren oder deaktivieren.

Wenn Sie das Cmdlet Add-WebApplicationProxyApplication verwenden, können Sie im Parameter *EnableHTTPRedirect* entweder *$True* oder *$False* übergeben, um die Umleitung von Clientanforderungen zu aktivieren beziehungsweise zu deaktivieren.

Interne und externe FQDNs konfigurieren

Wie in Abbildung 11–13 weiter oben zu sehen, müssen Sie für eine Anwendung zwei FQDN-Adressen konfigurieren. Die externe URL ist der FQDN, auf den externe Benutzer Zugriff fordern, wenn sie auf eine Anwendung zugreifen. Die URL des Back-End-Servers ist der FQDN der internen Ressource, in der die Anwendung zur Verfügung steht.

In den meisten Szenarien sollten diese URLs identisch sein. Unterscheiden sich die FQDNs für externe und interne Anforderungen, müssen zusätzlich URL-Übersetzungen konfiguriert werden, die sicherstellen, dass Anforderungen korrekt umgeleitet werden. Sie aktivieren die URL-Übersetzung mit dem Cmdlet Set-WebApplicationProxyApplication:

```
Set-WebApplicationProxyApplication -ID AppID
   -DisableTranslateUrlInRequestHeaders:$False
```

Zusammenfassung des Kapitels

- Features mithilfe der Farmverhaltensebene in AD FS freischalten
- Eine Vertrauensstellung für vertrauende Seite für anspruchsbasierte Authentifizierung erstellen
- Zugriffssteuerungsrichtlinien für AD FS konfigurieren
- Mehrstufige Authentifizierung mit AD FS benutzen
- Geräteregistrierung mit AD FS beschreiben
- Windows Hello for Business mit AD FS integrieren
- Dritthersteller-LDAP mit AD FS nutzen
- Einen Webanwendungsproxy installieren und konfigurieren
- Pass-Through- oder AD FS-Modi eines WAP benutzen
- Anwendungen über einen WAP veröffentlichen
- Remotedesktopgateways über einen WAP veröffentlichen
- Benutzeranforderungen mit HTTPS umleiten, um die Sicherheit zu steigern
- Externe und Backend-URLs im WAP konfigurieren

Gedankenexperiment

Eine Organisation betreibt eine Windows Server 2012 R2-AD FS-Farm. Sie plant, bei der Farm ein Upgrade auf Windows Server 2016 vorzunehmen. Nach dem Upgrade hat sie vor, Azure MFA mit ihren Anwendungen zu implementieren. Die Organisation hat momentan keine zusätzliche Konfigurationssoftware in ihrer Umgebung. Die MFA-Lösung muss auch mit biometrischen Verfahren funktionieren. Für die Zeit nach dem Upgrade ist geplant, Benutzeranforderungen mithilfe eines Reverse-Proxys zentral zusammenzufassen. Alle Benutzeranforderungen müssen geschützt übertragen werden.

Beantworten Sie zum beschriebenen Szenario die folgenden Fragen:

1. Wie sollte die Organisation das Upgrade durchführen?
2. Welche zusätzliche Software sollte die Organisation benutzen, um Azure MFA zu integrieren?
3. Welche Technologie sollte die Organisation einsetzen, um biometrische MFA zu aktivieren?
4. Wie sollte die Organisation sicherstellen, dass alle Anforderungen geschützt werden?

Antworten zum Gedankenexperiment

1. Die Organisation sollte die Server einzeln aktualisieren, um die Farmverhaltensebene der AD FS-Farm anzuheben. Sie sollte AD FS nicht neu installieren oder die Konfiguration exportieren.
2. Sie sollte System Center Configuration Manager verwenden, um die Konfiguration und Verwaltung von Azure MFA zu vereinfachen.
3. Windows Hello for Business sollte genutzt werden, damit eine biometrische Authentifizierung für die veröffentlichten Anwendungen eingesetzt werden kann.
4. Die Organisation sollte im WAP für jede veröffentlichte Anwendung einstellen, dass alle HTTP-Anforderungen an HTTPS umgeleitet werden.

Index

A

Abfrageauflösungsrichtlinie 165
Abgeschirmte virtuelle Computer 52
Active Directory-basierte Aktivierung 14
Active Directory-Domänendienste (AD DS) 2, 233
    DNS 248
    DNS-Server 158
    Domänencontroller bereitstellen 233
    Domänencontroller herabstufen 240
    Domänencontroller klonen 259
    Domänencontroller, Neuinstallation 238
    Domänencontroller, Upgrades 241
    Domänencontroller, vom Medium installieren 244
    Flexible Single Master Operation (FSMO), Rollen 251
    Gesamtstrukturen bereitstellen 234
    globale Katalogserver 249
    logische Struktur 234
    schreibgeschützte Domänencontroller 233, 254
    Server Core 242
Active Directory-Gesamtstrukturen 196
Active Directory-Standorte und -Dienste (Konsole) 250
Active Directory-Verbunddienste (AD FS) 202, 265
    anspruchsbasierte Authentifizierung 267
    Authentifizierung mit LDAP 275
    Authentifizierungsrichtlinien 270
    Bereitstellung 266
    Features 265
    Geräteregistrierung 273
    LDAP-Verzeichnisse 275
    mehrstufige Authentifizierung 272
    Microsoft Azure 275
    Migration 267
    Office 365 275
    Upgrades 266, 267
    WAP 279
    Windows Hello for Business 274
AD FS *siehe* Active Directory-Verbunddienste (AD FS)
Add-AdfsLocalClaimsProviderTrust (Cmdlet) 276
Add-ClusterDisk (Cmdlet) 137
Add-ClusterSharedVolume (Cmdlet) 137
Add-DnsServerConditionalForwarderZone (Cmdlet) 161
Add-DnsServerForwarder (Cmdlet) 160
Add-DnsServerResourceRecord (Cmdlet) 174
Add-DnsServerResponseRateLimitingExceptionList (Cmdlet) 169
Add-DnsServerRootHint (Cmdlet) 163
Add-DnsServerZoneDelegation (Cmdlet) 165
Add-DnsServerZoneTransferPolicy (Cmdlet) 174
Add-IpamBlock (Cmdlet) 186
Add-IpamDiscoveryDomain (Cmdlet) 185
Add-IpamRange (Cmdlet) 188
Add-VMFibreChannelHba (Cmdlet) 81
Add-VMHardDiskDrive (Cmdlet) 75
Add-VMNetworkAdapter (Cmdlet) 84
Add-WebApplicationProxyApplication (Cmdlet) 279, 282
AdministratorPassword (Parameter) 17
Aktivierungsmodelle 11
    Active Directory-basierte Aktivierung 14
    automatische Aktivierung virtueller Maschinen (AVMA) 12
    Schlüsselverwaltungsdienst (KMS) 13
Anbieteradresse (Provider Address, PA) 227
Anmeldungen
    Fremdhersteller-LDAP 265
    konfigurierbare 265
Anspruchsbasierte Authentifizierung 267
Anwendungen
    Remotedesktopgateway 282
    veröffentlichen 281
    webbasiert 202
Arbeitsgruppencluster 124
Arbeitsspeicher
    dynamisch 63
    hinzufügen oder entfernen in VM 63
    NUMA (Non-Uniform Memory Access) 63
ASN *siehe* Autonomous System Numbers (ASN)
Assistent für neue Speicherpools 133
Assistent für neue virtuelle Datenträger 33
Assistent für neue virtuelle Festplatten 73
Assistent für neue Volumes 34
Assistent zum Aktivieren von DirectAccess 210

Assistent zum Bearbeiten virtueller Festplatten 78
Assistent zum Entfernen von Rollen und Features 240
Assistent zum Hinzufügen von Rollen und Features 52, 178, 203, 235, 277
Assistent zum Konfigurieren des Clusterquorums 128
Assistent zum Konfigurieren des Webanwendungsproxys 277
Assistent zum Veröffentlichen neuer Anwendungen 281
Asynchronous Transfer Mode (ATM) 206
ATM *siehe* Asynchronous Transfer Mode (ATM)
Ausgleich, Clusterknoten 154
Authentifizierung
    anspruchsbasierte 267
    CHAP 39, 207
    DNS-basiert 157
    Extensible Authentication Protocol 207
    HTML 118
    integrierte Windows-Authentifizierung 267
    Kerberos 118
    KerbProxy 213
    mehrstufige 265, 272
    OAuth2 280
    Optionen 207
    RADIUS 207
    Remoteclients 205
    Reverse-CHAP 39
    Richtlinienkonfiguration 270
    verschlüsselte 207
    Windows 207
Automatische Aktivierung virtueller Maschinen (AVMA) 12
Autonomous System Numbers (ASN) 229
Autorisierungs-Manager (MMC-Snap-In) 55
Azure
    AD FS 275
    Container-Images verwalten 109
    mehrstufige Authentifizierung 265, 272
Azure Structured Query Language (SQL) 2
Azure-Portal 130

B

Backend-Server-URLs 283
Bandbreitenverwaltung 84
Basisbetriebssystem, Container 97
Bedingte DNS-Weiterleitung erstellen (IPAM-Menübefehl) 195
Bedingte Weiterleitung 161
Bereich erstellen (IPAM-Menübefehl) 194
Bereitstellung
    Aktivierungsmodelle 11
    Basisbetriebssystem 97

Docker 95
Features und Rollen 6
FreeBSD 23, 69
GUI 3
Hyper-V 51
iSCSI-Zielserver (Serverrolle) 36
Linux 23, 69
Nano Server 15
Server Core 7
Serverrollen 7
Windows Server 2016 3
Windows-Container 93, 94
Bereitstellungsmedium
    Typen 244
    vom Medium installieren 244
Bereitstellungstypen 33
Best Practices Analyzer für Remotezugriff 214
Betriebsmaster *siehe* Flexible Single Master Operation (FSMO), Rollen
Betriebssystem-Images deinstallieren 99
Bevorzugten DNS-Server konfigurieren (IPAM-Menübefehl) 196
BGP *siehe* Border Gateway Protocol (BGP)
BGP-fähiger Router 228
BGP-Routing 229
BitLocker-Laufwerkverschlüsselung 4
Blobdateien 127
Border Gateway Protocol (BGP) 202

C

Cachesperrung 168
CHAP 39
Checkpoints *siehe* Prüfpunkte
Clientkonfiguration, DirectAccess 214
Clientsubnetze 165
Cloudzeugen 127
Cluster
    Arbeitsgruppe 124
    direkte Speicherplätze 145
    Einzeldomäne 124
    Gast 141
    Mehrdomänencluster 124
    Namen 125
    ohne Netzwerknamen 138
    Speicher konfigurieren 132
    standortabhängige 151
    stretched 43, 151
Cluster Shared Volumes *siehe* Freigegebene Clustervolumes (CSVs)
Clusterfähiges Aktualisieren (CAU) 134
Clusternetzwerke 131
Cluster-zu-Cluster-Speicherreplikation 43
Common Address Redundancy Protocol (CARP) 24
Compute-Resilienz 141

Computerzertifikatauthentifizierung für IKEv2 zulassen 207
Container 1
Converged RDMA 221
Convert-VHD (Cmdlet) 79
Credential (DSC-Skript) 10
Credential Security Support Provider (CredSSP) 118
CrossSiteDelay (Clustereigenschaft) 151
CrossSiteThreshold (Clustereigenschaft) 151
CSV *siehe* Freigegebene Clustervolumes (CSVs)
CustomDCCloneAllowList.xml 259
Customer Address (CA) 227

D

daemon.json (Datei) 97
DANE *siehe* DNS-basierte Authentifizierung benannter Entitäten (DANE)
Data Center Bridging (DCB) 41, 90, 220
Data deduplication *siehe* Datendeduplizierung
DataAccess (Parameter) 46
Dateifreigabenzeuge 127
Dateigröße *siehe* Datendeduplizierung
Dateiserver mit horizontaler Skalierung (SoFS) 137, 146
    Implementierung 138
    Nutzungsszenarien 138
Dateisystemeinstellungen 34
Datenbank, IPAM mit SQL Server 190
Datencenter-Firewall 229
Datendeduplizierung 45
    Datensicherungs und -wiederherstellungslösungen 49
    Implementierung 46
    Konfiguration 46
    Nutzungsszenarien 47
    überwachen 48
Datensicherungslösungen *siehe* Datendeduplizierung
Datenträger 132
Datenträgerzeuge 127
Datenvolumes, Container 106
db_datawriter (SQL Server-Rolle) 190
db_ddladmin (SQL Server-Rolle) 190
DCB *siehe* Data Center Bridging (DCB)
Dcdiag (Dienstprogramm) 249
DDA *siehe* Discrete Device Assignment (DDA)
Debug-StorageSubsystem (Cmdlet) 145
Delegieren der Administration, DNS-Server 170
Denial-of-Service-Angriffe 168
DependsOn (DSC-Skript) 10
Deployment Image Services and Management (DISM) 26
Desired State Configuration (DSC) 9
    Komponenten 9
    Skripts 10

Desktopdarstellung 7
Device Health Attestation (DHA) 6
DHA (Device Health Attestation) 6
DHCP (Dynamic Host Configuration Protocol)
    Bereiche konfigurieren 193
    DNS-Integration 158
    Failover konfigurieren 194
    IP-Adressen 205
    IPAM 192
    Konfigurationsoptionen 193
    Mehrere Active Directory-Gesamtstrukturen 196
    RBAC für Verwaltung 197
    Richtlinien konfigurieren 194
    Server konfigurieren 180
    verwalten mit IPAM 192
dhcpaudit (Freigabe) 182
DHCP-Benutzerklasse konfigurieren (IPAM-Menübefehl) 194
DHCP-Herstellerklasse konfigurieren (IPAM-Menübefehl) 194
DHCP-Richtlinie importieren (IPAM-Menübefehl) 194
DHCP-Richtlinie konfigurieren (IPAM-Menübefehl) 194
DHCP-Richtlinien deaktivieren (IPAM-Menübefehl) 194
Diagnoseprotokollierung 169
Diensteinträge 248
Differenzierende Festplatte 74, 76
DirectAccess
    Bereitstellung 210
    Clientkonfiguration 214
    DNS-Suffix-Liste 212
    Gruppenrichtlinienobjekte 212
    Konfiguration 210
    Netzwerktopologie 211
    Problembehandlung 214
    Servervoraussetzungen 213
DirectAccess und VPN (RAS) (Rollendienst) 202
DirectAccess-Clienteinstellungen (GPO) 212
DirectAccess-Server 203
DirectAccess-Servereinstellungen (GPO) 212
Direkte Speicherplätze
    aktivieren mit Windows PowerShell 144
    Hyperkonvergentes Szenario in Cluster 146
    Nutzungsszenarien 144
    verteiltes Szenario in Cluster 145
Direktes Upgrades 241
Disaggregated-Szenario *siehe* Verteiltes Szenario
Discrete Device Assignment (DDA) 72
DNS (Domain Name System)
    Bereitstellung 158
    Bereitstellung auf Nano Server 159

Cachesperrung 168
Delegieren der Administration 170
Delegierung konfigurieren 163
DHCP-Integration 158
DirectAccess 212
Dynamische Updates 192
Eigenschaften 170
Einträge 195
Globale Einstellungen mit PowerShell konfigurieren 173
IPAM 195
Konfiguration für IPAM-Bereitstellung 183
Leistungsoptimierung 173
Nutzungsszenarien 158
Protokollierung 169
RBAC für Verwaltung 197
Rekursion, Einstellungen 172
Response Rate Limiting 168
Richtlinien 157, 165
Socketpool 167
Split-Brain 165
SRV-Eintrag registrieren 248
Stammhinweise 162
Suffixliste für DirectAccess 212
verwalten in mehreren Active Directory-Gesamtstrukturen 196
Weiterleitungen konfigurieren 160
Zonen 195
DnsAdmins (Sicherheitsgruppe) 170, 184
DNS-basierte Authentifizierung benannter Entitäten (DANE) 169
DNS-Eintragsadministratorrolle 198
DNS-Manager 248
DNS-Ressourceneintrag hinzufügen (IPAM-Menübefehl) 196
DNSSEC *siehe* DNS-Sicherheitserweiterungen (DNSSEC)
DNS-Sicherheitserweiterungen (DNSSEC) 166
DNS-Zone bearbeiten (IPAM-Menübefehl) 196
DNS-Zone erstellen (IPAM-Menübefehl) 195
DNS-Zone löschen (IPAM-Menübefehl) 196
Docker 1, 93
docker (Befehl) 97
Docker Hub 107
Docker-Daemon
　Bereitstellung 96
　Docker Hub 108
　Liste verfügbarer Netzwerke 105
　Microsoft Azure 109
　Ressourcensteuerung 107
　Startoptionen 97
　Windows-Container verwalten 101
Dockerfile 107

Docker-Tag 98
Docker-VM-Erweiterung 109
Domain Name System (DNS) *siehe* DNS (Domain Name System)
Domänen 234
Domänencontroller 185, 233
　DNS 248
　Flexible Single Master Operation (FSMO), Rollen 251
　Gesamtstrukturen bereitstellen 234
　globale Katalogserver 249
　herabstufen 240
　Klonung 259
　neue Domänencontroller bereitstellen 238
　schreibgeschützte 233, 251, 254
　Upgrades 241
　vom Medium installieren 244
Domänennamenmaster, Rolle 251
Domänenstrukturen 235
Drain *siehe* Ausgleich, Clusterknoten
DSM-Installation 42
Dynamic Host Configuration Protocol *siehe* DHCP (Dynamic Host Configuration Protocol)
Dynamisch erweiterbar, Datenträger 74
Dynamische Warteschlange für virtuelle Computer (VMQ) 86
Dynamischer Arbeitsspeicher 63
Dynamisches Quorum 127
Dynamisches Routing 202

E

E/A-Scheduler 25
E/A-Virtualisierung mit Einzelstamm 223
EAP *siehe* Extensible Authentication Protocol (EAP)
Eingeschränkte Delegierung 120
Einzeldomänencluster 124
Emulierte Geräte 69
Enable-ClusterS2D (Cmdlet) 144
Enable-NetAdapterRdma (Cmdlet) 222
Enable-NetAdapterVmq (Cmdlet) 222
Enable-NetQoSFlowControl (Cmdlet) 221
Enable-PSRemoting (Cmdlet) 58
Enable-VMResourceMetering (Cmdlet) 66
Enclosure awareness *siehe* Gehäuseinformationen
Enter-PSSession (Cmdlet) 60, 159
Ereignisanzeige 170
Ereignisprotokollleser (Gruppe) 181
Erweiterter Sitzungsmodus 68
Exportieren, virtuelle Computer 71
Export-VM (Cmdlet) 260
Extensible Authentication Protocol (EAP) 205
Externe URLs 283

F

Fabricverwaltung 6
Failover
    DHCP 194
    geplant 112
    Hyper-V-Replikat 112
    Test 112
    ungeplant 113
Failoverclustering
    Arbeitsgruppencluster 124
    Ausgleich beim Herunterfahren 154
    Cloudzeugen 127
    Cluster ohne Netzwerknamen 138
    Clusterfähiges Aktualisieren 134
    Clusternetzwerke 131
    Dateiserver mit horizontaler Skalierung 138
    Einzeldomänencluster 124
    freigegebene Clustervolumes 137
    Gastcluster 139, 141
    Knotenfairness 151
    Livemigration 152
    Mehrdomänencluster 124
    mehrere Standorte 127
    paralleles Cluster-Betriebssystemupgrade 136
    Quorum 127
    rollenspezifische Einstellungen 147
    Speicher konfigurieren 132
    Speicherreplikation 139
    Standortabhängige Cluster 151
    Stretched-Cluster 151
    Upgrades 10
    verwalten 147
    VHDX-Freigabe 141
    VM überwachen 148
    VM-Resilienz 141
    VMs in Clusterknoten verwalten 152
    Vorrangeinstellungen 149
    Wiederherstellen von Knoten- oder Clusterkonfiguration 132
Failovercluster-Manager 125, 137
Fairness, Clusterknoten 151
Farm Behavior Level *siehe* Farmverhaltensebene (FBL)
Farmen, Upgrades 267
Farmverhaltensebene (FBL) 267
Fast-IDE-Treiber 24
FBL *siehe* Farmverhaltensebene (FBL)
Feste Größe, Datenträger 74
Festplattenlaufwerke 36
Fibre-Channel-Adapter. virtuelle 81
Find-IpamFreeAddress (Cmdlet) 190
Find-IpamFreeRange (Cmdlet) 190
Find-IpamFreeSubnet (Cmdlet) 190
Firewallregeln 180, 183, 204
    DNS 173
    Nano Server 21
    Port 443 206
Firewallrichtlinien, verteilte Firewall 229
Flexible Single Master Operation (FSMO), Rollen 251
    Bereitstellung 252
    Funktionen 251
    übernehmen 252, 253
    übertragen 252, 253
Forwarders *siehe* Weiterleitungen
FPS-SMB-In-TCP, Firewallregel 96
FreeBSD
    Bereitstellung 23
    Integrationsdienste (BIS) 69
    Virtuelle Computer 69
Freigabeberechtigungen 182
Freigegebene Clustervolumes (CSVs) 137, 222
FSMO *siehe* Flexible Single Master Operation (FSMO), Rollen

G

Garbage Collection 46, 48
Gastcluster 139, 141
Gefilterter Attributsatz (FAS) 255
Gehäuse 133
Gehäuseinformationen 34
Generation-1-VMs 68
Generation-2-VMs 68
Generic Route Encapsulation 224
GEOM-Label 24
Geplantes Failover 112
Geräteregistrierung 273
Gesamtstrukturen
    bereitstellen 234, 235
        DHCP-Server in mehreren 196
        DNS-Server in mehreren 196
    Grundlagen 235
    PowerShell 237
Geschachtelte Virtualisierung
    Implementierung 61
Geschütztes Netzwerk 153
Get-ADComputer (Cmdlet) 183
Get-ADDCCloningExcludedApplicationList (Cmdlet) 259
Get-AdfsFarmInformation (Cmdlet) 267
Get-ClusterAvailableDisk (Cmdlet) 137
Get-Command (Cmdlet) 166
Get-DedupSchedule (Cmdlet) 48
Get-DnsServerRootHint (Cmdlet) 163
Get-NetAdapter (Cmdlet) 242
Get-NetAdapterRdma (Cmdlet) 222

Get-PhysicalDisk (Cmdlet) 32
GetScript (DSC-Skript) 10
Get-VMIntegrationService (Cmdlet) 67
GetWindowsFeature (Cmdlet) 6
Github-Repository 102
Globale Katalogserver 249
GPOs *siehe* Gruppenrichtlinien
GPT *siehe* GUID Partition Tables (GPT)
Grafische Benutzeroberfläche (GUI)
    Bereitstellung 3
GRE-Tunnel 229
Grub-Startmenü 24
Gruppenrichtlinien
    DirectAccess 212
    IPAM-Bereitstellung 179
GUID Partition Tables (GPT) 68

H

Hard Disk Drive (HDD) *siehe* Festplattenlaufwerke
Hardwarevoraussetzungen 3, 16
    Hyper-V 52
HDD (Hard Disk Drive) *siehe* Festplattenlaufwerke
Hochleistungs-Netzwerklösungen
    Data Center Bridging 220
    E/A-Virtualisierung mit Einzelstamm 223
    NIC-Teamvorgang 218
    Receive Side Scaling 219
    Remote Direct Memory Access 221
    Single-Root I/O Virtualization 223
    SMB Multichannel 222
    Switch Embedded Teaming 218
    Virtual Machine Multi-Queue 222
Hochverfügbarkeit 111, 165
    direkte Speicherplätze 144
    Failoverclustering 123, 147
    Hyper-V 111
    Livemigration 114
    VMs in Clusterknoten verwalten 152
HTML-Authentifizierung 118
HTTP-zu-HTTPS-Umleitungen 282
Hyperkonvergentes Szenario, direkte Speicherplätze 146
Hyper-V
    Arbeitsspeicherverwaltung 1
    Assistent zum Verschieben 120
    Autorisierungs-Manager 55
    Bereitstellung 51
    Container 100
    delegieren der Verwaltung 55
    Discrete Device Assignment (DDA) 72
    Domänencontroller klonen 259
    erweiterter Sitzungsmodus 68
    FreeBSD 69

    Gastcluster 139
    geschachtelte Virtualisierung 61
    Hardware- und Kompatibilitätsanforderungen 52
    Hochverfügbarkeit 111
    Implementierung 51
    Integrationsdienste 66
    Linux 69
    Livemigration 114
    MAC-Adressen 87
    Netzwerkadapter 83
    Netzwerkisolierung 85
    Netzwerkleistung optimieren 86
    Netzwerkvirtualisierung 209, 224, 225, 229
    NIC-Teamvorgang 89
    Remoteverwaltung von Hosts 58
    Replikat 112
    Resilienz 141
    Smart Paging 64
    Speicher konfigurieren 73
    Speichermigration 120
    unterstützte Betriebssysteme 23
    Upgrades von vorhandenen Versionen 54
    Verschieben und Konvertieren von VMs 70
    Versionen 54
    Verwaltungstools 52
    Virtuelle Computer konfigurieren 62
    VM überwachen 148
    vNICs 83
    Windows-Container 94
Hyper-V-Administratoren (Gruppe) 55
Hyper-V-Manager
    Prüfpunkte konfigurieren 79
    VHD- und VHDX-Dateien erstellen 73
    Virtuelle Netzwerkadapter hinzufügen 83

I

Identitätsverwaltung
    Webanwendungsproxy 276
Identitätsverwaltung *siehe auch* Active Directory-Verbunddienste (AD FS)
IFM *siehe* Vom Medium installieren
IKEv2-Tunnelprotokoll 208
Images
    Basisbetriebssystem 97
    Bereitstellung 21
    Betriebssystem deinstallieren 99
    Liste der verfügbaren Container anzeigen 99
    markieren 98
    neue Container erstellen 107
    verwalten 26, 107, 109
Importieren, virtuelle Computer 71

Import-Module (Cmdlet) 159
Import-PackageProvider (Cmdlet) 18
Import-VM (Cmdlet) 72, 260
Infiniband 221
Infrastrukturmaster, Rolle 251
Initial Congestion Window 217
Initiator, iSCSI 36
Installation vom Medium *siehe* Vom Medium installieren
Install-NanoServerPackage (Cmdlet) 18
Install-PackageProvider (Cmdlet) 18
Install-RemoteAccess (Cmdlet) 206
Install-WebApplicationProxy (Cmdlet) 278
Install-WindowsFeature (Cmdlet) 6, 41, 95, 178, 203
Institute of Electrical and Electronics Engineers (IEEE) 220
Integrationsdienste, Hyper-V 66
Integrierte Windows-Authentifizierung 267
Integritätsnachweis für mobile Geräte 6
Interne Windows-Datenbank 179, 190
Internet Assigned Numbers Authority (IANA) 163, 186
Internet Storage Name Service (iSNS) 40
Internet Wide Area RDMA Protocol (iWARP) 221
Intune 208
Invoke-AdfsFarmBehaviorLevelRaise (Cmdlet) 267
Invoke-Command (Cmdlet) 60
Invoke-IpamGpoProvisioning (Cmdlet) 180
Invoke-IpamServerProvisioning (Cmdlet) 180
IP-Adressbereiche 186, 188
IP-Adressbereichsgruppen (Seite) 188
IP-Adressblöcke (Seite) 188
IP-Adresseintragsadministrator-Rolle 198
IP-Adressen 103
    filtern 165
    Netzwerkvirtualisierung 227
    Routing- und RAS-Server 205
    Verwendung 188, 191
    virtuelle 228
    virtuelle Computer 226
IP-Adressverwaltung (IPAM)
    Adressblöcke 186
    Bereitstellung 178
    Datenbank in SQL Server speichern 190
    DHCP verwalten 192, 196
    DNS verwalten 195
    DNS-Einträge verwalten 195
    DNS-Servereigenschaften 195
    DNS-Zone verwalten 195
    installieren und konfigurieren 177
    IP-Adressblöcke und -bereiche 186
    Migration vorhandener Arbeitsauslastungen 190
    Objektnamen 191
    RBAC 197
    Schema aktualisieren 190
    Schwellenwerte für Verwendung 189
    Serverermittlung 185
    SQL Server verwenden 190
    System Center Virtual Machine Manager 191
    Verwendung des IP-Adressraums überwachen 188
    virtuelle Computer 226
ipam.mdf (Datei) 190
IPAM-Administratorrolle 198
IPAM-ASM-Administratorrolle 198
IPAM-DHCP-Administratorrolle 198
IPAM-DHCP-Bereichsadministratorrolle 198
IPAM-DHCP-Reservierungsadministratorrolle 198
IPAM-DNS-Administratorrolle 198
ipam_log.ldf (Datei) 190
IPAM-MSM-Administratorrolle 198
IPAMUG (universelle Sicherheitsgruppe) 180, 182, 183, 185
Ipconfig (Dienstprogramm) 249
IPsec-Taskabladung 84
IPv4-Adressbereiche 187
IPv4-Adressblöcke 186
IPv6-Stammhinweise 157, 163
iSCSI-Initiator 36
iSCSI-Ziel 36
iSCSI-Zielserver (Serverrolle) 36
Isolierung, Hyper-V-Container 100
Iterative Abfragen 162

J

JSON-Datei, Docker 97

K

Kapselung, Hyper-V-Netzwerke 227
Kennwörter
    unverschlüsselte 207
    verwalten in AD FS 265
    Verzeichnisdienst-Wiederherstellungsmodus (DSRM) 236, 239
Kennwortreplikationsrichtlinie (PRP) 255
Kerberos-Authentifizierung 118
KerbProxy-Authentifizierung 213
Klonung, Domänencontroller 259
Knotenfairness 151
Konfiguration
    Data Center Bridging (DCB) 41
    Datendeduplizierung 46
    Desired State Configuration (DSC) 9
    differenzierende Festplatte 76
    Docker 97
    dynamischer Arbeitsspeicher 63
    FreeBSD-Integrationsdienste 69

Hyper-V-Netzwerke 83
Hyper-V-Speicher 73
Internet Storage Name Service (iSNS) 40
iSCSI-Ziel und -Initator 36
Linux-Integrationsdienste 69
MAC-Adressen 87
Microsoft-UEFI-Zertifizierungsstelle 70
MPIO 42
Nano Server 20
NUMA (Non-Uniform Memory Access) 63
Pass-Through-Festplatte 77
Quality of Service für Speicher 82
Ressourcenmessung 65
Smart Paging 64
Speicherebenen 36
Speicherpools 30
virtuelle Computer mit Windows PowerShell Direct 60
Windows-Container 94
Konfigurations-Assistent für die Active Directory-Domänendienste 236, 239, 246, 256
Konfigurationsversion upgraden (Menübefehl) 71
krbtgt (Konto) 255
Kundenadresse (Customer Address, CA) 227

L

L2-Bridge-Netzwerke 103, 105
L2TP *siehe* Layer Two Tunneling Protocol (L2TP)
L2-Tunnel 103
LargeSend-Offload 86
Lastenausgleichsnetzwerke 226
Layer Two Tunneling Protocol (L2TP) 206
LDAP-Verzeichnisse 275
Leistungsoptimierung 173
Linux
   Bereitstellung 23
   Container 102
   Integrationsdienste (LIS) 69
   Secure Boot 70
   virtuelle Computer 69
LIS *siehe* Linux, Integrationsdienste (LIS)
Livemigration 152
   CredSSP 118
   erweiterte Features 118
   Implementierung 114
   Kerberos-Authentifizierungsprotokoll 118
   unterschiedliche Hosts 117
Local Configuration Manager (LCM) 9
Logical Unit Number (LUN) 42
Logische Kerne 173

M

MAC-Adressen
   IPAM 192
   Konfiguration 87
   Spoofing 61, 86, 105
   statische 24
Manager für virtuelle Switches 86, 87
Master Boot Record (MBR) 68
MBR *siehe* Master Boot Record (MBR)
Measure-VM (Cmdlet) 66
Mehrdomänencluster 124
Mehrinstanz-Edge 209
Mehrstufige Authentifizierung (MFA) 265, 272
MFA *siehe* Mehrstufige Authentifizierung (MFA)
Microsoft Assessment and Planning (MAP) Toolkit 25
Microsoft Azure *siehe* Azure
Microsoft Encrypted Authentication Version 2 (MS-CHAP v2) 207
Microsoft Hyper-V-Server 2016 4
Microsoft Hyper-V-Server 2016 *siehe auch* Hyper-V
Microsoft Intune 208
Microsoft Management Console (MMC) 55
Microsoft Open Source Code of Conduct 102
Microsoft Passport 2
Microsoft Passport for Work 265
Microsoft Point-to-Point Encryption (MPPE) 206
Microsoft-NanoServer-DCB-Package (Option) 221
Microsoft-UEFI-Zertifizierungsstelle 70
Microsoft-verschlüsselte Authentifizierung, Version 2 (MS-CHAP v2) 207
Migration
   Arbeitsauslastungen auf IPAM 190
   auf Windows Server 2016 10
   Online 70
Mirror (Speicheranordnung) 32
MMC starten (IPAM-Menübefehl) 195
Mobile Device Management (MDM) 6
Move-IpamDatabase (Cmdlet) 190, 191
Mpclaim 42
MPIO (Multi-Path IO) 42
MPPE *siehe* Microsoft Point-to-Point Encryption (MPPE)
Multi-Host-Umgebung, Verbindungstypen 104
Multi-Path IO *siehe* MPIO
Multipfad-E/A *siehe* MPIO
MultiPoint Services 6
Multi-tenant edge *siehe* Mehrinstanz-Edge
Multitenant-Gateways 229
Multitenant-NAT 229
Multitenant-Netzwerkisolierung 226

N

Nano Server 1, 5
    Anforderungen 16
    Bereitstellung 15
    Deduplizierung 48
    DNS-Bereitstellungsszenarien 159
    Docker-Bereitstellung 95
    Firewalleinstellungen 21
    konfigurieren und verwalten 20
    MPIO 42
    Nutzungsszenarien 16
    Paket 95
    Rollen und Features 18
    virtuelle Computer 68
    Wiederherstellungskonsole 20
    Windows-Container-Bereitstellung 95
Nano Server Image Generator 16
NAT *siehe* Network Address Translation (NAT)
Nested virtualization *siehe* Geschachtelte Virtualisierung
Netdom (Dienstprogramm) 252, 253
Netlogon.dns (Datei) 249
netsh (Befehl) 220
Network Address Translation (NAT)
    Docker 104
    Hyper-V 61
    Remotezugriff 202
Network Virtualization Generic Route Encapsulation (NVGRE) 227
Netzwerkadapter 25, 204, 208
    mehrere konfigurieren 89
    RDMA-Unterstützung 221
    Remote Direct Memory Access (RDMA) 90
    RSS 219
    Synthetische 86
    virtuelle 83, 88, 89
Netzwerkadapterpuffer 173
Netzwerkadressübersetzung *siehe* Network Address Translation (NAT)
Netzwerkcontroller 225, 227, 229
Netzwerke
    Cluster 131
    Container 103
    Data Center Bridging 220
    E/A-Virtualisierung mit Einzelstamm 223
    Hardware 226
    Hyper-V-MAC-Adressen 87
    Hyper-V-Netzwerkadapter 83
    Hyper-V-Netzwerkisolierung 85
    Hyper-V-Netzwerkleistung optimieren 86
    Hyper-V-vNICs 83
    L2-Bridge-Netzwerke 103, 105
    Lastenausgleich 226
    NAT-Netzwerke 104
    NIC-Teamvorgang 218
    NIC-Teamvorgang in Hyper-V 89
    Quality of Service (QoS) 220
    RDMA-basiert für Speicher 226
    Receive Side Scaling 219
    Remote Direct Memory Access 221
    Single-Root I/O Virtualization 223
    SMB Multichannel 222
    Software Defined Networking 224
    Standards 220
    Switch Embedded Teaming 218
    Switches 85, 86
    Switch-Topologie 86
    transparente Netzwerke 105
    Virtual Machine Multi-Queue 222
    virtuelle 209
    VPNs 201
Netzwerkrichtlinienserver (NPS) 185
Netzwerksicherheitsgruppen 229
Netzwerkvirtualisierung 226
New-ADDCCloneConfigFile (Cmdlet) 260
New-AdfsAzureMfaTenantCertificate (Cmdlet) 272
New-AdfsLdapAttributeToClaimMapping Cmdlet. 276
New-AdfsLdapServerConnection (Cmdlet) 276
New-Cluster (Cmdlet) 138
New-IscsiVirtualDisk (Cmdlet) 39
New-MsolServicePrincipalCredential (Cmdlet) 272
New-NanoServerImage (Cmdlet) 17
New-NetQoSTrafficClass (Cmdlet) 221
New-SRGroup (Cmdlet) 45
New-SRPartnership (Cmdlet) 45
New-StoragePool (Cmdlet) 32
New-VirtualDisk (Cmdlet) 34
New-VMSwitch (Cmdlet) 86
Nicht authentifizierter Zugriff 207
NICs *siehe* Netzwerkadapter
NIC-Teamvorgang 89, 218, 225
Non-Uniform Memory Access (NUMA) 63
Northbound-API 227
NRPT (Richtlinientabelle für die Namensauflösung) 214
NT-AUTORITÄT etzwerkdienst (Konto) 190
Ntdsutil (Dienstprogramm) 245, 253
NUMA (Non-Uniform Memory Access) 63

O

OAuth2-Authentifizierung 280
Office 365 275
Offline-Migration 70
Offloading 86
Online-Migration 70

Optimize-StoragePool (Cmdlet) 145
Optimize-VHD (Cmdlet) 79
Organisationseinheiten 234

P

PackageManagement (Anbieter) 18
Parallele Upgrades 241
Paralleles Cluster-Betriebssystemupgrade 1, 10, 136
Parity (Speicheranordnung) 33
Pass-Through-Festplatte 77
Pass-Through-Modus, WAP 278
PDC-Emulation, Rolle 251
Point-to-Point Tunneling Protocol (PPTP) 206
Portzuordnung 104
PowerShell
    Container verwalten 102
    Datenträger hinzufügen 35
    DCB-Konfiguration 221
    Desired State Configuration (DSC) 9
    Direct 2, 60
    DirectAccess aktivieren 210
    Direkte Speicherplätze 144
    DISM 26
    Docker-Bereitstellung 95
    Fibre-Channel-Adapter hinzufügen 81
    Gesamtstruktur bereitstellen 237
    Globale DNS-Einstellungen 173
    Hyper-V-Bereitstellung 52
    importieren 16
    IP-Adressblöcke hinzufügen 186
    MAC-Adressen konfigurieren 88
    Netzwerkadapter hinzufügen 84
    NIC-Teamvorgang 89
    PowerShell Direct 2
    Remoting aktivieren 58
    Server Core-Installation verwalten 9
    Speicherpool erstellen 32
    Speicherreplikation 45
    verfügbare IP-Adressen ermitteln 190
    Verwaltungstools bereitstellen 53
    virtuelle Datenträger erstellen 34, 39
    virtuelle Festplatten verwalten 79
    virtuelle Switches 86
    VMs exportieren und importieren 72
    Windows-Container-Bereitstellung 95
PPTP *siehe* Point-to-Point Tunneling Protocol (PPTP)
PreferredSite (Clustereigenschaft) 151
Produktionsprüfpunkte 80
Protected network *siehe* Geschütztes Netzwerk
Protokollierung
    Diagnose 169
    Überwachungs- und Analyseereignisprotokollierung 169
Provider Address (PA) 227
Proxys, Webanwendung 202
Prozessorkompatibilität 117
Prüfpunkte 79
Punkt-zu-Standort-VPNs 202, 229
PXE-Start 83
PXE-TFTP-Server 24

Q

Quality of Service (QoS) 82
Quorumtypen 127

R

RADIUS-Authentifizierung 207
RAM *siehe* Arbeitsspeicher
RAS-Gateway 202
    Bereitstellungsszenarien 209
    Einzelinstanz-Edge 209
    Hyper-V, Netzwerkvirtualisierung 229
    Mehrinstanz-Edge 209
    VPN-Optionen 202
RDG *siehe* Remotedesktopgateway (RDG)
RDMA over Converged Ethernet (RoCE) 221
RDMA *siehe* Remote Direct Memory Access (RDMA)
RDMA-basierte Speichernetzwerke 226
RDS *siehe* Remotedesktopdienste (RDS)
Receive Side Scaling (RSS) 219
Recent Acknowledgement (RACK) 217
ReFS (Resilient File System) 34, 137
Rekursion
    Abfragen 162
    Bereich 165
    Einstellungen 172
    Richtlinien 166
Remote Direct Memory Access (RDMA) 90, 221
Remoteclients, Authentifizierungsmethoden 205
Remotedesktopdienste (RDS) 2, 208
Remotedesktopgateway (RDG) 282
Remotedesktopverbindung, Einstellungen 208
Remote-Ereignisprotokollverwaltung 185
Remoteserver-Verwaltungstools (RSAT) 8, 53, 243
Remoteverwaltung
    Firewalleinstellungen 21
    Hyper-V-Hosts 58
    Server Core 8
Remotezugriff (Rolle) 202, 203
Remotezugriff-Gateway 202
    Bereitstellungsszenarien 209
    Einzelinstanz-Edge 209
    Hyper-V, Netzwerkvirtualisierung 229
    Mehrinstanz-Edge 209
    VPN-Optionen 202

Remotezugriff-Verwaltungskonsole 210, 214
Replikation, Speicherreplikation 139
Resilient File System (ReFS) 34, 137
Resilienter Speicher 32
Resilienzlayouts 32
Resize-VHD (Cmdlet) 78, 79
Response Rate Limiting (RRL) 157, 168
Ressourcenmessung 65
Ressourcensteuerung 107
Reverse-CHAP 39
Richtlinientabelle für die Namensauflösung (NRPT) 214
RID-Master, Rolle 251
RoCE *siehe* RDMA over Converged Ethernet (RoCE)
Rollenbasierte Zugriffssteuerung (RBAC) 197
Routing 226
    dynamisch 202
Routing (Rollendienst) 202
Routing und RAS (MMC-Snap-In) 203, 210
Routing- und RAS-Server
    Authentifizierungsmethoden 205
    Authentifizierungsoptionen 207
    DirectAccess 210
    IP-Adressen 205
    Konfiguration 211
    Netzwerkadapter 204
    Verbindungsprofile 208
    VPN-Protokolle 206
RRAS Multitenant Gateway 225
RRL *siehe* Response Rate Limiting (RRL)
RSAT *siehe* Remoteserver-Verwaltungstools (RSAT)

S

SAML 2.0 265
Sammlung von Setup- und Startereignissen 6
sc config (Befehl) 97
Schemamaster, Rolle 251
Schlüsselverwaltungsdienst (KMS) 13
Schnellmigration 152
Schreibgeschützte Domänencontroller (RODCs) 233, 251, 254
sconfig.cmd (Befehl) 7
ScriptBlock (Parameter) 60
Second-Level Address Translation (SLAT) 52
Secure Boot 70
Secure Socket Tunneling Protocol (SSTP) 206
Selbstaktualisierung, Cluster 135
Server Core
    AD DS-Bereitstellung 242
    Bereitstellung 7
    Remoteverwaltung 8
Server Message Block Version 3 (SMB 3) 2
Serverdaten abrufen (IPAM-Menübefehl) 195
Serverermittlung 185, 197
Server-Manager 8
    Gesamtstruktur bereitstellen 235
    Speicherpool erstellen 30
Servermigrationstools 11
Serveroptionen bearbeiten (IPAM-Menübefehl) 194
Serverrollen
    installieren 7
    Liste 7
    Nano Server 18
Serverspeicher
    Data Center Bridging (DCB) 41
    Implementierung 29
    iSCSI-Ziel und -Initiator 36
    MPIO 42
    Speicherebenen 36
    Speicherpools 30, 35
    Speicherreplikation 43
    virtuelle Datenträger 32
Server-zu-Server-Speicherreplikation 44
SET *siehe* Switch Embedded Teaming (SET)
Set-AdfsAzureMfaTenant (Cmdlet) 272
Set-AdfsSyncProperties (Cmdlet) 267
Set-DnsServerForwarder (Cmdlet) 161
Set-DnsServerRecursion (Cmdlet) 172
Set-DnsServerRecursionScope (Cmdlet) 173
Set-DnsServerResponseRateLimiting (Cmdlet) 169
Set-IpamConfiguration (Cmdlet) 180
Set-NetAdapterVmq (Cmdlet) 222
Set-NetOffloadGlobalSetting (Cmdlet) 222
SetScript (DSC-Skript) 10
Set-SmbClientConfiguration (Cmdlet) 222
Set-SmbServerConfiguration (Cmdlet) 222
Setup- und Startereignisse, Sammlung 6
Setup-Assistent für den Routing- und RAS-Server 203
Set-VM (Cmdlet) 80
Set-VMHost (Cmdlet) 88, 119
Set-VMMemory (Cmdlet) 63
Set-VMNetworkAdapter (Cmdlet) 88, 89
Set-WebApplicationProxyApplication (Cmdlet) 283
ShareVirtualDisk (Parameter) 75
Sicherheitsgruppen 180, 183
Side-by-side-Upgrades 241
Simple (Speicheranordnung) 32
Single-Host-Umgebung 103
Single-Root I/O Virtualization (SR-IOV) 223
SLAT *siehe* Second-Level Address Translation (SLAT)
SLB *siehe* Softwarelastenausgleich (SLB)
SLB-Host-Agent 228
SLB-Multiplexer 228
Slmgr (Tool) 12, 14
Smart Paging 64

SMB Direct 221
SMB Multichannel 222
Socketpools 167
SoFS *siehe* Dateiserver mit horizontaler Skalierung (SoFS)
Software Defined Networking (SDN) 224
    Bereitstellungsszenarien 225
    Firewallrichtlinien 229
    Hyper-V, Netzwerkvirtualisierung 226
    Netzwerkanforderungen 225
    Netzwerkcontroller 227
    Netzwerksicherheitsgruppen 229
    Windows Server-Gateway 229
Softwarelastenausgleich (SLB) 224, 228
Solid-State Drives (SSDs) 36
Southbound-API 227
Speicher
    Failoverclustering 132
    Hyper-V, Konfiguration 73
    Quality of Service (QoS) 82
    VHDX-Freigabe 141
Speicheranordnungen 33
Speicherebenen 36
Speicherkonto, Azure 130
Speicherlösungen
    Datendeduplizierung 45
    Serverspeicher 29
Speichermigration 70, 120, 153
Speicherpools
    erweitern 35
    Konfiguration 30
Speicherreplikation 43
    Implementierung 45, 139
    Nutzungsszenarien 43
Speicherresilienz 141
Speichersätze 2
Split-Brain-DNS 165
SQL Server 190
SR-IOV 72, 223
SRV-Einträge 248
SSDs (Solid-State Drives) 36
SSTP *siehe* Secure Socket Tunneling Protocol (SSTP)
Stammhinweise 162
Standardgateways 226
Standortabhängige Cluster 151
Standort-zu-Standort-VPNs 202, 209, 229
Start-DedupJob (Cmdlet) 46
Statische MAC-Adressen 24
Storage Spaces Direct *siehe* Direkte Speicherplätze
Stretched-Cluster 43, 140, 151
Switch Embedded Teaming (SET) 90, 218, 221
Switches 85, 86
Switch-NetQoSDcbxSetting (Cmdlet) 221

Synthetische Netzwerkadapter 86
System Center 225, 229
System Center Configuration Manager 208
System Center Operations Manager 225
System Center Virtual Machine Manager (VMM) 191, 225

T

TCP Fast Open (TFO) 217
TCP Tail Loss Probe (TLP) 217
TCP-Prüfsummen-Offload 86
Test-Cluster (Cmdlet) 144
Testfailover 112
TestScript (DSC-Skript) 10
Test-SRTopology (Cmdlet) 45
Tiered storage *siehe* Speicherebenen
TPM *siehe* Trusted Platform Module (TPM)
Transparente Netzwerke 105
Trusted Platform Module (TPM) 4
TTL-Wert (Time To Live) 168

U

Übergeordnete Domänen 235
Überprüfung, Failovercluster 125
Überwachungsprotokollierung 170
UdpRecvThreadCount (Registrierungswert) 173
UEFI-Zertifizierungsstelle 70
Unbeaufsichtigtes Setup, Datei 13
Unbekannte DNS-Einträge 157
Ungeplantes Failover 113
Unidirektionale Replikation 255
Uninstall-ADDSDomainController (Cmdlet) 240
Universelle Sicherheitsgruppen 180, 183
Untergeordnete Domänen 235
Unterschiedliche Hosts, Migration 117
Unverschlüsseltes Kennwort (PAP) 207
Update-ClusterFunctionalLevel (Cmdlet) 137
Update-IpamServer (Cmdlet) 190
Upgrades
    Hyper-V 54
    paralleles Cluster-Betriebssystemupgrade 1
    Pfade 10
    VMs 71
UsageType (Parameter) 46

V

Verbindungsprofile 208
Verbundumgebungen 265
Verkehrsaufteilung 165
Verschlüsselte Authentifizierung (CHAP) 207
Verteilte Firewall, Richtlinien 229
Verteiltes Szenario, direkte Speicherplätze 145
Vertrauensstellung der vertrauenden Seite 267

Verzeichnisdienst-Wiederherstellungsmodus (DSRM), Kennwort 236, 239
VHD-Dateien
    erstellen 73
    freigegebene 75
    VM-Generation 68
VHDX-Dateien
    erstellen 73
    freigegebene 75, 141
    VM-Generation 68
Virtual Extensible LAN-Kapselung 224
Virtual Machine Multi-Queue (VMMQ) 222
Virtual Receive Side Scaling (vRSS) 87
Virtualisierung
    Arbeitsauslastungen analysieren 25
    E/A-Virtualisierung mit Einzelstamm 223
    geschachtelte 2
    Hosts 12
    Hyper-V-Netzwerke 225
    planen 22
    Single-Root I/O Virtualization 223
VIRTUAL_MACHINE_ACTIVATION 13
Virtuelle Computer (VMs)
    Abgeschirmte 2, 52
    Arbeitsspeicher hinzufügen oder entfernen 63
    Ausgleich beim Herunterfahren 154
    automatische Aktivierung virtueller Maschinen (AVMA) 12
    Delegieren der Verwaltung 55
    Discrete Device Assignment (DDA) 72
    Domänencontroller 259
    Dynamischer Arbeitsspeicher 63
    erweiterter Sitzungsmodus 68
    exportieren 71, 153
    FreeBSD 69
    Generation 1 oder Generation 2 68
    geschachtelte Virtualisierung 61
    Hardwarefestplatte hinzufügen 77
    importieren 71, 153
    Integrationsdienste 66
    IP-Adressen 226
    klonen 259
    Knotenfairness 151
    Konfigurieren mit Windows PowerShell Direct 60
    kopieren 153
    Linux 69
    Livemigration 114, 152
    Netzwerkintegrität 153
    Netzwerkkonfiguration 83
    NIC-Teamvorgang 89

NUMA (Non-Uniform Memory Access) 63
Produktionsprüfpunkte 80
Prozessorkompatibilität 117
Prüfpunkte 79
QoS-Richtlinien 82
Receive Side Scaling 219
Replikation 112
Resilienz 141
Ressourcenmessung 65
Schnellmigration 152
SCSI-Controller, Einstellungen 76
Smart Paging 64
Speichermigration 120, 153
System Center Virtual Machine Manager 191
überwachen 148
unterschiedliche Hosts 117
unterstützte Versionen 54
verschieben und konvertieren 70
Versionen 54
verwalten in Clusterknoten 152
VHDX-Freigabe 141
virtuelle Fibre-Channel-Adapter 81
Virtuelle Datenträger
    Bereitstellungstypen 33
    erstellen 32
    Größe ändern 78
    iSCSI 36
Virtuelle Fibre-Channel-Adapter 81
Virtuelle Netzwerkadapter (vNICs) 83, 88, 89
Virtuelle Netzwerke 209
Virtuelle private Netzwerke *siehe* VPNs
Virtuelle Switches 85, 86
Virtuellen Computer importieren (Assistent) 72
Virtueller Hyper-V-Switch 225
VLAN, Leistung 86
VM-Generation-ID 259
VMM *siehe* System Center Virtual Machine Manager (VMM)
VMs *siehe* Virtuelle Computer (VMs)
vmwp (Prozess) 101
Vollqualifizierter Domänenname (FQDN) 164, 212, 283
Volumenaktivierungsdienste (Serverrolle) 13, 14
Volumes
    Deduplizierung 48
    erstellen 34
    Größe 34
Volumeschattenkopiedienst 80
Vom Medium installieren (IFM) 244
Vordefinierte DHCP-Optionen konfigurieren (IPAM-Menübefehl) 194
Vorrangeinstellungen, Failoverclustering 149
VPN-Reconnect 208

VPNs
    Dynamisches Routing 202
    Protokolle 206
    Punkt-zu-Standort 202, 229
    Standort-zu-Standort 229
    Verbindungsprofile 208
    VPN-Reconnect 208

W

WAP *siehe* Webanwendungsproxy (WAP)
Warteschlange für virtuelle Computer (VMQ) 84, 86
Webanwendungsproxy (WAP) 265, 267, 276
    AD FS-Anforderungen konfigurieren 280
    AD FS-Proxy 279
    Bereitstellung 277
    Einsatzzwecke 276
    FQDN-Konfiguration 283
    HTTP-zu-HTTPS-Umleitungen 282
    Konfiguration 277
    Pass-Through-Modus 278
    RDG-Anwendungen veröffentlichen 282
    Rollendienst 202
    Webanwendungen veröffentlichen 281
Webbasierte Anwendungen 202
Weiterleitungen 172
    bedingte 161
    Konfiguration 160
Weiterleitungs-Gateways 229
WID-Dateien 190
Wiederherstellen
    Clusterkonfiguration 132
    Deduplizierung 49
    Speicherreplikation 43
Wiederherstellungskonsole, Nano Server 20
Windows Assessment and Deployment Kit (Windows ADK) 26
Windows Defender 2, 6
Windows Hello for Business 265, 266, 274
Windows PowerShell *siehe* PowerShell
Windows Server 2008, Upgrades und Migration 10
Windows Server 2012, Upgrades und Migration 10
Windows Server 2016
    AD FS-Arbeitsauslastungen 267
    Aktivierungsmodelle 11
    Anforderungen 3
    Desired State Configuration (DSC) 9
    Docker-Bereitstellung 95
    Editionen 4

Features 1, 6
Installationsvoraussetzungen 3
Netzwerkinfrastruktur 217
Rollen 6
Secure Boot 70
Serverspeicher 29
Upgrades und Migrationen 10
Virtualisierung planen 22
Windows Server 2016 Datacenter 4
Windows Server 2016 Essentials 4
Windows Server 2016 MultiPoint Premium Server 4
Windows Server 2016 Standard 4
Windows Server Core *siehe* Server Core
Windows Server-Gateway 229
Windows Server-Sicherung 49
Windows Storage Server 2016 4
Windows Update 66, 135
Windows-Authentifizierung 207
Windows-Container
    Anforderungen 94
    Basisbetriebssystem 97
    Bereitstellung 93
    Hyper-V 94, 100
    Image markieren 98
    Implementierung 93
    Konfiguration 94
    neue Images mit Dockerfile erstellen 107
    Szenarien 94
    Verwalten 106, 107
    verwalten 101, 102, 103, 107, 109
    Windows Server 100
World Wide Name (WWN) 81
WS-MAN-Protokoll 118

Z

Zeitabhängige Umleitungen 165
Zertifizierungsstelle 112
Ziel, iSCSI 36
Zonenbereich 165
Zonendelegierung 163
Zoneneigenschaften, DNS 170
Zonenstatus zurücksetzen (IPAM-Menübefehl) 196
Zonenübertragungsrichtlinie 165
Zugriffsbereich festlegen (IPAM-Menübefehl) 195, 196
Zugriffssteuerung
    Richtlinien 270
    Rollenbasierte 197

Um die MCSA-Zertifizierung für Windows 10 zu erhalten, müssen Sie die Prüfungen 70-697 »Configuring Windows Devices« und 70-698 »Installing and Configuring Windows 10« absolvieren. Bei der Vorbereitung helfen Ihnen unsere beiden *Original Microsoft Prüfungstrainings* mit der richtigen Herangehensweise an die Prüfungsfragen sowie praktischen Gedankenexperimenten und Lernzielkontrollen.

Andrew Bettany, Jason Kellington
Konfigurieren von
Windows 10-Geräten
Original Microsoft
Prüfungstraining 70-697

2016
434 Seiten, € 49,90 (D)
ISBN: 978-3-86490-375-5

Andrew Bettany, Andrew James Warren
Installieren und Konfigurieren
von Windows 10
Original Microsoft
Prüfungstraining 70-698

3. Quartal 2017
ca. 500 Seiten, ca. € 49,90 (D)
ISBN: 978-3-86490-456-1

Wieblinger Weg 17
69123 Heidelberg

fon: 0 62 21/14 83-0
fax: 0 62 21/14 83-99

msp@dpunkt.de
www.dpunkt.de